THÈSE

POUR LE DOCTORAT

FACULTÉ DE DROIT DE GRENOBLE

MM. TARTARI, ✳. Doyen, Professeur de Droit civil.

GUEYMARD, ✳. Doyen honoraire, Professeur de Droit commercial.

TESTOUD, ✳, Professeur de Droit civil, en congé.

GUÉTAT, Professeur de Droit criminel.

FOURNIER, Professeur de Droit romain.

BEAUDOUIN, Professeur de Droit romain.

BALLEYDIER, Professeur de Droit civil.

MICHOUD, Professeur de Droit administratif.

PILLET, Professeur de Droit international, Délégué à la Faculté de Paris.

BEUDANT, Professeur de Droit constitutionnel.

CAPITANT, Professeur de Procédure civile.

HITIER, Agrégé, Chargé de cours.

CUCHE, Agrégé, Chargé de cours.

GEOUFFRE DE LAPRADELLE, Agrégé, Chargé de cours.

REBOUD, Chargé de cours.

ROYON, Secrétaire.

Président : M. TARTARI, *Doyen.*

Suffragants : MM. CAPITANT, *Professeur.*

GEOUFFRE DE LAPRADELLE, *Agrégé.*

DES

DESSINS ET MODÈLES DE FABRIQUE

Étude de Droit, de Législation et de Jurisprudence

THÈSE POUR LE DOCTORAT

L'ACTE PUBLIC SUR LES MATIÈRES CI-APRÈS

Sera soutenu le samedi 30 avril 1898, à 2 heures

PAR

CAMILLE DUCREUX

AVOCAT A LA COUR D'APPEL DE PARIS

PARIS

LIBRAIRIE NOUVELLE DE DROIT ET DE JURISPRUDENCE

ARTHUR ROUSSEAU, ÉDITEUR

14, RUE SOUFFLOT ET RUE TOULLIER, 13

—

1898

A MON ONCLE JOSEPH DUCREUX

A MON PÈRE ET A MA MÈRE

PRÉFACE

Notre but, en choisissant cette matière des dessins et
modèles de fabrique, a été d'abord un souvenir à la ville
de Lyon, notre pays natal, pour lequel fut promulgué la
loi de 1806. Quoique le sujet ait déjà été traité en
1880 par un de nos compatriotes, M. Philipon, nous
avons pensé que ces questions se renouvelant en quelque
sorte incessamment, au fur et à mesure du développement de l'industrie, il était encore possible d'écrire sur
cette matière un travail utile et nouveau.— Au reste, nous
avons largement profité des études de nos devanciers ; ils
nous ont assez facilité la tâche, pour qu'il soit juste de les
remercier dès le début de cet ouvrage (1).

La loi sur les dessins et modèles industriels présente en
outre ce caractère que seule, parmi les autres lois sur la
propriété industrielle, elle n'a pas été révisée depuis
1806, c'est-à-dire depuis une date déjà ancienne. A
mesure que se précisait, au cours de notre siècle, le droit

---

(1) Nous voulons parler notamment des ouvrages de MM, Pouillet,
Philipon, Fauchille, et Vaunois.

du breveté par la loi de 1844, et celui du propriétaire sur sa marque par la loi de 1857, le droit de l'auteur du dessin et modèle de fabrique restait au contraire sans loi pour le définir, car la loi de 1806 ne définit rien, et sans une protection générale et complète, cette loi n'ayant été qu'un décret-loi rendu spécialement pour la fabrique lyonnaise.

La jurisprudence a eu à combler les lacunes du législateur, et, faute d'appliquer la loi qui dans bien des cas n'existait pas, elle l'a faite. Ce droit prétorien manque forcément de fixité; il est donc intéressant, en suivant l'évolution de la jurisprudence, de rechercher les principes qui pourraient servir de base à une loi définitive et générale sur la matière.

Nous ne nous dissimulons pas cependant qu'une des principales difficultés de ce travail provient précisément de la nature même du droit d'auteur, qui, par son caractère spécial, échappe aux règles de protection du droit commun. A un *droit spécial*, il faut une *loi particulière*. Mais quelle est la nature de ce droit ? Est-ce d'abord un droit de propriété ? Ensuite, le droit de l'auteur sur son dessin et modèle de fabrique ne se confond-t-il pas avec celui de l'auteur sur une œuvre artistique ? et une seule et même loi, celle de 1793 ne suffit-elle pas pour régir ces deux hypothèses ? Ce sont là des questions délicates, qui ont divisé auteurs et jurisprudence; nous les étudierons successivement au cours de ce travail. Si l'on veut bien admettre la solution que nous proposerons, nous croyons qu'alors il deviendra relativement facile de fixer les termes

d'une loi spéciale à notre matière, distincte de la loi sur
la propriété artistique, et suffisamment compréhensive
pour s'appliquer à toutes les industries qui ont intérêt à
être protégées dans leurs créations de dessins et de modèles de fabrique.

Enfin il est une idée à laquelle nous avons constamment
obéi, et qu'il est intéressant de détacher au seuil même de
ce travail. Nous avons cherché à faire une étude plutôt
théorique que pratique; non pas que nous n'ayons le
secret désir de pouvoir être utile aux gens qui appartiennent au monde industriel et commercial; mais nous avons
cherché à réagir contre une tendance moderne qui, bien
des fois déjà, nous a frappé. Les ouvrages de doctrine,
surtout en ces matières éminemment pratiques, tendent à
devenir de plus en plus des recueils de jurisprudence. On
transporte tout naturellement dans les livres les mêmes procédés qu'à la barre. Le juge contemporaine rédige souvent
sa décision par pure analogie avec les décisions antérieures.
On lui a cité un grand nombre d'arrêts; son opinion s'est
ralliée à celle de la majorité; *numerantur sed non pon-
derantur* pourrait-on dire en renversant l'adage. C'est ainsi
que sur bien des points se sont établies peu à peu des
jurisprudences respectables et importantes par le nombre
des décisions qui les ont formées; considérées dans l'ensemble elles paraissent indestructibles, mais perdent sin-
gulièrement de leur force si, pénétrant cette multiplicité
de documents judiciaires, on cherche à analyser les motifs
qui leur servent de base. Ces décisions se réfèrent tacite-

ment les unes aux autres, et en fin de compte, la décision première si l'on s'y reporte vous paraît bien fragile. C'est presqu'un château de cartes, sur la base duquel il suffirait de souffler, pour que tout l'édifice s'écroulât.

Nous profiterons donc du but purement théorique de ce travail, pour ne rien sacrifier au goût du jour. Sans doute nous aurons souvent recours à la jurisprudence, qui, aux prises avec les difficultés de la pratique, est mieux à même de souligner les applications vraies et fécondes d'un principe théorique ; nous y puiserons avec une large indépendance, cherchant ce que contiennent ses décisions, au lieu de les citer purement et simplement, et quand sur un point, nous croirons devoir nous écarter du sillon tracé, nous le ferons en indiquant franchement les motifs de notre divergence. Notre sincérité excusera peut-être notre témérité.

Une étude générale sur les dessins et modèles de fabrique doit d'abord comprendre une introduction historique, qui est forcément courte ; la matière est essentiellement moderne.

Nous avons ensuite divisé notre travail en quatre parties :

La première est consacrée à une étude aussi complète que possible de la loi de 1806, qui est la loi fondamentale en la matière. — Dans une seconde partie, nous avons groupé les questions que soulèvent les applications de droit international. C'est là un point d'une conséquence pratique considérable et dont l'importance ne fera que croître au fur et à mesure que la vie commerciale ira se développant

par des échanges incessants entre les diverses nations. —
Après avoir considéré les rapports des nationaux des différents pays, il était utile de comparer leurs législations
respectives ; c'est le but de notre troisième pàrtie. — Ainsi
guidé par l'étude de notre propre législation et par celle
des nations voisines, nous n'avions plus qu'à conclure
sous forme d'une étude rapide des dessins et modèles
industriels en législation. Dire quelles sont les critiques
que mérite forcément une loi déjà ancienne, et les remèdes
à y apporter ; tel devait être naturellement l'objet de notre
quatrième et dernière partie.

INDEX BIBLIOGRAPHIQUE

I. — Ouvrages spéciaux et complets sur la matière.

Eug. Pouillet. — Traité théorique et pratique des dessins et modèles de fabrique. — 1 vol. in-8°. Paris. — Marchal et Billard édit. 1884. Deux éditions ont déjà paru, l'une en 1868, l'autre en 1884; une troisième mise au courant de la jurisprudence paraîtra très prochainement.

E. Philipon. – Traité théorique et pratique de la propriété des dessins et modèles industriels. — 1 vol. in-8°. Paris. — Marescq aîné, éditeur, 1880.

A. Fauchille. — Traité des dessins et modèles industriels. – 1 vol. in-8°. Paris. — Arthur Rousseau, édit., 1882.

A. Vaunois. — Les dessins et modèles de fabrique. — 1 vol. in-8°. Paris. — A. Chevalier. — Maresq, édit. 1898. — Cet ouvrage, tout récent, est d'un secours précieux pour la vie quotidienne du palais; il contient toute la jurisprudence la plus récente, avec, sur chaque point, des renvois très complets aux sources autorisées.

II. — Études et traités relatifs à la Question des dessins et modèles de fabrique

Calmels. — Des dessins et modèles de fabrique. — 1 vol. in-8°, Paris, 1861.

Damourette. — Brevets d'invention, dessins et marques de fabrique, 1858. — 1 vol. in-8°.

LARCHER. - Loi sur la conservation et la protection des dessins et modèles de fabrique. - Saint-Étienne, 1896.

PÉROT. — Précis sur les dessins de fabrique et leur contrefaçon. - Reims, 1861.

PRACHE. - Les dessins et modèles de fabrique. — Paris, 1881.

ROD-ROUSSEAU. — Des réformes à apporter à la législation sur les dessins et modèles de fabrique. - Paris, 1875, in-8°.

Ce travail a également paru dans la Revue Critique, année 1875, p. 295 et suiv.

THIRION. — Dessins et modèles de fabrique en France et à l'étranger. - Paris, 1877.

WAELBROECK. — Des dessins et modèles de fabrique.

PHILIPON. — Étude sur la propriété des dessins industriels pour servir à l'histoire de la fabrique lyonnaise. — Lyon, 1892.

SOLEAU. — Étude sur la propriété des modèles d'art appliqués à l'industrie. — 1 vol., Paris. — Lahure, imp., 1897.

Ce travail est suivi du résumé des séances du Congrès des arts décoratifs tenu à Paris en 1894.

III. — Ouvrages généraux sur la propriété industrielle ou la contrefaçon, ne traitant des dessins et modèles de fabrique que d'une façon incidente. — Dictionnaires et revues de jurisprudence.

BLANC. — Traité de la contrefaçon. — 1 vol. in-8°, Paris. — Henri Plon, édit., 1855.

BLANC et BEAUME. — Code général de la propriété littéraire et artistique, 1 vol. in-8°, Paris. — Cosse, édit., 1854.

CALMELS. — Dessins et modèles de fabrique. — Traités internationaux. — Législation française et étrangère. — Jurisprudence en France et en Belgique. — 1 vol. in-8°, 1865.

CALMELS. — De la propriété et de la contrefaçon des œuvres de l'intelligence. — 1 vol. in-8°. Paris, 1856.

COUHIN. — La propriété industrielle, artistique et littéraire. — T. I, Paris, 1895.

DALLOZ. — Vᵒ Industrie. — Répertoire. — Nᵒ 279 et suiv. —
Supp. au Rép. — Nᵒ 232 et suiv. — 1 vol in-8ᵒ, Paris,
1887.

DARRAS. — Des droits intellectuels. — 1 vol. in-8ᵒ, Paris, 1887.

DARRAS. — Traité théorique et pratique de la contrefaçon. —
1 vol. in-8ᵒ, 1896.

DONZEL. — Commentaire de la convention internationale du
20 mars 1883, p. 102 et suiv. et passim. — 1 vol.
in-8ᵒ, Paris. — Marchal et Billard.

DUFOURMANTELLE. — Précis de législation industrielle, liv. IV. —
1 vol., Paris, 1892.

GARRAUD. — Traité de Droit pénal. — T. V p. 525 et suiv. et
notamment nᵒ 518.

GASTAMBIDE.   Des contrefaçons en tous genres. — 1 vol. in-8ᵒ,
Paris, 1837.

HUARD et MACK. — Répertoire en matière de législation de doctrine et de jurisprudence en matière de propriété littéraire
et artistique. — 1 vol. in-8ᵒ, Paris, 1895.

HUARD. — Étude comparative des législations françaises et étrangères en matière de propriété industrielle, littéraire et
artistique (p. 129). — 1 vol., Paris, Cosse et Marchal,
éditeurs, 1863.

LE SENNE. — Code des brevets d'invention, dessins et marques
de fabrique. - 1 vol. in-8ᵒ, Paris, 1858.

LYON-CAEN et RENAULT. — traiteront de la propriété industrielle
dans un des derniers volumes de leur ouvrage sur le droit
commercial. — Il n'y a à l'heure actuelle que les 7 premiers volumes parus.

A. MORILLOT. - De la protection accordée aux œuvres d'art, aux
photographes, aux dessins et modèles industriels et aux
brevets d'invention dans l'empire d'Allemagne. - 1 vol.
in-8ᵒ, Paris. — Cotillon, édit., 1878.

NION. — Droits civils des auteurs, artistes et inventeurs. — Paris,
Joubert, édit., 1846.

PANDECTES FRANÇAISES. — Vº Propriété littéraire, artistique et industrielle, nᵒˢ 2231 à 2320.

PATAILLE. — Code international de la propriété industrielle artistique et littéraire. — 1 vol., Paris, 1865.

PELLETIER. — Brevets d'invention. — Marques de fabrique, modèles et dessins, nom commercial, concurrence déloyale. — 1 vol. in-8ᵒ, 1893.

RENDU et DELORME. — Traité pratique de Droit industriel. — 1 vol. in-8ᵒ, Paris, 1885.

RENOUARD. - Traité des droits d'auteur. — 2 vol. in-8ᵒ, Paris, 1838-1839.

RENOUARD. — Du Droit industriel dans ses rapports avec les principes du Droit civil. 1 vol. in-8ᵒ, Paris, 1860.

RÉPERTOIRE encyclopédique du droit français par F. Labori. — Vº Propriété industrielle, nᵒ 253 et suiv.

RÉPERTOIRE général alphabétique du Droit français publié par Carpentier. — Vº Dessins et modèles industriels pour paraître prochainement.

RUBEN DE COUDER. - Dictionnaire du Droit commercial. — Vº Dessins et modèles de fabrique. — Paris, 1877-1881, 6 vol. in-8ᵒ.

SCHMOLL. — Traité pratique des brevets d'invention. — Dessins, modèles et marques de fabrique. 3ᵉ édit., 1 vol. in-8ᵒ, 1879.

THIRION. — Dessins et modèles de fabrique en France et à l'étranger. — Lég. comparée. — 1 vol. in-8ᵒ, 1877.

THIRION. — La nouvelle législation anglaise sur les patentes d'invention, les marques et les dessins de fabrique. — 1 vol. in-8ᵒ, 1884.

I

APERÇU HISTORIQUE

§ I

1. — Nous n'avons pas l'intention de faire ici une introduction historique complète, mais bien plutôt de donner un simple aperçu des différents documents législatifs qui sont venus successivement régir notre matière. Il faut du reste arriver à nos temps modernes pour trouver quelques dispositions de lois ayant pour but de protéger les auteurs de dessins et modèles de fabrique.

Les raisons en sont nombreuses : Les créations de l'art n'ont commencé à être protégées que fort tard ; l'antiquité n'avait pas connu cette idée du droit de l'auteur sur la reproduction de son œuvre ; comment songer à protéger le dessin industriel, alors que le dessin artistique ne l'était pas ? De plus, c'est à l'occasion des dessins de soieries de Lyon, qu'apparurent au XVIIIe siècle, les premiers documents législatifs sur la matière ; auparavant les étoffes de soie étant unies, la question du droit du dessinateur n'avait pu se poser.

C'est ainsi que les premières ordonnances royales que nous rencontrons, touchant l'industrie lyonnaise, celle du

29 Novembre 1466, sous Louis XI, et celle de *1536,* sous François Ier, n'ont nullement trait à la protection des dessins. Elles ont simplement pour but de chercher à introduire en France l'industrie de la soie et d'en faciliter le développement ; l'ordonnance de Louis XI, par exemple, n'avait en vue que d'établir à Lyon la première manufacture de draps d'or et de soie.

Au xve siècle, en effet, Lyon était déjà une place connue pour la vente des étoffes de soie, mais ces étoffes y étaient importées par des marchands Génois ou Vénitiens, lesquels, à ce commerce, remportaient chaque année dans leur pays, près de dix millions de livres. Il y avait, on le voit, le plus grand intérêt à établir cette industrie en France, pour éviter ce « grand vuidange d'or et d'argent que chascun an se faisait hors du royaume. »

Une fois les manufactures créées, les ordonnances qui suivirent en 1554, 1596, 1619, ne s'occupèrent que de les protéger, et de développer l'industrie de la soie. Elles répriment « les fraudes, malfaçons et tromperies » qui ont pu se glisser dans la fabrication des étoffes. Elles punissent les « *vols de soie* commis par les teinturiers, ouvriers et dévideuses, au préjudice des maîtres fabricants. » Et c'est tout.

Nous n'avons pas, à cette époque, de dispositions relatives à la question qui nous intéresse, c'est-à-dire à la protection du dessin de fabrique. On ne fabrique alors que des étoffes unies, et l'on se contente d'en varier l'aspect par des applications de passementeries ou de guipures ; la question de la propriété du dessin n'a pu encore se poser.

2. — C'est au xviie *siècle* que, sous l'influence de

l'Académie de dessin de Lyon, cette industrie devint en
quelque sorte « dessinatrice ». Mais la législation s'est
fait attendre, et le xviie siècle se passe sans que nous
ayons à mentionner autre chose qu'un règlement des
Maîtres-Gardes de Lyon, du 19 août 1667, qui se borne à
donner des encouragements aux dessinateurs. Le pouvoir
central, de son côté, se contente de les protéger en leur
octroyant des récompenses ; ainsi agit-il notamment à
l'égard des dessinateurs Hugues Simon et Lamy.

3. — *Au* xviiie *siècle,* apparaît enfin le premier document législatif ; c'est UNE ORDONNANCE DU CONSULAT DE
LYON DU 25 OCTOBRE 1711, homologuée par arrêt du Conseil du 1er mars 1712, et suivie de lettres-patentes
enregistrées au Parlement le 8 juillet 1717.

Dans ce règlement fait pour *la communauté des marchands et maîtres-ouvriers en soye de la ville de Lyon,*
nous trouvons de « très expresses inhibitions, et def-
« fenses à tous marchands, maîtres-ouvriers et compa-
« gnons ou autres employés dans la manufacture des
« étoffes de soie, de quelque sexe et âge qu'ils puissent
« être, de prendre, voler, vendre, prêter, remettre, et se
« servir directement ou indirectement des dessins qui
« leur ont été confiés pour fabriquer. »

C'est là un premier pas ; mais combien cette ordonnance
est encore incomplète. Elle ne s'applique qu'aux étoffes
de soie brochées de Lyon, les seules intéressant la fabrique lyonnaise, de plus, elle ne punit que *l'ouvrier in-
fidèle,* celui qui a trompé la confiance de son patron, en
divulguant le dessin à lui confié. Elle ne dit rien du *concurrent* qui, copiant un dessin, le met en vente, après
l'avoir contrefait.

Ce fut le règlement du 1er octobre 1737, qui combla cette double lacune : D'abord, il punit le vol des dessins non seulement des étoffes de soie, mais encore des étoffes de « laine, poils, fil, coton, draps d'or et d'argent, et cela dans la ville et faubourgs de Lyon, et dans les provinces du Lyonnais, Forest et Beaujolais. » Ce règlement frappe ensuite de la confiscation les étoffes fabriquées d'après les dessins d'autrui, et prononce, en outre, une amende de 500 livres, la déchéance de la maîtrise et une peine corporelle.

Comme toutes les fois qu'on innove, le règlement de 1737 souleva de telles protestations, qu'un arrêt du Conseil d'État de 1739 fut obligé d'en suspendre l'exécution. L'expérience montra bien vite qu'il fallait le rétablir, c'est ce que fit le règlement de 1744.

Ce règlement approuvé par arrêté du Conseil d'Etat du 19 juin 1844, ne diffère du règlement de 1737, qu'en ce qu'il semble consacrer *la perpétuité* du droit de l'auteur : il punit la reproduction des dessins même *des vieilles* étoffes.

En voici les deux principaux articles :

L'article 12 fait défense aux maîtres-ouvriers, de vendre, donner ou prêter les dessins qui leur ont été confiés pour fabriquer, à peine de 1000 livres d'amende, déchéance de la maîtrise et punition corporelle.

L'article 13 fait en outre défense aux dessinateurs et à toutes personnes de lever, copier, faire lever ou copier aucun dessin sur des étoffes tant *vieilles* que *neuves*, à peine de 1000 livres contre le dessinateur ou celui qui a commandé de livrer le dessin, et en outre, la *confiscation* des étoffes fabriquées sur ces dessins ainsi copiés. Cette confiscation est applicable, moitié au profit de la communauté, et moitié au profit du maître-marchand, dont les dessins avaient été levés ou copiés.

4. — Mentionnons pour mémoire *une ordonnance consulaire du 3 février 1778*, destinée à protéger les dessins obtenus par la *broderie*, et intéressante, parce que pour la première fois nous voyons apparaître le mot de *contrefaçon*. La mode s'était introduite tout à coup des étoffes brodées à la main, et les concurrents se copiaient les uns les autres.

5. — Tous les règlements que nous venons d'analyser avaient une grande lacune. Ils étaient spéciaux à la fabrique lyonnaise, c'est-à-dire s'appliquaient à Lyon, et tout au plus au Forest et au Beaujolais. Par contre les dessins de cette région pouvaient être impunément copiés, non seulement à l'étranger mais même en France, dans les villes où commençaient à s'établir des manufactures de soie, comme à Tours, à Avignon ou à Nîmes.

On prit d'abord des demi-mesures :

Un règlement de *1746* interdit l'exportation des dessins en esquisses ou en cartes. Mais comme il suffisait d'envoyer des échantillons pour faire connaître aux concurrents, le tissu, l'armure et le dessin, un règlement du *16 avril 1765*, défendit sous les peines les plus sévères l'envoi hors de Lyon des échantillons des étoffes lyonnaises. C'était encore insuffisant ; il fallait trouver le moyen de rendre général le décret de 1744. C'est dans ce but que les fabricants présentèrent aux syndics jurés-gardes de la grande fabrique de Lyon une requête, qui, transmise au pouvoir central, aboutit à l'arrêt du Conseil du roi *du 14 juillet 1787*.

6. — Avant d'étudier cet arrêt, résumons cette première période.

Nous avons vu le droit des dessinateurs se dégager peu à peu, et sanctionné comme un droit en quelque sorte naturel, distinct des privilèges qui, à la même époque, étaient accordés aux inventeurs et aux auteurs ou éditeurs d'œuvres littéraires. Il semblerait résulter de là, qu'à cette époque, le droit de l'auteur sur la reproduction de son dessin était considéré comme un véritable droit de propriété, et non comme le résultat d'une concession gracieuse du souverain. — Ces règlements ont ainsi dégagé le principe, aujourd'hui reconnu par tous, que celui-là seul a le droit d'exploiter un dessin, qui en est l'auteur (1).

§ II. — **Arrêt du Conseil du 14 juillet 1787** *portant règlement pour les nouveaux dessins, que les fabriques d'étoffes, de soieries et de dorure du royaume auront composés ou fait composer,*

7. — Nous savons dans quelles circonstances est né ce règlement : Il étendait à toutes les villes du royaume les effets protecteurs du règlement de 1744. Le fabricant était désormais protégé en dehors de sa ville, et sur tout le territoire de la France.

Ce document législatif présente deux innovations considérables.

(1) Pour la procédure, elle était très simple : *Au civil,* en premier ressort, les contestations étaient soumises au consulat de Lyon, puis en appel au conseil du roi. *Au criminel,* le consulat jugeait en premier ressort et l'appel allait à l'intendant du Lyonnais. Enfin c'est le consulat qui autorisait la saisie des étoffes contrefaites.

L'article 1er limite à 15 et à 6 ans, suivant les cas, le droit de l'auteur.

Voici, du reste, quel en est le texte :

« Les fabricants qui auront composé ou fait composer
« de nouveaux dessins auront seuls, exclusivement à tous
« autres, le droit de les faire exécuter en étoffes de soie,
« soie et dorure, ou mélangées de soie. — La durée de
« ce *privilège* sera de *quinze années* pour les étoffes
« destinées aux ameublements et ornements d'église, et de
« *six* pour celles brochées et façonnées servant à l'habil-
« lement ou à tout autre usage ; le tout à compter du jour
« auquel ils auront rempli les formalités ci-après pres-
« crites. »

L'article 5 prescrit ce que nous appelons aujourd'hui *la formalité du dépôt*, c'est-à-dire l'obligation pour le fabricant de présenter au bureau de la communauté l'esquisse originale ou en échantillon. C'était il est vrai une présentation du dessin, bien plutôt qu'un dépôt effectif. Au fond pourtant, l'idée est la même, on veut que l'auteur fasse une affirmation extérieure et en quelque sorte publique de son droit.

Voici cet article : « Les fabricants qui auront inventé ou
« fait faire un dessin et qui désirent s'en conserver l'exé-
« cution *seront tenus d'en présenter l'esquisse originale*
« ou un échantillon à leur choix, *au bureau de leur com-*
« *munauté, dont sera dressé procès-verbal de descrip-*
« *tion* sans frais par les syndics jurés gardes en exercice,
« sur un registre tenu à cet effet, lequel procès-verbal
« contiendra les nom, raison et demeure du maître et
« marchand-fabricant qui voudra comme auteur et inven-
« teur des dits dessins faire constater sa propriété, et la
« date à laquelle il aura présenté son dessin ou l'échan-

« tillon. Le cachet de la communauté et celui du proprié-
« taire seront apposés à l'instant de la rédaction sur
« l'esquisse du dessin ou sur l'échantillon, lequel restera
« entre les mains du propriétaire. »

On le voit, à part la différence que nous avons signa-
lée plus haut, ce sont les formalités actuelles du dépôt
prescrit aujourd'hui par la loi de 1806.

L'article 6 contient enfin la sanction de toutes ces prescriptions : « A défaut par le fabricant d'avoir rempli ces
« formalités *avant la mise en vente* de l'étoffe, celui-ci
« se trouvait déchu de tous droits. »

Les fabricants lyonnais protestèrent si fort, paraît-il,
contre ces deux innovations, que vers la fin de l'année, le
roi les dispensa de la présentation du dessin, et que la
perpétuité de leur droit leur fut rendu. Mais ce fut là un
pur avantage local, accordé aux seuls fabricants de
Lyon.

Nous avons souligné à dessein plus haut, en relatant
l'art. 1er ce mot de *privilège*, employé par le règlement
pour désigner le droit du dessinateur sur son œuvre. Le
droit d'auteur ne serait-il donc qu'un simple privilège,
n'existant qu'en vertu d'une concession du pouvoir? ou
au contraire n'est-ce pas là plutôt un mot employé à la
légère par le rédacteur de ce règlement, et auquel il ne
faut pas ajouter plus de sens qu'il n'en a?

Pour M. Fauchille (1), le règlement de 1787 a innové :
il s'agirait bien là d'un véritable privilège, lequel, comme
tous les privilèges, fut aboli dans la nuit du 4 août 1789.

Il nous semble que c'est donner un sens trop rigoureux
à ce mot égaré dans le règlement de 1787. Dès que la lé-

(1) V. Fauchille, p. 25.

gislation en matière de dessins de fabrique a commencé à
se faire jour au début du xviiie siècle, dans tous les règlements que nous avons cités, nous avons vu le droit du
dessinateur reconnu comme un véritable droit de propriété, perpétuel pour son auteur, que la loi n'a pas créé,
mais n'a fait que consacrer. Il se distingue donc parfaitement des privilèges purement gracieux accordés à cette
époque aux inventeurs et aux auteurs ou éditeurs d'ouvrages littéraires.

Qui dit privilège, remarque fort justement M. Philipon (1), entend un droit qui peut être accordé aux uns et
refusé aux autres. Est-ce donc un privilège que ce droit
exclusif d'exploiter, reconnu à tout fabricant quel qu'il
soit, par cela seul qu'il justifie être l'inventeur du dessin ; car il faut bien le constater, si ce règlement de 1787
a fait des innovations, il n'a nullement changé l'esprit
des règlements antérieurs qui était de conserver un
droit général, et de protéger *tous* les inventeurs de dessins.

Ce qui est certain, en revanche, c'est qu'il y avait alors
défaut d'homogénéité dans la législation sur la propriété
intellectuelle ; ce qui était privilège, c'est-à-dire concession
purement gracieuse pour les inventeurs ou les auteurs
d'œuvres artistiques et littéraires, apparaissait au contraire
comme un droit absolu et primordial pour les auteurs de
dessins de fabrique.

§ III.

8. — M. Fauchille a recherché quelle avait été la pro-

(1) V. Philipon, p. 31,

tection des dessins de fabrique dans les régions industrielles du Nord. Nous lui empruntons le résultat de son
travail, concernant les fabriques de tapisseries, de linges
de table, et de tissus fantaisistes de la Flandre Française (1).

a) Dès le xive siècle, on trouve a Lille et à Tournay
une industrie très prospère, celle de *la tapisserie de
haute lisse,* qui présente un véritable intérêt artistique.

Un placard de Marie de Bourgogne de *1538,* réprime le
trucage. Il s'agissait de punir le fait d'obtenir par la *peinture* les coloris que le tapissier obtenait par sa navette.
C'était en quelque sorte la contrefaçon par *une industrie similaire,* que nous voyons visée dans ce cas.

Une ordonnance de Charles-Quint de *1544,* sur les *faits
et conduites du style et métier de tapisserie,* fait défense
« à tous pileur, maître, apprenti ou peintre, de contrefaire les patrons d'un autre maître, sous peine d'une forte
amende. »

Ces deux documents sont bien peu de chose, et ce sont
les seuls que signale M. Fauchille sur les fabriques de
Hautes-Lisses. La législation, on le voit, est encore très
incomplète. Du reste, à partir de Henri IV, presque
toutes ces manufactures de tapisseries étant devenues
manufactures royales, le pouvoir central n'était plus exposé à des demandes de protection de la part des particuliers.

b). En ce qui concerne *l'industrie textile proprement
dite,* on ne trouve aucun document précis. M. Fauchille
en donne une double raison : Ce genre de tissus ne rece-

---

(1) Fauchille, p. 26 et suiv.

vait pas de véritables dessins, comme les étoffes de soies de Lyon ; pour les toiles, en effet, on ne fait guère que des fleurs dont la grandeur seule varie. De plus, les corporations jouèrent dans toute cette période un rôle si considérable qu'elles ont absorbé le fabricant. C'est la corporation et non le fabricant qui revendique le dessin, et c'est ainsi qu'en parcourant les recueils de jurisprudence d'alors, au lieu d'y trouver mentionnés des procès entre fabricants, on assiste aux luttes des corporations entre elles, comme lorsque la châtellenie de Lille nous parle des revendications de diverses corporations de Lille contre les fabricants de Roubaix, qui avaient « obtenu le droit de draper et faire draps de toute laine, mais sans pouvoir tisser d'étoffes si fines ni si somptueuses que Lille fabrique. »

En l'absence de documents législatifs, mentionnons une supplique adressée aux seigneurs hauts justiciers de la chatellenie de Lille, par un sieur Castel, inventeur de la *castelline*, nouveau genre d'étoffe, qui par son mode de tissage, se prêtait aux dessins les plus variés. Cet industriel, dans sa supplique qui cependant n'aboutit pas, résume fort bien les principes sur lesquels repose la protection à laquelle a droit, l'auteur d'un dessin :

« Ne serait-il pas plus juste que celui qui invente, soit
« des dessins, soit des étoffes nouvelles, profite seul pen-
« dant quelque temps des avantages de son invention, au lieu
« de la voir rendre publique presque aussitôt que commu-
« niquée, et n'est-il pas injuste de la voir devenir aussitôt
« aussi lucrative pour celui qui l'adopte que pour celui qui
« l'a imaginée, qui a fait la dépense de la faire exécuter, et
« qui a couru les risques de l'événement de sa spécula-
« tion. »

§ IV. — De la protection des modèles sous l'ancien régime.

9. — C'est avec le XVIIIe siècle que nous voyons apparaître pour les modèles, les premiers documents législatifs ; et encore, tout comme pour les dessins, la protection n'est pas générale, mais accordée seulement aux modèles de certaines corporations, celle des *fondeurs,* par exemple ; c'est même presque la seule corporation qui ait obtenu des règlements en vue de la protection de ces modèles.

Il est donc parfaitement exact de dire que même au XVIIIe siècle, le modèle de fabrique n'est pas protégé en lui-même.

Le premier document à citer est une sentence de police du *11 juillet 1702.* Elle punit d'une amende de 500 francs tout fondeur qui aura contremoulé ou qui aura divulgué un modèle à lui confié par un sculpteur pour le fondre. — Et réciproquement, est puni tout sculpteur qui aura communiqué à d'autres un modèle fait spécialement pour un fondeur, ou qui lui aura été communiqué par un fondeur.

Viennent ensuite les règlements de *1730* concernant la communauté de l'académie de Saint-Luc, de la ville, faubourgs et banlieues de Paris, qui dans l'article 69, punissent tous maîtres de la communauté qui auront copié ou fait copier, moulé ou contremoulé les ouvrages des autres pour les vendre ou les employer à leur profit.

Notons enfin un projet de règlement du *21 avril 1766* élaboré par la communauté des maîtres-fondeurs et approuvé *par arrêt du Parlement du 30 juillet de la même année.*

Ce qui est intéressant dans ce règlement, c'est son préambule; il met bien en lumière ce qui constitue le droit de l'artiste sur son œuvre, c'est-à-dire le *droit de reproduction*. C'est là en effet que ce droit puise sa valeur pécuniaire et que le législateur peut intervenir pour le protéger.

Voici ce que nous relevons dans ce préambule :

« Le modèle fait et parfait est un fonds qui reste à l'ar-
« tiste pour en faire dessus autant qu'on lui en commande,
« et par là se trouve dans le bénéfice de la vente de quoi
« se dédommager du temps qu'il a employé à la construc-
« tion de son modèle et des dépenses qu'il a faites pour y
« parvenir. »

Puis l'article 1er de défendre « à tous marchands, mer-
« ciers, bijoutiers, miroitiers, doreurs, ébénistes et à tous
« autres de quelque qualité qu'ils soient, de piller ou
« de faire piller les modèles des maîtres fondeurs, ni
« de faire mouler sur les modèles des dits maîtres, et à tous
« maîtres-fondeurs et autres ouvriers de les mouler et
« faire, qu'ils ne soient sûrs que ce n'est point une pièce
« pillée, à peine par les uns et les autres solidairement
« de payer le prix du modèle et de 1000 francs d'amende. »

Comme nous le disions tout à l'heure, il ne s'agit bien dans tous ces règlements que de la protection à donner aux maîtres fondeurs.

De plus, dans aucun de ces documents, nous ne voyons de limites posées à la durée du droit privatif de l'auteur, et la protection accordée au créateur du modèle n'est soumise à aucune formalité. Ce sont là deux remarques intéressantes à faire, et qui séparent la législation des modèles de celle des dessins.

Il est vrai qu'en *1776* paraît un projet de règlement des

maîtres-fondeurs où l'on relève précisément une réglementation touchant les deux points que nous venons d'indiquer.

L'article 2 de ce projet veut que les maîtres-fondeurs fassent faire un dessin très juste et très exact de leur modèle. Ce dessin sera présenté aux syndics et adjoints et déposé au bureau de la communauté.

L'article 5 semble ensuite vouloir limiter la durée du droit à la vie de l'auteur et en cas de son décès, à celle de l'acquéreur du modèle.

Mais nous le répétons, ce fut là un simple projet qui ne reçut jamais de consécration législative.

10. — Pour être complet sur cette législation des modèles, nous ne pouvons passer sous silence deux documents qui quoique n'intéressant plus exclusivement la corporation des maîtres-fondeurs, sont pourtant à citer.

1° C'est une déclaration royale du *5 mars 1777* concernant les artistes de l'Académie royale de peinture et de sculpture, et qui défend de mouler et de copier les ouvrages de la dite académie.

A vrai dire, ce document concerne plus particulièrement les questions de propriété artistique.

2° Un arrêt du Conseil du *17 juin 1787* punissant la contrefaçon des figures, groupes et animaux fabriqués dans la manufacture de porcelaine de Sèvres. C'est là, à proprement parler, le seul règlement touchant notre matière, et qui protège une industrie autre que celle des fondeurs.

Et maintenant si nous voulons, pour nous résumer, préciser la nature du droit des auteurs de modèles, tel qu'il se dégage des documents que nous venons de citer,

noùs ferons remarquer que ce droit prend naissance par
le seul fait de l'invention, qu'il est indépendant de toute
concession royale, qu'il est perpétuel et absolu. Concluons
donc que pour les modèles comme pour les dessins, il ne
peut s'agir d'un privilège au sens propre du mot, mais
d'un véritable droit naturel, consacré par certains règlements au profit des membres de certaines communautés.

§ V. — Législation de la période intermédiaire.

11. — La nuit du 4 août 1789 n'eut, en ce qui concerne
la protection des dessins et modèles, aucune influence. Les
privilèges y étaient bien abolis, mais nous avons vu que
le droit du dessinateur, tant en ce qui regarde les dessins
que les modèles, n'était pas un vrai privilège,

La constitution du 13 septembre 1791, en abolissant les
jurandes et les corporations de profession arts et métiers,
eut, sur notre matière, un tout autre effet. Il est certain
qu'une fois les corporations sans existence légale, tous
ces règlements qui avaient été faits en leur faveur, de-
venaient sans raison d'être. On pouvait désormais copier
les œuvres de ses concurrents sans qu'il soit possible
de punir ces abus.

Il faut toutefois reconnaître que la Révolution comprit
bien vite la nécessité de sanctionner le droit de l'inventeur
sur son œuvre. Ce fut là l'origine de la loi du 17 janvier 1791, sur les brevets d'invention et de celle du
19 juillet 1793, sur la propriété littéraire et artistique.
Lakanal traduisant la pensée de ses contemporains, s'exprimait en ces termes : « De toutes les propriétés la moins
« susceptible de contestation, c'est, sans contredit celle du

« génie, et si quelque chose doit étonner, c'est qu'il ait
« fallu reconnaître cette propriété et assurer son exercice
« par une loi positive, » On ne peut que souscrire à ces
paroles. La première propriété de l'homme est celle
qu'il exerce sur les fruits, ne disons pas de son génie, mais
plus simplement de son intelligence. Pourquoi, en effet,
le travail de l'intelligence n'aurait-il pas sa sanction avant
même le travail manuel. C'est la même idée que développe
M. Thiers, dans son ouvrage sur la propriété, lorsqu'il
montre que l'homme a dans ses facultés personnelles, une
première propriété incontestable, source de toutes les
autres (1).

Que cette loi de 1793 n'ait pas prévu la protection des
dessins et modèles de fabrique, cela est évident. La jurisprudence usant cependant du principe posé par cette loi,
en fit une sage interprétation et l'étendit non seulement
aux dessins d'étoffes, mais encore aux dessins de papiers
peints (Cass., 5 brum. an XIII.) En cela elle innovait ; les
anciens règlements que nous avons analysés ne proté-
geaient que les étoffes, mais nous avons vu aussi que ce
qui manquait à la loi de l'ancien régime, c'était une portée
générale concernant le droit d'auteur. Cette idée, on la
trouve dans la loi de 1793. Aussi certains esprits jugent-
ils encore aujourd'hui que la loi de 1793 suffirait pour la
protection des dessins et modèles de fabrique, et que la loi
de 1806, à laquelle nous allons arriver, et qui a été
rendue spécialement pour notre matière, est complètement inutile et serait à rayer purement et simplement
de nos codes.

Il n'en est pas moins vrai que ce sont les difficultés

_____

(1) Thiers. *La Propriété,* chap. IV.

d'application de la loi de 1793, à notre matière, qui susci-
tèrent de la part des fabricants lyonnais la demande d'une
loi spéciale. Parmi ces difficultés se trouvait notamment
celle de savoir où le dépôt devait être effectué ; certains
même prétendaient que ce dépôt exigé par la loi de 1793
étant impossible pour les dessins et modèles de fabrique,
la protection de la loi devait leur être accordée sans cette
formalité.

En ce qui concerne la protection des modèles pendant
cette période, on peut dire qu'elle n'existe pas. Il y a tout
lieu en effet de penser que la loi de 1793 n'avait pas en vue
de les protéger. La jurisprudence d'alors ne nous a laissé
aucune décision pour nous dire quelle interprétation elle
entendait donner à leur égard. Mais depuis, comme la loi de
1806, pas plus que la loi de 1793, ne s'est occupée des
modèles industriels, il a bien fallu trancher la difficulté
quand elle s'est présentée, et dire quelle est la loi qui
devait les protéger.

La jurisprudence postérieure à 1806 leur a appliqué
tantôt le bénéfice de la loi de 1793, et tantôt celui de la loi
de 1806, sans qu'il soit bien facile de dire même actuellement le critérium qui lui sert à délimiter le domaine
respectif de ces deux lois. Mais n'anticipons pas ; c'est là
une question que nous aurons à étudier avec quelques
détails, quand nous arriverons à l'application de la loi de
1806 aux modèles de fabrique.

§ VI. — Législation actuelle.

12. — C'est au retour d'un voyage à Lyon et pour répondre aux vœux que lui avaient présentés les fabricants

de cette ville, que Napoléon chargea son fidèle
Regnault de Saint-Jean-d'Angély de préparer un projet
de loi qui pût contenter les justes réclamations qu'on
venait de lui adresser.

Si l'on rapproche de cette loi un projet de règlement
rédigé en l'an IX par un citoyen de Lyon, M. Déglise, il
est bien permis de supposer que ce projet a inspiré le
rapporteur de la loi de 1806.

Ce projet, fait par un lyonnais, répondait bien aux
besoins de l'industrie de cette ville : l'auteur proposait en
effet un jury conservateur de la police des arts et métiers
pour la manufacture des étoffes de soie ; non seulement ce
jury devait être chargé de la police des manufactures,
mais il devait recevoir le dépôt des dessins, en dresser la
mention sur un registre *ad hoc*, exiger le paiement d'une
taxe et *juger les poursuites en contrefaçon.*

Supposons que ce jury soit le conseil des prudhommes,
et nous avons presque la loi de 1806.

C'est en effet en établissant un conseil de prudhommes
à Lyon, destiné à remplacer l'ancien corps des juges
gardes, que la loi de 1806 a réglé la question de la conservation des dessins.

Quoique cette loi parut spéciale à la fabrique lyonnaise,
elle portait en elle le caractère de toute législation utile
et féconde, celui d'être générale. Les articles 34 et 35
laissaient en effet au Conseil d'État le pouvoir d'établir,
par simple règlement d'administration publique, des conseils de prudhommes dans les villes de fabrique où le gouvernement le jugerait convenable, les attributions de ces
nouveaux conseils devant rester les mêmes.

13. — Il nous reste à présent, pour compléter la liste

des documents législatifs sur lesquels est fondée notre
législation actuelle en la matière, à mentionner plusieurs
lois, ordonnances, ou même avis du Conseil d'État, qui
sont venus successivement régler certaines difficultés que
la loi de 1806 n'avait pas résolues. Nous allons, pour en
bien montrer l'esprit et le sens, dire dans quelles circonstances ont été rédigés ces différents documents. Nous les
transcrirons ensuite.

I. En suivant l'ordre chronologique, nous trouvons
d'abord les articles 425, 426, 427 et 429 du Code pénal
qui sont généraux et s'appliquent à toute la propriété
industrielle. Ils qualifient de délit toute contrefaçon, c'est-
à-dire toute atteinte portée au droit d'auteur, et édictent
diverses pénalités suivant la nature ou l'importance de la
contrefaçon.

II. La loi de 1806 avait été faite pour l'industrie
lyonnaise des tissus ; cette loi protégeait-elle tous les dessins industriels et notamment les dessins de papiers peints ?
La question faisait doute pour le gouvernement, qui crut
devoir consulter le Conseil d'État. Celui-ci, dans un avis
du *30 mai 1823*, conclut à la généralité de la loi de 1806,
protégeant tous les dessins de fabrique.

Le Conseil d'Etat avait été consulté en même temps sur
une autre difficulté : Les conseils de prudhommes n'ont
de juridiction que sur le territoire délimité par le décret
qui les a institués, que faire lorsque l'auteur n'avait pas
son domicile dans son ressort ? On répondit : il suffit
que l'auteur du dessin y ait sa fabrique.

III. La difficulté avait été par cette réponse plutôt
reculée que résolue. La protection existait bien désormais
pour l'auteur d'un dessin qui avait son *domicile* ou sa

fabrique dans le ressort d'un conseil de prudhommes, mais que faire au cas où tous deux se trouvaient hors de ce ressort?

Le Conseil d'Etat fut à nouveau consulté ; on vit que la loi avait besoin d'être complétée, et une ordonnance du roi fut rendue le *17 août 1825.*

Elle décidait que lorsque le fabricant n'avait ni son domicile ni sa fabrique dans le ressort d'un conseil de prudhommes, le dépôt pouvait être alors effectué soit au greffe des tribunaux de commerce, soit en l'absence de ceux-ci aux greffes des tribunaux civils. On avait ainsi la certitude que, dans tous les cas, le fabricant saurait toujours où effectuer son dépôt.

Voici maintenant le texte de la loi de 1806 et des divers documents législatifs qui l'ont suivie et complétée.

Loi du 18 mars 1806 portant établissement d'un Conseil de Prudhommes, a Lyon

Titre II. Section II. — Des contraventions aux lois et règlements.

Art. 10. — Le Conseil des prudhommes sera spécialement chargé de constater, d'après les plaintes qui pourraient lui être adressées, les contraventions aux lois et règlements nouveaux ou remis en vigueur.

Art. 11. — Les procès-verbaux dressés par les prudhommes pour constater ces contraventions seront renvoyés aux tribunaux compétents, ainsi que les objets saisis.

Art. 13. — Les prudhommes, dans les cas ci-dessus et sur la

réquisition verbale ou écrite des parties, pourront, au nombre de deux au moins, assistés d'un officier public, dont un fabricant et un chef d'atelier, faire des visites chez les fabricants, chefs d'ateliers, ouvriers ou compagnons.

Section III. — De la conservation de la propriété des dessins.

Art. 14. — Le Conseil des prudhommes est chargé des mesures conservatrices de la propriété des dessins.

Art. 15. — Tout fabricant qui voudra pouvoir revendiquer, par la suite, devant le tribunal de commerce, la propriété d'un dessin de son invention, sera tenu d'en déposer aux archives du Conseil des prudhommes un échantillon plié sous enveloppe, revêtue de ses cachet et signature, sur laquelle sera également apposé le cachet du Conseil des prudhommes.

Art. 16. — Les dépôts de dessins seront inscrits sur un registre tenu *ad hoc* par le Conseil des prudhommes, lequel délivrera aux fabricants un certificat rappelant le numéro d'ordre du paquet déposé et constatant la date du dépôt.

Art. 17. — En cas de contestation entre deux ou plusieurs fabricants sur la propriété d'un dessin, le Conseil des prudhommes procédera à l'ouverture des paquets qui lui auront été déposés par les parties ; il fournira un certificat indiquant le nom du fabricant qui aura la priorité de date.

Art. 18. — En déposant son échantillon, le fabricant déclarera s'il entend se réserver la propriété exclusive pendant une, trois ou cinq années, ou à perpétuité ; il sera tenu note de cette déclaration. A l'expiration du délai fixé par ladite déclaration, si la réserve est temporaire, tout paquet d'échantillon déposé sous cachet dans les archives du Conseil devra être transmis au Conservatoire des arts de la ville de Lyon, et les échantillons y contenus être joints à la collection du Conservatoire.

Art. 19. — En déposant son échantillon, le fabricant acquittera entre les mains du receveur de la commune une indemnité qui sera réglée par le Conseil des prudhommes et ne pourra excéder 1 franc pour chacune des années pendant lesquelles il voudra conserver la propriété exclusive de son dessin, et sera de 10 francs pour la propriété perpétuelle.

Titre IV. — Dispositions générales.

Art. 34. — Il pourra être établi par un règlement d'administration publique, délibéré en Conseil d'Etat, un Conseil de prudhommes dans les villes de fabrique où le gouvernement le jugera convenable,

Art. 35. — Sa composition pourra être différente selon les lieux ; mais ses attributions seront les mêmes.

CODE PÉNAL

Art. 425. — Toute édition d'écrits, de composition musicale, de dessin, de peinture ou de tout autre production, imprimée ou gravée en entier ou en partie, au mépris des lois et règlements relatifs à la propriété des auteurs, est une contrefaçon, et toute contrefaçon est un délit.

Art. 426. — Le débit d'ouvrages contrefaits, l'introduction sur le territoire français d'ouvrages qui après avoir été imprimés en France ont été contrefaits chez l'étranger sont un délit de même espèce.

Art. 427. — La peine contre le contrefacteur ou contre l'introducteur sera une amende de 100 francs au moins et de 2.000 francs au plus ; et contre le débitant une amende de 25 francs au moins et de 500 francs au plus.

La confiscation de l'édition contrefaite sera prononcée tant contre le contrefacteur que contre l'introducteur et le débitant.

Les planches, moules ou matrices des objets contrefaits seront aussi confisqués.

Art. 429.— Dans les cas prévus par les articles précédents, le produit des confiscations ou les recettes confisquées seront remis au propriétaire pour l'indemniser d'autant du préjudice qu'il aura souffert ; le surplus de son indemnité, ou l'entière indemnité, s'il n'y a eu ni vente d'objets confisqués, ni saisie de recettes, sera réglée par les voies ordinaires.

AVIS DU CONSEIL D'ÉTAT DU 30 MAI 1823

Les membres du Conseil du Roi composant le Comité de l'Intérieur et du Commerce,

Considérant que la législation sur la propriété des dessins est toute entière dans la loi de 1793 et dans le décret du Conseil des Prud'hommes de Lyon, du 18 mars 1806 ;

Que la loi précitée étant évidemment relative aux seuls ouvrages qui font partie du domaine des Beaux-Arts, elle ne peut être applicable aux dessins destinés à être imprimés sur des papiers de tenture, puisque malgré les progrès considérables qu'a faits cette fabrication et quoiqu'elle imite les tableaux ou les gravures, les procédés qu'elle emploie sont purement mécaniques et susceptibles d'une facile imitation par des personnes qui ne seraient pas habituées à la pratique des arts du dessin ; qu'ainsi il n'y a pas lieu de déposer à la Bibliothèque du Roi les dessins destinés aux papiers de tenture ;

Que dès lors, s'il y a utilité de donner aux propriétaires de tels dessins, le moyen légal d'en conserver la propriété, en lui indiquant un lieu de dépôt, on ne peut appuyer ce privilège que par le décret d'organisation des Prud'hommes de Lyon, qui, dans sa section III, règle tout ce qui concerne la conservation de la propriété des dessins ; que, quoique le décret précité paraisse avoir particulièrement en vue les dessins destinés à être exécutés en étoffes de soie, il y a une analogie assez frappante entre ce genre de dessins et ceux qui sont destinés à être imprimés sur papier, pour les placer sous les mêmes règles ;

Sont d'avis :

Que le lieu de dépôt pour les dessins destinés aux papiers de tenture doit être le bureau du Conseil des pru'hommes ;

Mais comme les Prud'hommes n'ont de juridiction que sur un territoire délimité par le décret d'institution, le dépôt des dessins doit-être fait par les fabricants qui ont un domicile hors de ce ressort, dans le bureau du Conseil des Pru'hommes situé dans l'arrondissement du lieu de la fabrique... »

Ordonnance du roi du 17 août 1825 portant règlement sur le dépôt des dessins de fabrique

Art. 1er. — Le dépôt des échantillons de dessins qui doit être fait conformément à l'art. 15 de la loi du 18 mars 1806, aux archives des Conseils de prudhommes, pour les fabriques situées dans les ressorts de ces Conseils, sera reçu par toutes les fabriques situées hors du ressort d'un Conseil de prud'hommes, au greffe du tribunal de commerce ou au greffe du tribunal de première instance dans les arrondissements où les tribunaux civils exercent la juridiction des tribunaux de commerce.

Art. 2. — Ce dépôt se fera dans les formes prescrites pour le même dépôt aux archives des Conseils de prudhommes par les articles 15, 16 et 18, sect. III, titre II de la loi du 18 mars 1806.

Il sera reçu gratuitement, sauf le droit du greffier pour la délivrance du certificat constatant le dépôt.

LIVRE PREMIER

ÉTUDE DE LA LOI DE 1806

TITRE PREMIER

PROPRIÉTÉ DES DESSINS ET MODÈLES DE FABRIQUE

CHAPITRE PREMIER

DE LA NATURE DU DROIT D'AUTEUR

14. — Avant d'aborder par le détail l'étude de notre législation sur les dessins, il ne nous paraît pas inutile de rechercher, au début même de ce travail, quelle est la nature du droit de l'auteur sur son œuvre ? Nous allons voir successivement comment naît ce droit, à quelles conditions la loi le sanctionne, comment il se transmet, dans quelle mesure en un mot il est protégé. Tâchons auparavant de savoir quel il est, et d'en préciser la nature.

Nous chercherons à le définir, non pas tant en nous plaçant à un point de vue philosophique et général, qu'en nous inspirant de l'idée même que s'en est faite notre législateur. Nous trouvons-nous en face d'un véritable droit de propriété, droit naturel ou primordial que la loi ne

fait que consacrer? ou au contraire ne s'agit-il que d'un
droit *sui generis*, simple concession de la loi, qui assure
à l'auteur d'une œuvre un monopole sur la reproduction
de cette œuvre, pour lui procurer tous les bénéfices de cette
reproduction? C'est entre ces deux termes que se pose la
question.

Le droit d'auteur, tel que la loi l'a conçu elle-même,
consiste dans le droit exclusif pour l'inventeur de reproduire son œuvre. C'est, autrement dit, *le monopole de
reproduction* (1).

Nous n'avons donc pas à parler ici du droit que peut
avoir l'artiste sur son idée, tant qu'il la médite encore dans
son cerveau. Qui penserait à l'en dépouiller? Nous n'avons
pas non plus à nous préoccuper du droit de l'artiste sur
son idée, une fois qu'elle est exprimée sur la toile ou
dans le marbre; l'artiste a la pleine propriété de son
œuvre ainsi réalisée; il peut soit la garder, soit la céder
à prix d'argent. — Jusqu'ici la situation juridique de
l'artiste ne diffère pas de celle de l'ouvrier qui, après avoir
fabriqué un objet quelconque, une serrure par exemple,
veut en tirer profit, et pour cela cherche à la vendre.

Mais le cas de l'auteur devient intéressant et spécial, en
ce sens que nous voulons qu'il ait une jouissance de son

---

(1) Nous avons cherché à analyser la nature du droit d'auteur telle
qu'elle nous est apparue par la conception même que s'en est faite le
législateur. Tous les auteurs qui ont plus ou moins tenté cette analyse,
ne se sont peut-être pas assez souvenus que ce que *juridiquement* on
appelle le droit d'auteur, c'est tout simplement le *monopole de reproduction* ; ainsi délimité, le droit d'auteur s'analyse bien plus facilement.

V. au contraire : *Introduction générale de Fauchille,* p. 1 et
suiv.

œuvre plus complète que celle de l'ouvrier sur l'objet matériel qu'il a confectionné. La vente de la toile sur laquelle l'artiste a réalisé son idée n'absorbe pas son droit; même après cette vente, il est seul à pouvoir reproduire la même idée, et à tirer profit de toutes ces reproductions; il a, en un mot, le *monopole de reproduction*, et cela quel que soit le procédé employé. Son œuvre aura beau être reproduite par un procédé qu'il ignorait lui-même, l'artiste garde ses droits sur cette reproduction, il peut poursuivre le tiers qui l'a faite, car elle est une des expressions de son idée.

Voilà l'originalité du droit d'auteur et ce qui le caractérise.

Je fais une serrure, cette serrure, produit de mon travail, m'appartient; c'est là l'objet matériel sur lequel porte mon droit de propriété. Si je la vends, j'ai dès lors anéanti tous mes droits (1). Quiconque voudra désormais en faire une semblable, le pourra. Si maintenant, j'ai fait un tableau, ce tableau est bien ma propriété, il est l'objet même sur lequel porte mon droit de propriétaire; mais ce qui va être particulier dans cette hypothèse, c'est que non seulement je suis maître de cet objet, mais que j'ai un droit sur *l'idée,* réalisée dans cet objet : de là mon droit de reproduction. Je pourrai bien vendre le tableau, je n'en resterai pas moins maître de l'idée, c'est-à-dire du droit de le reproduire sous d'autres formes sensibles.

Ce droit sur l'idée, ce monopole de reproduction est il un droit de propriété, ou au contraire n'existe-t-il qu'en vertu d'une concession purement gracieuse de la loi.

_____

(1) Nous supposons évidemment une serrure banale, sur laquelle ne peut porter un brevet d'invention.

Voilà bien la double question que nous avons à résoudre.

I. Si l'on se reporte aux termes mêmes de la loi de 1806, il semble, au premier abord, qu'il s'agit bien là d'une véritable propriété. Le législateur emploie le mot à plusieurs reprises ; de plus, il reconnait à ce droit un caractère perpétuel, or là perpétuité est bien un des caractères essentiels de la propriété.

Ces raisons ne nous convainquent nullement. Nous croyons d'abord que ce mot de propriété ne doit pas être pris en cette circonstance dans un sens rigoureux ; il a certainement dépassé la pensée du législateur. De plus, ce caractère de la perpétuité du droit ne signifie rien ; cette perpétuité, en effet, n'a rien de fatal par elle-même, mais elle dépend de la volonté de l'auteur ; elle ne s'impose pas au droit d'auteur, puisque la loi au contraire lui reconnaît un caractère perpétuel ou temporaire, suivant le vœu du dessinateur. Enfin, et c'est là pour nous le véritable argument, le droit de propriété suppose un *objet* distinct du titulaire du droit et sur lequel porte le lien juridique qui rattache cet objet à son propriétaire. Dans le cas actuel, rien de semblable ; d'objet, il n'y en a point ; l'auteur a simplement un monopole de reproduction, c'est-à-dire qu'il est en droit d'interdire à tous de reproduire son œuvre.

De cette absence d'objet comme support nécessaire du droit de propriété, nous en concluons que le droit d'auteur n'est pas une véritable propriété, mais un *droit spécial, et sui generis*.

Il serait à souhaiter que nous ayons pour le définir, un terme propre qui pût éviter toute confusion. Les Allemands ne disent plus *eigenthum* (propriété) quand il s'agit du droit d'auteur ; ils y ont substitué le mot *urhe-*

berrecht (urheber, auteur — recht, droit), plus en conformité avec la réalité des faits. Nous devrions imiter
leur exemple et ne plus nous servir en ces matières, du
mot propriété dont le sens ne cadre pas avec la nature du
droit de l'artiste sur son œuvre (1).

II. Ce droit d'auteur, tel que nous venons de le définir, est-il un droit naturel et primordial, ou une simple
concession de la loi? Est-ce un droit qui existe en lui-même
et perpétuel dans sa durée, ou au contraire, n'est-ce qu'un
simple privilège temporaire, une récompense, donnée par
la loi à l'inventeur, en échange du service rendu par lui à
la société?

Tel est le second point que nous avons à étudier ; et sur
ce second point nous n'hésitons pas à nous prononcer.
Pour nous, le droit d'auteur n'a jamais été qu'une concession de la loi, une récompense donnée à l'artiste, sous
la forme d'un monopole à lui concédé.

Le fondement de tout droit de propriété est dans le travail. L'objet du droit appartient à celui qui l'a exécuté: il
est le résultat de la mise en exercice des facultés de son
créateur. Le travail, en un mot, rattache d'une façon indis-
soluble l'objet produit à celui qui l'a confectionné ; il est la
raison d'être de ce lien juridique qui s'appelle la propriété. Il
n'appartient pas alors à la société de dépouiller l'homme
du fruit de ses œuvres, sauf bien entendu, les cas excep-
tionnels où les droits de l'individu doivent disparaître
devant l'intérêt général.

L'homme, qui a fait une serrure, aura sur cette serrure
un droit de propriété perpétuel, il pourra en faire ce que

_____

(1) V. Morillot. *De la Protection accordée aux œuvres intellec-
tuelles dans l'Empire d'Allemagne,* p. 96 et suiv.

bon lui semblera, ou la vendre et par là anéantir sa propriété, ou bien s'en servir pour son usage personnel en
la plaçant par exemple à la porte de sa demeure. L'artiste
est également propriétaire de son idée; elle est bien le
fruit de son travail. Si l'homme peut créer, c'est, à proprement parler, dans le domaine des travaux de l'intelligence, où l'idée est très exactement la création du cerveau
qui l'a conçue. Aussi a-t-on reconnu de tout temps à l'auteur un droit souverain sur ses idées, et cela non seulement quand elles sont à l'état latent dans son esprit, mais
même quand il les a réalisées et exprimées par la plume
ou le pinceau. Quiconque a pillé l'idée d'autrui, a été de
tout temps puni pour avoir porté atteinte à une des manifestations de la personnalité de l'auteur, les pensées d'un
homme n'étant bien que le prolongement de sa personne. Cette atteinte à la personnalité de l'artiste ou de
l'écrivain a, de nos jours, sa sanction dans l'art. 1382. C.
civ.

Mais tout cela n'est pas ce que juridiquement nous appelons le droit d'auteur.

Comment l'auteur va-t-il pouvoir tirer profit de son invention? En en usant pour lui-même, comme le serrurier
qui se sert de sa serrure en la plaçant à sa porte, ou
comme le propriétaire d'un champ use de ce champ en le
cultivant pour en tirer des fruits capables de le nourrir?
Non, l'auteur peut bien user de son tableau en le mettant
dans sa demeure comme ornement, il peut bien vendre ce
tableau pour en avoir la représentation en argent, mais
tout cela n'est pas le droit d'auteur. Il n'y a qu'un moyen
pour l'auteur de tirer profit de son idée, c'est de la communiquer au public, de la lui livrer pour que celui-ci la
connaisse et l'apprécie, et lui *en achète des reproductions*.

Voilà le droit d'auteur qui apparait. C'est un droit imparfait et incomplet en lui-même, puisque pour en tirer partie, l'auteur a besoin de communiquer son œuvre au public; autrement dit, *l'usus* de ce droit n'est pas limité aux rapports du titulaire avec l'objet du droit. D'objet, il n'y en a point; ce droit consistant dans la relation, non pas d'une chose avec un individu, mais d'un individu avec le public. C'est un droit de l'individu sur le public, faisant défense à celui-ci de faire des reproductions de l'idée qu'il lui a livrée, et défense d'acheter d'autres reproductions que celles qu'il fait lui-même.

Supposons, étant données ces conditions, que la loi ne soit pas intervenue pour créer le droit d'auteur, à quel titre le créateur d'une idée pourra-t-il en conserver le monopole de reproduction? Puisqu'il l'a livrée au public, chacun doit être libre d'en faire des exemplaires; les auteurs de ces exemplaires ne seront pas pour cela devenus propriétaires de l'idée, et pourtant ils auront porté atteinte à ce que nous appelons le droit d'auteur. On tourne ainsi dans un cercle vicieux : l'idée est livrée au public pour qu'il en jouisse, chacun alors en use en la réalisant par des applications variées, et pourtant cet usage auquel chacun est convié, est une atteinte au droit d'auteur.

Quelle est donc l'origine de ce droit d'auteur? Tout simplement la suivante. Les législateurs modernes ont pensé que si chaque inventeur ne travaillait que pour la gloire d'apporter à l'humanité une idée nouvelle, ce mobile si glorieux soit-il, pourrait dans bien des cas, être insuffisant pour stimuler l'activité de chacun. D'autre part, il était juste que chaque œuvre de création ait une récompense; le législateur a cru la trouver dans le *privilège* ou

le *monopole* qu'il concède à l'auteur : il lui accorde pour
cela un droit exclusif à la reproduction de son idée et défend à chacun de porter atteinte à ce monopole. Ce privilège dure un temps *déterminé*, qui est précisément aux
yeux du législateur, la représentation du service rendu à
la société par l'inventeur.

Mais il est juste, en retour, que le public, sans lequel
l'artiste n'eut pas pu user de son droit, qui a été le collaborateur de l'auteur, non pas dans la conception de son
invention, mais dans son utilisation, c'est-à-dire dans
l'exercice même de l'usage de ce droit, ait en revanche,
un jour ou l'autre, la libre jouissance de cette idée ; bref,
il est juste que l'invention finisse par tomber dans le domaine public, et que chacun soit libre d'en faire les applications qu'il jugera utiles.

Nous croyons démontrer par là que le droit d'auteur
n'est bien en réalité qu'une concession purement gracieuse
de la loi, un privilège donné en récompense à un auteur
qui a enrichi la société d'une idée nouvelle, mais pour
l'utilisation pratique de laquelle il a fallu le concours du
public. Cette conception du droit d'auteur n'a pu se faire
que dans une législation déjà avancée, sachant démêler les
droits de l'individu d'avec ceux de la société, et encourager
dans certains cas, l'initiative individuelle pour arriver, en
fin de compte, à un maximum d'intérêt général. Nous
croyons enfin légitimer également et le droit temporaire
de l'artiste, et ce que l'on appelle, sans en jamais bien définir la portée, le droit de jouissance intellectuelle du
public.

CHAPITRE II

SECTION I. — DES DESSINS DE FABRIQUE

§ I. — Définition et caractères constitutifs du dessin de fabrique.

15. — Définition du dessin de fabrique. — Il est assez difficile de donner une définition du dessin de fabrique qui soit à la fois suffisamment précise et générale.

On dit communément que le dessin de fabrique, est *toute combinaison, toute disposition de lignes ou de couleurs, destinées à donner à un objet quelconque, un aspect original et nouveau.*

Tenons-nous en là pour le moment. Si notre loi est muette sur ce qu'est le dessin de fabrique, nous pourrions répondre à ceux qui semblent regretter cette lacune, que bien des législations étrangères sont dans le même cas. La loi allemande du 9 janvier 1876 s'abstient de toute définition, et c'est pourtant une loi récente. L'Angleterre et les États-Unis ne définissent rien, ils donnent des exemples, ce qui n'est pas précisément une définition. Comme nous le verrons enfin, c'est la définition même du dessin de fabrique qui chez nous a toujours empêché d'aboutir les différents projets de lois proposés sur cette matière. On s'arrête au premier article faute de s'entendre sur une définition.

Il est des cas en effet où il vaut mieux ne pas définir que définir insuffisamment. Le fait pour les dessins et modèles de fabrique, de toucher parfois à l'art par la représentation d'une idée originale et personnelle, et en même temps de rentrer dans le domaine de l'utile par l'objet auquel ils s'appliquent, est précisément ce qui rend difficile la rédaction d'une formule qui soit suffisamment compréhensive, pour mettre également en lumière ces deux caractères si différents.

Ajoutons enfin que bien souvent la difficulté de s'entendre est venue de ce que certains voulaient dans la définition, faire place à une idée fausse, à savoir que le dessin artistique devait perdre son caractère artistique et son droit à la protection de la loi de 1793, lorsqu'il venait s'incorporer à un objet industriel.

16. — Caractères constitutifs du dessin de fabrique. — M. Pouillet enseigne que le dessin de fabrique est un dessin destiné à être considéré non pas isolément et en lui-même, mais dans sa relation avec l'objet dans lequel le fabricant l'a incorporé. Son caractère, c'est « d'être destiné uniquement à orner l'objet auquel il s'applique, à en varier l'aspect, à lui donner un cachet d'individualité qui en fasse une nouveauté commerciale » (1).

La même théorie est émise par M. Philipon, qui s'attache pour définir le dessin de fabrique, à ce qu'il appelle *le ca-*

_____

(1) Pouillet, n° 8.

ractère accessoire de ce dessin, disant que ce qui en précise bien la nature, « c'est qu'il n'a aucune existence par
« lui-même et qu'il n'est jamais que l'accessoire d'un objet
« dont il peut augmenter la valeur (1). »

Si par la pensée. en effet, on dépouille l'étoffe du dessin
qui y est incorporé, cette étoffe perdra sans doute de sa
valeur, le dessin qui y était tissé étant peut-être ce qui en
faisait l'originalité ; il n'en est pas moins vrai que l'étoffe,
objet industriel subsiste avec son utilité propre. Enlevez,
au contraire, la gravure qui est représentée sur le papier.
il reste une simple feuille sans valeur. C'est donc que
dans ce second cas, le dessin artistique avait tout son mérite en lui-même, et n'était pas là pour donner plus d'utilité au papier ; tandis que dans le premier, l'essentiel, le
but cherché, c'était simplement l'adaptation du dessin à
l'objet industriel pour lui donner plus de prix. Ajoutons
cependant que ce dessin de fabrique est parfois susceptible
d'avoir sa signification en lui-même. Il n'est donc pas
très exact de dire, avec M. Philipon, que jamais le dessin
de fabrique n'a d'existence propre, à moins que ce qu'ait
voulu dire cet auteur, c'est seulement que le dessin de fabrique n'est jamais envisagé par l'acheteur que dans sa relation avec l'objet qu'il décore. Lorsque j'achète une étoffe
de soie à fleurs, ce que je veux d'abord, c'est une étoffe de
soie, et ensuite qu'elle soit revêtue d'un dessin qui vienne
l'agrémenter. Mais il n'en est pas moins vrai que ces
fleurs prises en elles-mêmes, *in abstracto,* peuvent avoir
leur mérite, et dans certains cas, être tout à fait dignes
d'être reproduites pour elles seules, par le pinceau, par
exemple.

(1) Philipon, n° 23.

Si nous nous reportons maintenant à l'historique de la loi de 1806, il semble bien que ce soit là le but que cette loi a cherché à atteindre. Les négociants lyonnais demandaient une protection spéciale pour leurs dessins de soierie qui, par leur originalité, par le talent de leurs auteurs, venaient augmenter considérablement la valeur de leurs produits ; et ce sont ces étoffes ainsi illustrées, si je puis m'exprimer de la sorte, que le législateur de 1806 a tenu à protéger.

I. *Le dessin de fabrique doit être apparent et présenter un ensemble définitif et reconnaissable.* — Il résulte de ce que nous venons de dire, que puisque le dessin de fabrique concourt à l'ornementation d'un objet industriel, il faut qu'il soit *apparent*, c'est-à-dire *extérieur* et visible. Un arrangement intime dans la composition de l'objet ne pourrait constituer un dessin de fabrique ; c'est l'évidence même.

Aussi a-t-on jugé avec beaucoup de raison qu'un entre-croisement de fils métalliques, destiné à soutenir la carcasse des chapeaux, ne pouvait constituer un dessin, parce que ces fils sont rendus invisibles par l'étoffe qui les couvre (1).

De ce que le dessin doit être *apparent*, il s'ensuit qu'il doit présenter, comme l'a dit la Cour de Cassation, un ensemble *définitif* et *reconnaissable*.

Le cas s'est posé pour des *fils chinés*; on a décidé qu'il était impossible de voir là un dessin de fabrique ; c'est, en effet au moyen de ces fils et en les combinant d'une certaine façon, qu'on arrivera à tisser une étoffe présentant

(1) Tr. Corr. Seine 4 déc. 1862. Pr. Ind. N° 267.

un dessin donné. Le dessin, ainsi produit, pourra seul constituer le dessin de fabrique, comme présentant bien cet aspect *définitif* que veut la Cour de Cassation (1).

Il est un autre exemple célèbre qui a donné lieu à de longues et intéressantes discussions et qui fait à merveille ressortir le caractère essentiel du dessin de représenter par la distribution des lignes ou des couleurs, *une configuration* ou *un effet de nuances distinct et reconnaissable*. C'est le cas des *armures*. La loi de 1806 protège-t-elle dans un tissu tous les effets d'armures ? Cela dépend. Nous répondrons avec la Cour de Cassation (Cass. 12 mars 1890. Ann. 90. 260), que pour que l'armure soit protégée dans ses résultats, il faut qu'elle ait produit un assemblage de lignes ou de couleurs constituant un dessin proprement dit, indépendant de l'étoffe sur laquelle il est figuré. Il ne suffirait pas que cet aspect distinctif et reconnaissable résultât seulement de la contexture du tissu, lequel, par exemple, pourrait présenter simplement une plus grande matité ou une plus grande souplesse.

II. *Le dessin est protégé indépendamment du mode de fabrication.*— Que le dessin soit produit par le tissage, la broderie ou l'impression, peu importe. Ce que le législateur a entendu protéger, c'est le résultat obtenu, c'est-à-dire cet aspect *définitif* et *reconnaissable* que présente l'objet industriel. Quant au moyen par lequel on a atteint le résultat, la loi de 1806 ne s'en occupe pas ; ce sera la loi de 1844 qui pourra, dans certains cas, protéger le procédé, si celui-ci rentre dans les conditions d'obtention d'un brevet.

Un objet industriel peut donc obtenir une double pro-

(1) Rouen 2 fév. 1837. Dall. V° Industrie N° 284.

tection, celle de la loi de 1844 pour le procédé employé, et celle de la loi de 1806 pour le résultat obtenu, c'est-à-dire la décoration de l'objet.

La Cour de Paris a fort bien résumé la doctrine sur ce point, dans l'espèce suivante : Il s'agissait d'un genre de chenille qui, évidemment en lui-même, pouvait constituer un modèle de fabrique. La Cour de Paris l'a reconnu en lui accordant le bénéfice de la loi de 1806, mais en outre elle a jugé qu'il pouvait y avoir eu contrefaçon du procédé, le mode de fabrication de cet objet étant en lui-même protégeable par la loi de 1844 (1).

De ce fait que la loi ne se préoccupe pas du mode de fabrication, on en a conclu avec raison qu'une simple combinaison de fils ou d'armures pouvait produire un dessin parfaitement protégeable. C'est même là le dessin de fabrique dans toute sa pureté, dit M. Pouillet. Ce sont précisément ces dessins obtenus par le tissage qu'a eus spécialement en vue le législateur de 1806. Qu'est-ce que le tissage en effet, sinon une combinaison de fils ou d'armures. Or, c'est par le mode de régler le tissage que l'on peut varier les effets obtenus sur l'étoffe et en changer l'ornementation.

Mais si l'armure peut produire un dessin de fabrique, encore faut-il que ce ne soit pas l'armure d'une étoffe unie. Il nous suffit de rappeler la décision de la Cour de Cassation que nous avons citée plus haut. Assurément les différences entre les étoffes unies sont innombrables, ces différences proviennent précisément des sortes d'armures employées, mais l'armure, dans tous ces cas, ne produisant aucune combinaison de lignes ou d'aspect dis-

(1) Paris, 10 août 1882. Ann. 82. 336.

tincte et reconnaissable, ne peut être protégée par la loi
de 1806 (1).

Si le dessin est indépendant du mode de fabrication, il
ne faut pas en conclure cependant, comme quelques
auteurs semblent le prétendre, que le dessin de fabrique
n'existe que si sa *reproduction est mécanique.* Nous ne
craignons pas de nous élever contre cette tendance parce-
qu'elle procède d'un principe que nous ne saurions accep-
ter. Un dessin de fabrique en effet, peut exister, bien que
fait à la main : les dentelles, par exemple, ne sont pas toujours faites au métier, et elles constituent néanmoins des
dessins de fabrique. D'après les auteurs, qui professent
l'opinion que nous combattons, le grand criterium entre
le dessin artistique et le dessin industriel, c'est que le
premier est fait à la main et le second par des procédés
mécaniques. Qu'en fait cela soit souvent, nous le reconnaissons ; mais la règle formulée d'une façon aussi générale
et absolue, ne répond nullement à la nature du dessin de
fabrique. Au surplus c'est une question sur laquelle nous
aurons à revenir.

III. *Le dessin est protégé, quelle que soit l'industrie
à laquelle se rattache l'objet.* — Ce serait une erreur de
croire que la loi ne protège que les dessins obtenus par
le tissage. Tout objet quelconque ayant reçu une ornementation peut réclamer le bénéfice de la loi de 1806,
peu importe que cette ornementation ait été obtenue
par tissage, broderie ou impression.

La jurisprudence a fait de cette idée de nombreuses
applications :

(1) Sur cette question des armures, la jurisprudence est nombreuse ;
v. notamment : Lyon, 7 janv. 1862. Ann. 62. 106. — Lyon, 18 mars
1863. Ann. 63. 243. — Douai, 29 juin 1867. Ann. 68. 77.

1° Aux papiers peints (1) ;

2° Aux dessins d'étiquettes (2) ;

3° Citons enfin une décision curieuse de la Cour de Paris qui applique la loi de 1806 à des dessins formés par des tresses en ficelle grise et enlacées sur des brins de rotin noir (3).

La jurisprudence était pleinement autorisée à faire de pareilles extensions. On se rappelle en effet que la loi de 1806, dans son article 34, en permettant la création de conseils de prud'hommes dans les lieux où le gouvernement le jugerait convenable, entendait implicitement, par là, protéger également toutes les industries capables de composer des dessins de fabrique.

IV. *La loi ne s'occupe ni du mérite ni de l'importance du dessin. Elle le protège pourvu qu'il soit nouveau, la nouveauté étant, comme nous le verrons, l'élément essentiel du dessin.* — Tels sont bien les caractères constitutifs du dessin de fabrique, nous les résumons en ces termes qui pourraient presque constituer la définition du dessin de fabrique : *c'est toute disposition ou combinaison de lignes ou de couleurs, destinée à donner un aspect nouveau et définitif à un objet quelconque, quels que soient le mérite ou l'importance du dessin, le pro-*

----

(1) Paris, 27 mars 1852, ann., 64. 254.

(2) Cass., 30 déc. 1865., ann., 67. 46. Notons que dans ce cas là loi de 1806 aura rarement à s'appliquer. S'il s'agit en effet d'étiquettes portant un dessin original et nouveau, le propriétaire aura généralement fait de cette étiquette une marque de fabrique protégée par la loi de 1857. Rien n'empêche toutefois en théorie que ces deux lois ne puissent concourir à protéger le même objet.

(3) C. Paris, 27 nov. 1863. Ann. 64. 381.

*cédé employé et l'industrie à laquelle appartient l'objet
revêtu de ce dessin.*

Il nous reste, pour achever de délimiter le domaine du
dessin industriel, à rechercher successivement en quoi il
se distingue de l'invention brevetable d'une part, et ensuite
de l'œuvre artistique.

Ces deux questions importantes feront l'objet des deux
paragraphes suivants.

**§ 2. — Du criterium auquel on doit s'attacher pour distinguer
le dessin de fabrique de l'invention brevetable.**

17. — Cette distinction est importante par ses conséquences. Il est nécessaire que l'industriel sache à quelle
loi demander la protection à laquelle il a droit. C'est ne
rien faire en effet que de prendre, conformément à la loi
de 1844, un brevet pour un objet déposable aux termes de
la loi de 1806, et inversement on ne peut déposer valablement un objet brevetable.

En théorie le domaine de ces deux lois est facile à délimiter :

La loi de 1844 a en vue l'utile ; elle protège le produit,
le résultat industriel obtenu, quand ils sont nouveaux.

La loi de 1806 a en vue l'agréable ; elle protège la
forme, l'aspect, l'ornement nouveaux donnés à un objet
industriel.

Néanmoins, la difficulté vient de que souvent la
forme nouvelle n'a été recherchée par l'inventeur qu'à
raison de son résultat industriel, et qu'inversement
l'aspect nouveau que présente un objet n'est parfois que

la conséquence du produit industriel nouveau qui a été obtenu.

Disons tout de suite qu'en pratique, dans le doute, le mieux est de demander la protection aux deux lois. D'autant plus que si l'on a fait une invention, c'est-à-dire que l'on soit arrivé à un résultat industriel nouveau, obtenu par l'emploi d'une forme nouvelle, qui embellit l'objet et lui donne une physionomie originale en même temps qu'elle le rend plus utile, la loi de 1806 et celle de 1844 s'appliquent cumulativement. C'est ce qu'a jugé la Cour de Cassation le 25 nov. 1881 (1).

Cette solution de prendre double protection n'est cependant pas toujours bonne en pratique, car s'il est parfois possible au fabricant de prévenir par ce moyen la difficulté, celle-ci n'en est pas par cela même résolue.

Quand, devant les tribunaux, le prévenu de contrefaçon invoque l'inanité du droit du poursuivant, sous prétexte que la loi sous laquelle il abrite son action n'est pas celle qui peut le protéger, les tribunaux sont bien alors obligés de trancher la question, et de dire si oui ou non on se trouve en face d'une invention brevetable ou simplement déposable.

Le criterium auquel il faut s'attacher pour délimiter le domaine respectif de ces deux lois, est de se conformer au but poursuivi par chacune d'elles, et de rechercher le résultat obtenu par l'inventeur.

Celui-ci a-t-il trouvé un résultat industriel, ou a-t-il créé un produit nouveau? La loi de 1844 est celle qui doit le protéger.

Au contraire, n'est-il parvenu qu'à un simple enjolive-

_____

(1) D. P. 85. 1. 181.

ment du produit, c'est-à-dire à la création d'un objet plus
original, plus agréable, plus artistique, sans que la nature
même de cet objet en soit modifiée ; c'est la loi de 1806 qui
doit s'appliquer.

L'invention de l'auteur a-t-elle enfin cette double conséquence de créer non seulement un produit original et d'aspect particulier, mais un produit qui soit nouveau en lui-
même ; ou bien encore l'inventeur n'a-t-il obtenu le
résultat industriel qu'en donnant à l'objet une forme
particulière, qui le rende à la fois et plus utile dans son
application et plus original dans son aspect, les deux lois
de 1844 et de 1806 devront alors s'appliquer cumulativement.

Nous préférons pour notre part cette formule à celle que
donne M. Fauchille (1) lorsqu'il déclare : « que si l'on se
trouve en face d'une forme nouvelle, il faut décider qu'en
principe, elle n'est pas brevetable, à moins que l'inventeur
n'ait voulu y mettre une qualité industrielle plutôt que la
forme elle-même. »

Criterium dangereux selon nous. Est-il bien facile de
savoir ce que l'auteur a voulu mettre dans sa forme nouvelle ? Celui-ci n'avait peut-être en vue à l'origine que de
donner à l'objet une physionomie plus originale, et après
coup seulement, s'est aperçu que cette forme nouvelle
donnait à l'objet un résultat industriel. Il est plus simple
et plus prudent de juger le fait acquis et non l'intention
de l'auteur. Les seules questions, auxquelles il faut répondre, sont les suivantes : Cet objet produit-il un résultat
industriel, est-il un produit nouveau ? A-t-il au contraire
simplement une physionomie originale ?

(1) V. Fauchille, p. 63.

Maintenant passons en revue divers exemples qui pourront éclairer ce qu'il y a d'un peu abstrait dans les idées que nous venons d'émettre.

1°) La question des *armures* a, à différentes reprises, mis en lumière toutes ces difficultés.

Les armures peuvent changer non seulement l'aspect du tissu, mais encore sa nature et ses qualités industrielles. Le cas s'est présenté en 1890, devant la Cour de Lyon (Ann. 90. 260). Il s'agissait d'une étoffe unie, obtenue par une combinaison nouvelle d'armures. Cette étoffe présentait, paraît-il, un aspect merveilleux ; elle imitait le teint mat de la peau. Aussi l'avait-on appelée étoffe peau de soie ; mais en même temps elle présentait des caractères industriels, inconnus jusqu'ici : elle était à la fois plus souple, plus épaisse et plus solide.

La Cour de Lyon et la Cour de Cassation, nous l'avons vu précédemment, ont refusé de voir là un dessin, l'étoffe étant unie, et un simple aspect de matité ne pouvant constituer un dessin de fabrique. Nul doute cependant que si le fabricant, qui poursuivait alors, s'était assuré le bénéfice de la loi de 1844, ses prétentions sur ce point eussent été admises. Il est certain qu'il avait créé un produit nouveau présentant des qualités industrielles de souplesse inconnues jusque-là. Nul doute encore que si ce jeu d'armures avait en outre produit un dessin, c'est-à-dire une configuration de lignes, ou une combinaison de couleur distincte et reconnaissable, le fabricant eût pu poursuivre ses imitateurs aussi bien en vertu de la loi de 1806, qu'il pouvait le faire en vertu de celle de 1844.

A plusieurs reprises en effet, la jurisprudence a reconnu et consacré cette double conséquence de la naissance d'un produit industriel nouveau et de la confection d'un dessin de fabrique, comme résultat d'une combinaison d'armures (1).

2°) Un second exemple classique est celui sur lequel a statué la Cour de Cassation, le 10 mars 1858 (2).

Il s'agissait de lanternes phares, dont les dispositions et la forme arrivaient à donner un pouvoir éclairant supérieur. Le négociant avait cru créer un modèle de fabrique et l'avait déposé. La Cour de Cassation a jugé que le but atteint étant simplement un résultat industriel nouveau, c'est-à-dire un pouvoir éclairant plus grand, il y avait là une invention protégeable exclusivement par la loi de 1844.

Nous sommes de l'avis de la Cour de Cassation, mais il ne faudrait pas cependant trop généraliser, et dire que dès l'instant qu'une forme nouvelle produit un résultat industriel, on est en face d'une invention brevetable. Ceci est exact, mais insuffisant. Pour peu que la forme ait donné en même temps à l'objet un aspect nouveau et original, il y a modèle de fabrique. Notons qu'il sera bien rare en pratique, quand une forme nouvelle, produisant un résultat industriel, ne donnera pas en même temps une physionomie originale à l'objet. Nous voulons croire que ces lanternes-phares ne l'avaient pas et que c'étaient les dispositions intérieures, bien plutôt que la forme extérieure, qui donnaient à la lanterne un pouvoir éclairant plus intense.

On pourrait peut-être adresser la même critique à un arrêt de la Cour de Paris du 29 janvier 1875 (Ann. 75. 217) qui a refusé de voir un modèle de fabrique dans un flacon

(1) Lyon, 7 janv. 1862. Ann. 62.106. — Lyon, 9 mars 1875. Ann. 75.327.

(2) Ann. 58.133.

double, dit flacon siamois, sous le prétexte que cette dis
position du flacon n'avait pas en vue de lui donner une
forme originale, mais simplement de produire un résultat
industriel ; ce flacon double, en effet, était destiné à l'usage
d'une colle spéciale à coller le verre ou le marbre, et dans
chacun de ces deux flacons se trouvaient les éléments
devant se mélanger au moment où l'on se servait du
liquide.

18. — Ici se pose une dernière question : Quand un
objet produit par sa forme un résultat industriel, et qu'il
est cependant, à raison même de cette forme, protégé par
la loi de 1806, cette loi va-t-elle en quelque sorte déborder
sur la loi de 1844, et alors que le brevet n'a que 15 ans
de durée, assurer à l'auteur la perpétuité d'exploitation
exclusive dudit objet ?

Il faut distinguer :

a) S'agit-il d'un produit nouveau, brevetable aux termes
de la loi de 1844 et dont l'aspect extérieur est également
protégé par celle de 1806 ? — Tout brevet accordé pour
un produit nouveau empêche quiconque de fabriquer le
même produit, non seulement par le même procédé, mais
même par tous autres moyens. A l'expiration du brevet,
le produit en lui-même et le procédé par lequel on l'obtient tombent dans le domaine public. Le breveté pourra-
t-il alors, s'abritant sous la loi de 1806, conserver à perpétuité le monopole de son produit nouveau ? Nous ne le
pensons pas ; ce serait contraire aux principes de notre législation industrielle qui sont de favoriser le développement
de l'industrie, et de ne pas permettre de monopoliser à
jamais, au détriment du domaine public, une *invention*

utile, comme l'est la création d'un produit nouveau présentant des avantages industriels.

Le cas du reste sera très rare en pratique; il est bien difficile de concevoir un produit, dont les qualités intrinsèques soient la conséquence des dessins qu'on y a incorporés, ou de la forme qu'on a donnée à l'objet.— Il semble qu'en pareil cas il sera toujours possible de fabriquer le même produit, ayant les mêmes qualités industrielles, mais présentant une physionomie ou un aspect différents.

b) Voici au contraire un objet dont la forme ne change pas la nature ; elle n'en fait nullement un produit nouveau, mais *cette forme présente de véritables avantages industriels,* c'est-à-dire qu'elle constitue un résultat industriel nouveau. Cette forme, en tant que produisant ce résultat industriel, ne pourra être protégée que pendant la durée du brevet, et cela pour les mêmes raisons déduites plus haut ; il n'y a que les dessins ou les formes qui ont seulement pour but l'enjolivement de l'objet qui puissent valoir à leur auteur un droit privatif perpétuel. Et encore ce droit perpétuel consacré par la loi de 1806 est-il très critiqué ; il est même probable que le jour où la loi de 1806 sera remplacée, cette perpétuité disparaîtra, et que le droit de l'auteur du dessin sera ramené à la même durée que celui de l'inventeur.

c) Il y a pourtant un cas où la loi de 1806 nous semble tenir en échec la loi de 1844 ; ce qui est peut-être regrettable.

Voici un objet dont l'aspect ou la forme constituent sans aucun doute un dessin ou un modèle de fabrique. Le dessin est obtenu par un procédé très connu ; quelqu'un invente un autre procédé, plus simple, plus ingénieux, et plus économique, le procédé est donc brevetable ; mais

comme il arrive au même résultat, c'est-à-dire à la confection d'un dessin déposé, l'inventeur ne pourra pas
s'en servir.

. C'est là ce qui résulte implicitement d'une décision de
la Cour de Lyon du 25 juillet 1862 (Ann. 63. 215). Il s'a-
gissait de *galons à coquille* ou à *colonne,* qui, s'ils avaient
été nouveaux, auraient pu constituer des dessins de
fabrique. Jusqu'à une certaine époque, on les obtenait par
un métier spécial à la main, quelqu'un trouve un jour le
moyen de les obtenir par un métier à la barre ; c'était là
évidemment un procédé nouveau et brevetable. L'inventeur de ce procédé n'aurait pourtant pas pu s'en servir si
ces galons avaient été déposés ; le droit de l'auteur de ces
dessins, conservé aux termes de la loi de 1806, aurait
perpétuellement primé le droit de l'inventeur du procédé,
et le brevet serait, pendant toute sa durée, resté stérile
entre ses mains.

§ 3. — Du criterium auquel on doit s'attacher pour distinguer le dessin de fabrique du dessin artistique.

19. — Il est peu de questions qui aient suscité des discussions plus passionnées, et sur lesquelles on puisse
trouver une jurisprudence aussi hésitante et souvent même
aussi contradictoire.

La question, en effet, n'a pas seulement un intérêt théorique, les conséquences pratiques sont nombreuses.

La *durée* du droit exclusif varie suivant qu'il s'agit
d'un dessin protégé par la loi de 1793, ou par celle de
1806. Alors que les règles de transmission à cause de
mort se trouvent, en ce qui concerne les dessins de

fabrique, réglés purement et simplement par le droit civil;
pour le dessin artistique. une loi spéciale est venue établir
un mode de transmission particulière. Enfin, et c'est
surtout le cas qui a fait naître le plus souvent la question
devant les tribunaux, les formalités prescrites pour la
conservation du droit d'auteur, les conditions du dépôt, les
lieux où il doit s'effectuer, sont différents dans ces deux
lois. C'était même cette difficulté d'appliquer les formalités de la loi de 1793 aux dessins de fabrique qui, nous
l'avons vu, avait amené les négociants lyonnais à demander
à Napoléon une loi, qui fût destinée exclusivement à la
protection de leurs dessins de soierie (1).

Il est, pour tous ces motifs, très intéressant de bien définir le domaine réciproque de ces deux lois.

De nombreux systèmes sont en présence; nous les expo-
serons successivement, nous réservant de terminer par
celui qui nous a paru le plus conforme à la loi de 1806.

On peut ramener à trois principaux, les différents systèmes qui sont nés sur cette question :

1º Celui qui a son criterium de distinction fondé sur le
mode de reproduction;

2º Celui qui fixe la nature du dessin *par la destination*
qu'il a reçue;

3º Celui enfin qui laisse aux juges le soin d'apprécier
le dessin en lui-même, pour le classer suivant sa valeur
en dessin artistique, ou en dessin industriel.

---

(1) Il paraît que les tarifs de transport varient selon qu'il s'agit
d'un dessin artistique ou d'un dessin industriel. (Ann. 1857-61).

1. — Tnéorie du mode de reproduction.

20. — Ce système est des plus simples : *c'est le mode de reproduction qui fixe la nature de l'œuvre.* Le dessin est-il reproduit par un procédé du domaine des beaux-arts, il est artistique ; au contraire, est-il reproduit par un procédé mécanique comme le tissage, c'est un dessin industriel.

Cette théorie ne trouve de points d'appui nulle part, ni dans la loi, ni dans la raison ; aussi n'est-il pas étonnant qu'elle conduise aux plus étranges conséquences.

Qu'est-ce qu'un procédé du domaine des beaux-arts ? Est-ce celui où la main de l'homme est le traducteur unique et constant de la pensée de l'artiste ? Mais alors dans la gravure, la photographie, l'image d'Epinal, la main de l'homme agit peu lors du tirage des épreuves, les procédés mécaniques ont la plus grande place, et pourtant, aux termes de la jurisprudence, ce sont, et avec raison, des dessins artistiques. Au contraire, des dentelles, des tapisseries, des broderies, alors qu'elles ne sont pas exécutées au métier, sont bien des œuvres où la main de l'homme réalise au fur et à mesure l'idée à exécuter, et pourtant nous ne dirons pas que ce soient des dessins artistiques.

Une fois la planche du graveur terminée, c'est par un procédé mécanique qu'il tire chaque épreuve, procédé presque tout aussi mécanique que le métier Jacquard qui tisse suivant l'esquisse donnée. Pourquoi y aura-t-il donc dessin artistique dans le premier cas, et dessin industriel dans le second ? Enfin, c'est bien rabaisser l'art que de le faire consister dans le procédé d'exécution ; l'art est dans l'idée exprimée, et non dans la manière dont on la réalise.

Une théorie qui laisse tant de questions irrésolues est forcément inexacte (1).

Les Chambres de Commerce de Calais et de Lyon, ainsi que la Chambre consultative de Saint-Etienne avaient, paraît-il, lors de l'enquête faite à l'occasion du projet de loi de 1877, répondu que la loi de 1806 ne devait s'appliquer qu'aux dessins destinés à être reproduits industriellement par le tissage ou l'impression. C'était se placer à un point de vue bien personnel, et nous ne croyons pas qu'en agissant ainsi, ces Chambres de Commerce aient bien entendu les intérêts particuliers qu'elles avaient à défendre.

De plus, si la loi de 1806 a été rendue pour l'industrie lyonnaise, elle avait en elle un principe d'application générale, lui permettant de protéger d'autres dessins que ceux obtenus par le tissage ou l'impression. Méconnaître cette portée générale de la loi, c'est la réduire à des limites qui ne sont pas les siennes.

Heureusement la jurisprudence a très rarement admis ce criterium tiré du mode de reproduction (2).

A cette théorie du mode de reproduction peut se rattacher celle fondée sur le *mode d'exploitation* (3).

II. — Théorie de la destination de l'œuvre.

21. — C'est la théorie à laquelle la jurisprudence a paru

---

(1) V. pourtant Pataille et Huguet, *Code Intern.* p. 72. — Ruben de Couders, v° Diss. de fabr. n° 30. — Weiss, *Traité théorique et pratique du dr. intern. privé*, d. 2, p. 292.

(2) V. pourtant, C. Paris, 10 déc. 1862. Ann. 62. 67. — C. Paris, 22 av. 1875. Ann. 1883. 206.

(3) V. Philipon, n° 22.

se rallier. Nous la trouvons résumée dans un arrêt de la
Cour de Douai du 26 juillet 1889 (Rec. des arrêts de la
Cour de Douai, 1889, p. 200). Cet arrêt pose comme principe qu'un dessin même artistique, dès l'instant qu'il est
destiné à une reproduction industrielle, constitue exclusivement un dessin de fabrique soumis aux règles de la loi de
1806. Il s'agissait, dans l'espèce, d'une scène de course de
taureaux, qu'un dessinateur avait composée pour un fabricant de tapis.

La Cour a jugé que ce dessin ayant été composé pour
une exploitation industrielle ne pouvait être protégé que
par la loi de 1806, et que dès l'instant que le fabricant
n'avait pas fait un dépôt avant toute mise en vente, son
dessin n'était plus protégeable, pas même d'après la loi de
1793 qui n'exige le dépôt que pour pouvoir poursuivre (1).

Les critiques que l'on peut faire à cette théorie sont
nombreuses :

a) Le criterium est vague et d'une application difficile :
quand est-ce qu'une destination est industrielle? C'est, sans
doute, quand l'exploitation doit se faire par des procédés
mécaniques pouvant reproduire l'œuvre en grande quantité, et à des conditions économiques. Mais alors ce
système de la destination ne se distingue pas du précédent,
fondé sur le mode de reproduction, et toutes les critiques
que nous lui avons adressées, nous pouvons les reproduire
ici.

b) On reconnaît que l'industriel qui, avec l'autorisation
de l'artiste, lui emprunte un sujet pour en décorer un objet
industriel ne fait pas perdre à l'œuvre originale son caractère artistique (2).

(1) V. Vaunois, n° 29 et suiv.
(2) Dalloz. v° *Industrie,* n° 279. — Pouillet *Dess. et Mod.,* n° 21.

Pourquoi veut-on maintenant que si l'artiste a composé son œuvre en vue de son application à l'industrie, ce soit exclusivement un dessin industriel ? Le travail créateur de l'artiste est le même dans les deux cas et mérite la même protection. Le fait de l'application du dessin à l'industrie pourra rendre nécessaire un supplément de protection, mais le dessin originaire reste en dehors de cette application, et, qu'il ait été composé dans un but purement artistique ou avec cette arrière-pensée qu'il pourra servir à l'industrie, nous ne voyons pas que cela puisse changer la nature de ce dessin et la loi qui doit le protéger. D'autant plus que c'est se lancer dans des appréciations de fait bien délicates. Sait-on au juste quelle a été la pensée de l'artiste au moment où il a conçu son œuvre, et n'avait-il pas alors un but absolument désintéressé, celui de ne faire qu'un dessin artistique? Ce n'est pas parce qu'un industriel, désirant des modèles de dessin pour des tapis, a pris le travail du dessinateur, que ce travail perdra son caractère originaire. Et même dans l'hypothèse où l'artiste ne travaille qu'en vue d'une application à l'industrie, est-ce qu'il ne poursuit pas également la réalisation d'un sentiment esthétique, c'est-à-dire de faire une esquisse originale, jolie, et capable de donner un cachet particulier à l'objet qui en sera décoré?

Il n'y a guère qu'au point de vue du talent de l'artiste que l'on peut trouver une différence entre le dessinateur qui dans son atelier crée des dessins pour étoffe, et le peintre qui sur la toile compose un tableau de genre. Ce n'est pas un concours entre artistes qu'à voulu établir le législateur; M. Pouillet a résumé d'un mot toutes les critiques que l'on peut adresser à ce système :

« ce n'est pas la destination de l'œuvre qu'il faut considérer, mais sa création. »

C'est en effet la *création* du dessin que la loi protège,
c'est-à dire la mise au jour d'une œuvre, quelle qu'elle
soit, *due cependant à un effort inventif de l'esprit
humain,* mais sans que le talent plus ou moins grand de
l'auteur puisse entrer en ligne de compte. Voilà le vrai
fondement de nos lois sur la propriété industrielle ou artistique, le seul du reste dont pouvait s'occuper le législateur.

Il ne faut pas s'étonner si, en méconnaissant aussi visiblement tous les principes de la matière, la jurisprudence
en soit arrivée à consacrer les décisions les plus contradictoires. Ces incertitudes persisteront tant qu'on ne voudra pas
reconnaître que la loi de 1806 n'a nullement été faite pour
remplacer la loi de 1793, mais simplement pour la *compléter* dans certains cas, et ajouter au dessin servant à la
décoration de l'objet industriel, un surcroît de protection,
la loi de 1793 restant dans tous les cas la loi type et générale, protectrice du dessin.

La Cour de Cassation (il s'agissait dans l'espèce de poi-
gnées et de pieds pour cafetières et théières) avait à l'origine fort bien posé le principe, en décidant que la destination d'une œuvre de sculpture, même utilisée à orner des
objets industriels, ne change pas la nature primitive de
l'œuvre (1).

Plus tard malheureusement la Cour suprême n'a pas
persévéré dans sa première doctrine et elle a admis que la
destination était en définitive l'élément le plus important
pour déterminer le caractère du dessin (2).

(1) Cass. 21 juill. 1855. Ann. 55. 73.
(2) Cass., 17 janv. 1882. *La Loi,* 21 av. 1882.

Les Cours d'appel sont allées plus loin et ont décidé que la destination de l'œuvre *fixait la nature du dessin*. Leurs décisions sont restées souveraines, parce qu'elles jugeaient qu'en fait le dessin ne pouvait constituer une œuvre d'art. La Cour de Cassation s'est crue malheureusement liée par cette prétendue constatation de fait qui n'était qu'une fausse interprétation de la loi, et a ainsi soigneusement évité de trancher la question (1).

C'est en matière *d'affiches* que cette théorie de la destination s'est manifestée sous son aspect le plus choquant.

On sait le rôle important qu'ont pris de nos jours les *affiches-réclames*.. C'est bien là le domaine de la fantaisie pure, des compositions imaginatives, tour à tour plaisantes et sentimentales; c'est incontestablement de l'art. Je dirais même que cette manifestation artistique, toute de création, d'imprévu, d'idées originales, reflète par certains côtés notre tempérament, amoureux de plaisanteries jusque dans les choses sérieuses, jusque dans les affaires. Ces affiches-réclames se sont généralisées, elles existent aujourd'hui dans bien des pays et ne se confondent pas entre elles : on distinguera toujours une affiche allemande d'une affiche française; n'est-ce pas là un caractère éminemment artistique que celui qui, dans les œuvres de l'imagination, traduit le tempérament d'une race ?

Une preuve encore qu'il y a autre chose qu'une réclame industrielle, c'est que le goût du public s'en est mêlé, et qu'après avoir servi aux réclames des industriels en égayant les murs de nos rues, ces affiches sont aujourd'hui en

---

(1) Req. 5 juin 1860. Ann. 60. 394. — Req. 16 mai 1862. Ann. 62. 417. — Req. 17 janv. 1882. Ann. 82. 36. — Req. 18 déc. 1893. Ann. 94. 41 et la note.

faveur aupès de nombreux amateurs qui les achètent souvent fort cher, tout simplement afin de les collectionner ou même d'en orner un fumoir. Personne en un mot ne refuserait de reconnaître que Chéret, Grasset, Guillaume et Lautru ne soient de véritables artistes.

La jurisprudence cependant n'a pas craint de déclarer que ces dessins n'étaient pas protégés par la loi de 1793, et que des sujets de fantaisie, comme *Polichinelle-Arlequin* et les *Noces de Chocolat*, ne pouvaient être protégés que par la loi de 1806, parce qu'ils avaient une destination industrielle, celle de servir de réclame à un magasin de nouveautés (1).

Cette décision a été très justement critiquée dans une note qui se trouve rapportée aux *Annales* sous l'arrêt que nous indiquons. Nous en extrayons le passage suivant : « Les affiches ne peuvent pas être considérées comme dessins industriels, car la loi de 1806 ne protège que les dessins figurant dans l'ornementation des produits industriels, or l'affiche ne sert pas à la décoration d'un produit industriel, ce qu'elle décore c'est la muraille et le but de l'affiche illustrée n'est pas de faire valoir la muraille, mais de charmer l'œil du passant, et d'attirer son attention précisément par un attrait artistique. »

Tout ce que nous venons de dire des affiches, nous pourrions le répéter avec quelques variantes au sujet des *albums industriels*.

Autrefois la jurisprudence était d'avis que les dessins des albums industriels devaient être protégés par la loi de 1793 (2).

(1) Paris, 21 janv. 1892. Ann. 94. 48.

(2) Pouillet, n° 27 et jurispr. rapportée. — V. également Ann. 86. 129. — Ann. 89. 246 — Ann. 91. 328 et la note.

Deux arrêts, rendus par les Cours de Poitiers et de
Rouen, sont venus récemment modifier toute cette jurisprudence et ont décidé que le véritable criterium de l'œuvre
d'art et du dessin de fabrique, c'est l'utilisation dont ce
dessin peut être l'objet ; s'il ne doit servir qu'à l'industrie
et *s'il ne peut pas avoir par lui-même de vie propre et
indépendante*, il n'est plus qu'un dessin de fabrique (1).

La Cour de Cassation, fidèle à la ligne de conduite
indiquée plus haut, a rejeté les deux pourvois et s'est
retranchée derrière les constatations de fait des Cours
d'appel (2).

Disons toutefois que la formule employée par la Cour de
Rouen nous paraît assez exacte en théorie, à condition de
la préciser, et de n'en pas faire une application erronée.

Lorsque le dessin se confond avec l'objet industriel,
comme par exemple un effet de moirage, il est vrai
de dire que c'est un dessin de fabrique, parce qu'il n'a
pas de *vie propre et indépendante*, et qu'il est impossible de le concevoir en dehors de l'étoffe qu'il décore.
Mais s'il s'agit de dessins représentant des chêneaux,
et c'était le cas du litige soumis à la Cour, il est certain
que la chose est éminemment pratique, mais il n'est
plus vrai de dire que ce dessin n'a pas de vie propre
et indépendante, et ne se conçoit pas en lui-même.
L'art n'est que la représentation de ce que nous voyons
dans la nature, et non pas seulement des choses belles et
esthétiques. Un motif qui représente des chêneaux peut
avoir été dessiné en vue d'une réclame commerciale, il

(1) Poitiers, 31 déc. 1890. Ann. 91. 328. — Rouen. 18 janv. 1892.
Ann. 94. 41 et la note.
(2) V. Ann. 91. 328 et Ann. 94. 41.

n'en a pas moins sa signification en lui-même. Nous ne
voyons pas pourquoi on lui refuse la protection de la loi
de 1793, si ce n'est parce qu'il a une *utilisation industrielle,* celle de servir de réclame, or c'est précisément la
thèse que nous combattons.

111. — Théorie de l'appréciation de la valeur artistique du dessin.

22. — Pour savoir quelle est la nature d'un dessin, il
faut le juger et l'apprécier en lui-même, voir s'il est la réalisation d'une idée artistique ou s'il procure par sa seule
vue un sentiment esthétique. Le magistrat aura dans
chaque procès, où le caractère du dessin sera en jeu, à
l'apprécier avec une complète liberté et suivant ses goûts
personnels.

Un pareil système, à notre sens, se réfute de lui-même.
On prévoit à quelles conséquences aboutirait une loi qui
donnerait au juge le droit de se décider suivant ses goûts
artistiques personnels. Un jury composé d'artistes peut
bien chaque année juger les œuvres de nos expositions,
c'est sa mission, mais la mission du juge est tout autre.
On croit parfois répondre victorieusement en disant que le
rôle du juge est toujours un rôle d'appréciation, qu'il ne
fera en ces matières que ce qu'il fait déjà dans les autres
affaires : c'est une erreur. Il est vrai que le juge doit juger,
c'est-à-dire apprécier, mais il doit être guidé dans son appréciation par des règles précises qui l'enserrent. Quand
il a à se prononcer sur la validité d'un brevet, le législateur lui a donné pour cela un criterium précis lui permettant de rechercher si l'invention présente bien les qualités
requises. Il n'en serait plus de même si le juge avait à

apprécier suivant son goût personnel le caractère artistique
d'un dessin. Or, qu'est-ce que l'art? Les philosophes ne s'entendent même pas sur sa définition. Pour le législateur, l'art
est purement et simplement la réalisation de l'idée de l'artiste; il peut être grotesque ou sublime, vulgaire ou élevé, cela
dépend de l'idée exprimée et de la façon dont on l'a exprimée, mais dans tous les cas, c'est une création protégée
par la loi. C'est, du reste, ainsi que le législateur avait
compris l'œuvre artistique; il n'en a donné aucune définition, il s'est borné à protéger de la façon la plus générale,
toute création de l'esprit, c'est-à-dire toute invention de
l'homme, réalisée par une combinaison de lignes ou de
couleurs donnant à l'œuvre une physionomie particulière
et un sens déterminé.

On voit par là que juridiquement il est impossible de
délimiter le dessin artistique. Tout dessin est artistique,
rien n'est desssin industriel; à moins que le dessin industriel ne soit précisément un dessin qui, artistique en lui-
même, vient par son incorporation à un objet industriel,
le décorer et l'embellir; le dessin acquérant par là même
un caractère nouveau et une utilisation nouvelle, la loi
de 1806 le protège, mais sans anéantir en rien la loi de
1793, sans empiéter nullement sur son domaine, qui reste
beaucoup plus vaste et plus étendu.

M. Pouillet s'était fait au congrès de la propriété industrielle, en 1878, le champion du système que nous venons
de combattre. Nous croyons pouvoir dire que, d'après ses
plus récents ouvrages, il a bien abandonné cette idée (1).
M. Bozerian l'avait en 1878 combattu d'une façon heureuse et saisissante (2). Aussi est-on fort étonné de voir

(1) V. notamment Pouillet, *Propriété litt. et artist.*, n° 78.
(2) V. *Annales du Congrès*, p. 269.

reparaître ce système dans le projet de loi de 1879, qui est
précisément de M. Bozerian. L'article 3 est ainsi conçu :
« Ne sont pas compris dans ces catégories (celle des dessins industriels) les œuvres dans lesquelles le caractère
artistique est prédominant. »

Pour toutes les raisons que nous venons de donner, il
n'est pas à souhaiter qu'un tel article prenne place dans
nos lois.

La jurisprudence a heureusement condamné la théorie
qui consiste à juger juridiquement une œuvre par le degré
de son caractère artistique (1).

IV. — Du critérium auquel nous nous rallions.

*Le dessin industriel est celui qui n'est considéré que dans ses rapports
avec l'objet industriel qu'il vient décorer.*

23. — Qu'est-ce donc que le dessin industriel ? Pour
nous c'est tout simplement un dessin qui, étant donnée sa
manifestation, présente un caractère spécial et nouveau,
réclamant une protection nouvelle et spéciale. Nous ne
saurions dès le début trop insister sur cette idée ; la loi
de 1806 a été promulguée sur la demande des fabricants
lyonnais qui se croyaient *insuffisamment* protégés par la
loi de 1793. Le législateur leur a donné non pas une protection différente, en leur enlevant celle de la loi de 1793,
mais au contraire *un supplément de protection.*

L'origine de cette loi nous donne sa véritable portée et
nous nous rallions volontiers à la définition de M. Philipon : « Le dessin industriel est un dessin qui, incorporé

(1) V. Lyon, 9 déc. 1891. Ann. 92. 162.

à un objet quelconque, en augmente le charme sans en chan
ger la destination ni en augmenter l'utilité. »

La première condition pour qu'il y ait dessin de fabrique
*c'est qu'il y ait un objet industriel que le dessin vient
embellir.* Il est impossible de concevoir une étoffe brochée
sans le dessin qui la revêt ; on n'aurait plus qu'une étoffe
unie et d'un aspect tout différent. Cependant, avons-nous
dit, même revêtu du dessin, l'objet garde son utilité. Repre-
nons ici l'exemple que nous donnions au commencement
de ce chapitre : Si par la pensée on fait disparaître le dessin d'une gravure, il ne reste plus qu'une feuille de papier
sans utilité. Au contraire, si l'on enlève le dessin qui décore
une assiette, l'assiette, objet industriel, pourra perdre de sa
valeur, mais non de son utilité. Le dessin industriel
n'est donc que l'ornement d'un objet, l'accessoire de cet
objet; sa raison d'être est d'ajouter une qualité nouvelle
à cet objet et de n'exister que pour lui.

Nous dirons volontiers encore, comme M. Philipon,
« que le dessin de fabrique n'a aucune existence par lui-
même », mais à condition de préciser cependant qu'il
s'agit là seulement du but cherché par le fabricant, lequel
n'a pas exécuté le dessin pour lui-même, mais en vue
de s'en servir pour décorer et orner un objet industriel.
Il est des cas, en effet, où ce dessin pris en lui-même
a une signification, et une existence propre.

Sur ce dessin, ainsi considéré en lui-même, l'auteur a
un droit protégé par la loi de 1793. Sur l'objet industriel
décoré de ce dessin, ou plutôt sur ce dessin en tant qu'incorporé à l'objet industriel, le fabricant a la protection de
la loi de 1806. Ces deux lois s'appliquent alors *cumulati
vement,* tout comme elles s'appliquent *successivement,*
lorsque le fabricant, avec l'autorisation de l'auteur, repro-

duit sur un objet industriel, un dessin éminemment artistique, protégé en lui-même par la loi de 1793.

Celui qui a trouvé un groupement de fleurs et de feuillages
en vue d'en décorer une étoffe de soie, peut, s'il est peintre,
entendre conserver le droit de reproduire ces fleurs sur
la toile dans un but purement esthétique et sans aucune idée
d'exploitation commerciale. Pourquoi, si cette étoffe de soie
ainsi décorée est protégée par la loi de 1806, le dessin
en lui-même ne le serait-il pas par la loi de 1793?

Nous avons vu qu'un objet peut être protégé à la fois
quant à son résultat industriel par la loi de 1844 et quant
à son agrément par la loi de 1806. Le dessin, qui fait précisément l'agrément de cet objet, doit aussi pouvoir être
protégé par la loi de 1793 si l'on considère le dessin en
lui-même et s'il a une signification, et par la loi de 1806
si l'on ne considère plus cette fois que l'objet enjolivé,
c'est-à-dire l'application du dessin à l'objet industriel.

Notre conclusion est simple. Nous admettons, dans la
grande majorité des cas, l'application cumulative des lois
de 1793 et de 1806, et surtout nous nous gardons bien de
dire que parce qu'un dessin aura été incorporé à un objet
industriel il perdra tout caractère artistique et tout droit à
la protection de la loi de 1793. C'est là le point précis sur
lequel nous nous séparons nettement de la théorie de la
destination (1).

Notons maintenant, pour être complet, que ce dédouble-
ment du dessin peut bien souvent ne pas se rencontrer.
Tout dessin artistique, tout en restant artistique, est industriel, une fois incorporé à un objet industriel; mais un
dessin industriel peut fort bien ne jamais être artistique.

(1) V. Vaunois, n° 40 et suiv.

Ce sera non pas quand le dessin sera vulgaire, cela ne
voudrait rien dire et nous avons suffisamment critiqué la
théorie qui veut faire consister le dessin artistique dans le
dessin capable de susciter un sentiment esthétique ; mais
le dessin de fabrique ne sera pas protégé par la loi de
1793 quand il *n'aura aucun sens en lui-même;* il est,
en effet, des dessins tellement incorporés à l'objet
industriel, que tout leur sens n'existe que dans leur application à cet objet, par exemple un effet de moirage. Cet
effet ne peut s'abstraire de l'objet et se concevoir en
dehors de lui. Changeant notre formule, nous ne dirons
plus qu'il s'agit d'un dessin appliqué à un objet, mais au
contraire que c'est l'étoffe qui a revêtu une physionomie
particulière ; c'est même là le dessin industriel dans toute
sa pureté, celui pour lequel la loi de 1806 était surtout
nécessaire, la loi de 1793 ne pouvant protéger que les
dessins qui se comprennent en eux-mêmes.

Cette théorie nous paraît cadrer tout à fait avec nos
lois existantes ; nous dirons plus, elle nous semble également devoir être la meilleure en législation ; aussi ne
demandons-nous nullement la suppression de la loi de
1806.

Tout en reconnaissant que la loi de 1793 protège tous
les dessins qui ont une signification et peuvent se concevoir
en eux-mêmes, la loi de 1806 a son utilité, d'abord pour
protéger certains effets donnés à des objets industriels et
qui ne rentreraient pas dans le domaine de la loi de 1793.
De plus, nous croyons qu'alors même qu'il s'agit de
dessins protégeables par la loi de 1793, la loi de 1806
conserve son efficacité. Elle protège mieux les fabricants
entre eux, en leur procurant la garantie de la juridiction
des Tribunaux de Commerce, dont la pratique a reconnu

les bons effets, et surtout en leur prescrivant par le dépôt,
tel qu'il est réglé par la loi de 1806, une formalité facile
à remplir et efficace comme preuve de leur droit, lorsqu'ils
auront à le faire respecter.

SECTION II. — DES MODÈLES DE FABRIQUE. EXTENSION DE LA LOI
DE 1806 AUX MODÈLES DE FABRIQUE.

24. — *Définition.* — « Le modèle de fabrique, dit
M. Pouillet, est un dessin de fabrique en relief. Il consiste
essentiellement dans la configuration même de l'objet,
dans ses contours, dans les lignes qui le dessinent. C'est
donc en principe la forme nouvelle donnée à un produit
industriel, en vue de l'orner, de lui assurer une physionomie propre, un aspect plus ou moins élégant, en tout cas
un cachet d'originalité. »

Le modèle de fabrique, dirons-nous d'une façon plus
brève, c'est *tout ce qui donne une forme particulière à
un objet industriel.*

25. — **Le modèle de fabrique est-il protégé par la loi de
1806 ?** — La question a été longtemps discutée ; deux arrêts
de la Cour de Cassation l'ont tranchée d'une façon qui
semble définitive, et ont décidé avec raison que le mot *dessin de fabrique* s'applique aux dessins en relief, et qu'à ce
titre le modèle de fabrique doit être protégé par la loi de
1806 (1).

_____

(1) Cass. 25 novemb. 1881. Ann. 82. 134. — Cass. 21 mai 1884.
Ann. 85. 56.

Les adversaires de cette extension de la loi de 1806 aux modèles de fabrique se divisaient en deux groupes :

1°) Ceux qui soutenaient que les modèles de fabrique ne pouvaient être protégés que par l'article 1382 du Code civil. M. Bozérian s'était fait le défenseur de cette opinion (1) ; pour lui l'article 1382 seul pouvait protéger les auteurs de modèles en empêchant qu'on leur porte préjudice par la reproduction de leurs œuvres.

M. Pouillet a fait à cette théorie une objection très juste. L'article 1382, base de l'action en dommages-intérêts, suppose que l'on a porté atteinte *au droit* du demandeur en dommages-intérêts ; c'est cette *atteinte à un droit* préexistant qui peut seule faire encourir des dommages-intérêts. Or quel droit a-t-on lésé, puisque M. Bozérian n'en reconnaît aucun à l'auteur du modèle sur son œuvre (2) ?

2°) Un second système professé par MM. Gastambide (p. 361), Renouard (t. II, p. 84), et Blanc (p. 308) refusait également l'application de la loi de 1806 aux modèles de fabrique, sous prétexte que tous les modèles rentraient dans la sculpture et à ce titre étaient protégés par la loi de 1793. Il y avait une idée juste dans cette théorie ; nous le verrons dans un instant, quand nous aurons à analyser les domaines respectifs de la loi de 1793 et de celle de 1806, en ce qui concerne les modèles de fabrique ; mais cette théorie était incomplète, précisément en ce qu'elle refusait gratuitement un supplément de protection accordé par le législateur au cas où le modèle artistique venait s'incorpo-

---

(1) V. un article dans la *Propriété Industrielle,* n° 407.
(2) Pouillet, n° 28. — Ann. 1894. 42 et la note 5.

rer dans un objet industriel pour lui donner plus d'originalité et de caractère. Et puis, il y a des modèles de fabrique qu'il est véritablement bien difficile de faire rentrer
dans le champ d'application de la loi de 1793; nous précise-
rons un peu plus loin.

Pour toutes ces raisons, il faut se féliciter de ce que l'on
paraît aujourd'hui unanimement d'accord, aussi bien en
doctrine qu'en jurisprudence, pour reconnaître l'application
de la loi de 1806 aux modèles de fabrique. Le projet
actuellement soumis au Parlement et qui reflète bien la
tendance du moment, s'exprime sur la matière d'une
façon très explicite, et place les dessins et les modèles
sur le même pied (1).

26. — Nous venons de dire, quelques lignes plus haut,
que la loi de 1793 et celle de 1806 pouvaient dans certains
cas s'appliquer cumulativement aux modèles de fabrique.
Quel est donc le criterium qui permettra de distinguer le
champ d'application de ces deux lois ?

Nous ne reviendrons pas sur la longue discussion que
nous avons reproduite sur cette matière. à propos des dessins. Notre manière de voir est la même, et c'est même ce
qui nous confirme de plus en plus dans notre opinion, que
de voir la théorie que nous avons soutenue s'appliquer
aux modèles de fabrique tout aussi bien qu'aux dessins.
La généralité d'un système prouve en sa faveur; et pourtant, en ce qui touche le modèle de fabrique, les domaines
de la loi de 1793 et de celle de 1806 sont souvent si intimement confondus, que la délimitation réciproque de ces
deux lois n'en est que plus délicate.

(1) Pouillet, n° 28. Philipon, n° 232. Vannois, n° 68.

Le but de la loi de 1806 a été de donner une protection spéciale à l'objet industriel lorsqu'il se présente sous une forme artistique ou simplement agréable, offrant dans tous les cas une originalité qui le distingue des autres objets similaires.

Voici un presse-citron ayant un cachet particulier, une ligne plus élégante, une forme moins lourde. C'est un modèle industriel. Est-il possible de distinguer et d'abstraire la forme du presse-citron de l'objet lui-même? Non, ils ne font qu'un; ce modèle sera donc protégé par la loi de 1806 et rien que par elle, la forme n'ayant aucune valeur en elle-même et ne pouvant se concevoir en dehors de l'objet.

Voici au contraire une théière à laquelle on a adapté des pieds plus ou moins artistiques, ce sont si l'on veut des griffes d'oiseaux; il est très facile dans ce cas de concevoir ce travail en lui-même. Ces griffes seront donc en elles-mêmes une œuvre protégée par la loi de 1793 et ne perdront pas le bénéfice de la protection de cette loi, parce qu'elles auront servi d'ornementation à un objet industriel. L'art n'est que la reproduction de la nature, servant à l'*expression de l'idée* que l'artiste a voulu réaliser; son caractère ne change pas, par suite de la destination de l'œuvre. Seulement le législateur a pensé que dans le cas où l'art pouvait servir à l'industrie, il méritait, par le fait de son incorporation à un objet industriel, une protection d'autant plus grande que la contrefaçon deviendrait alors plus tentante; l'intérêt est toujours le mobile de la contrefaçon, et plus une reproduction est lucrative, plus il y aura de gens poussés à contrefaire. De là ce supplément de protection dans la loi de 1806 : la durée du droit de l'auteur est plus longue, des formalités spéciales sont prescrites et les débats se déroulent devant les tribunaux de

commerce mieux placés pour juger les préjudices commerciaux causés par la contrefaçon.

Mais la loi de 1806 ne peut en revanche restreindre le
domaine de la loi de 1793 ; le fabricant de théières,
qui a sculpté pour cet objet banal des pieds d'oiseaux
plus ou moins artistiques, doit néanmoins pouvoir poursuivre, en vertu de la loi de 1793, quiconque s'emparant
de son travail l'aura reproduit dans un but purement
esthétique, ne l'appliquant plus à la décoration d'un objet
industriel, mais s'en servant, par exemple, pour la confection d'un bronze, représentant un groupe d'oiseaux (1).

Nous ne répéterons pas ici ce qui a été déjà longuement
expliqué pour les dessins au point de vue de la délimitation entre la loi de 1844 et celle de 1806. Le modèle
dont la forme a une destination industrielle est protégé
par la loi de 1844 ; celui qui a simplement pour but de
donner à l'objet une forme particulière et originale rentre
dans la loi de 1806.

27. — De la sculpture industrielle. — Toujours fidèle
à la même idée, nous donnerons à la protection que l'on
doit accorder à la sculpture industrielle la même base
juridique. C'est une matière où l'entente est loin d'être parfaite, nous n'hésitons pas cependant à nous ranger à l'avis
de M. Pouillet : C'est la loi de 1793 seule et non celle de
1806, qui doit protéger la sculpture industrielle.

Voici comment nous légitimons notre théorie :

Dès l'instant qu'il y a reproduction d'un sujet, c'est-à
dire que le travail de l'auteur a une signification par lui-

---

(1) V. ce que nous avons dit sur cette distinction des deux lois de
1793 et de 1806 à propos des dessins, p. 50 et suiv.

même, il rentre dans le domaine de la loi de 1793.
N'avons-nous pas plus haut longuement développé cette
idée, qu'un modèle est industriel et relève de la loi de
1806, lorsque, incorporé à un objet, il sert à le décorer ;
mais qu'au contraire ce modèle est artistique et relève de
la loi de 1793, lorsque, quelle qu'en soit la valeur, il peut
être reproduit pour lui seul, et indépendamment de tout
objet industriel ; or c'est bien là le cas de ce qu'on est
convenu d'appeler la sculpture industrielle.

Cette solution a été longtemps avant d'être admise par
nos tribunaux : nous devons ajouter pourtant que depuis
un arrêt de la Cour de Cassation du 27 décembre 1884
(Ann. 85.320) la jurisprudence semble se fixer dans ce
sens.

Cet arrêt décide qu'en ce qui concerne la statuaire reli-
gieuse, la reproduction industrielle en vue de la vente au
public n'enlève pas à l'œuvre son caractère du domaine
des beaux-arts. Depuis, deux arrêts de la Cour de Paris
des 19 et 26 oct. 1885 (Ann. 90.167) ont appliqué la loi
de 1793 à des statuettes en bronze servant de presse-
papier, et la Cour de Lyon, à la date du 3 décembre 1891
(Ann. 92.162), a jugé que la même loi de 1793 protégeait
également une main de cuivre servant de marteau de
porte (1).

Mais si la jurisprudence la plus récente paraît fort heureusement se fixer dans le sens que nous venons d'indiquer, il n'en a pas toujours été de même, car il n'est pas
besoin de remonter bien haut pour trouver des décisions
contradictoires (2).

(1) V. encore dans le même sens un jugement du Trib. Civ. de la
Seine, du 12 janv. 1894. Ann. 95.45.

(2) V. dans l'ouvrage de M. Soleau sur la propriété des modèles

La Cour de Cassation, par arrêt du 17 janv. 1882 (Ann. 82.36) rejetait un pourvoi formé contre un arrêt de la Cour de Paris et décidait que des modèles en bronze représentant un groupe de deux roitelets et d'un chien terre-neuve n'étaient pas protégés par la loi de 1793, sous prétexte que ces modèles rentraient dans la catégorie des fournitures de bureaux ou d'objets d'étagère, et que le caractère commercial de ces objets dominait leur caractère artistique.

Antérieurement à cet arrêt la jurisprudence était quelque peu flottante, et il est difficile de dire sur quelle base juridique elle appuyait ses décisions (1).

Félicitons - nous que cette hésitation ait disparu, et souhaitons de voir la jurisprudence persister fermement dans la voie qu'elle a adoptée. Souhaitons surtout que la même règle s'établisse en matière de dessins. Il est en effet regrettable de voir deux jurisprudences différentes, l'une pour les dessins et l'autre pour les modèles ; les albums industriels qui représentent des fleurs ou des plantes, et qui sont reproduits par un procédé des beaux-arts, comme la gravure, ont incontestablement droit à la protection de la loi de 1793, au même titre que la sculpture industrielle.

---

d'art, p. 5 à 70, toute l'évolution de la jurisprudence sur la question. De 1812 à 1855, les tribunaux appliquent la loi de 1793 aux industries plastiques ; puis en 1882, la Cour de Cassation pose en principe, que ces œuvres rentrent dans le domaine de la loi de 1806 ; enfin le dernier état de la jurisprudence marque au contraire un retour à la loi de 1793, qui semble bien définitif.

(1) V. Cass. 8 juin 1860. Ann. 60. 393. — Cass. 16 mai 1862. Ann. 62. 417.

Ce qui a créé cette scission actuelle, et ce qui a causé toutes ces hésitations même au point de vue de la protection à accorder à la sculpture industrielle, c'est toujours cette même et funeste *théorie de la destination de l'œuvre*. Les tribunaux se sont malheureusement laissés influencer par cette idée, que le dessin ou le modèle, ayant un emploi utilitaire et pratique, devait forcément échapper à la loi de 1793. Qu'il soit donc bien entendu, une fois pour toutes, que l'œuvre qui a en elle-même sa propre signification, ne perd pas son caractère artistique, quand bien même elle est destinée, soit à orner un objet de vente courante, soit à être reproduite en un grand nombre d'exemplaires, qui la vulgariseront, soit en un mot à toute reproduction devant assurer à l'auteur un bénéfice commercial. Que l'artiste ait eu plus en vue son propre profit que la réalisation d'un sentiment esthétique, que son œuvre soit même banale et utilitaire, peu importe ; l'art, même appliqué à l'industrie, reste toujours sous le couvert de la loi de 1793, qui protège toutes les créations de l'esprit sans distinguer leur valeur ou leur utilité.

28. — Des articles de mode. — La jurisprudence refuse presque généralement la protection de la loi de 1806 aux articles de mode ; nous ne saurions, pour notre part, partager cette manière de voir.

Nos tribunaux se sont fait presque toujours une idée incomplète de la loi de 1806 ; il faut, suivant eux, pour que cette loi puisse s'appliquer, que l'objet industriel soit revêtu d'un dessin artistique, lequel perdant, par le fait même de cette incorporation, son caractère artistique, perd en même temps la protection de la loi de 1793, mais acquiert en revanche celle de la loi de 1806.

C'est là une double erreur. Le modèle de fabrique, est toute forme particulière donnée à un objet ; il n'y a donc pas besoin de chercher dans cette forme des lignes qui puissent présenter un dessin artistique, c'est-à-dire qui aient par elles-mêmes une signification.

Pourquoi un chapeau ne constituerait-il pas un modèle de fabrique ? La forme qu'on lui a donnée peut faire qu'il présente précisément une physionomie particulière ; or, c'est là l'essence du modèle de fabrique. Quelle différence y a-t il à ce point de vue entre ce chapeau et un presse-citron ? Tous deux présentent une forme nouvelle ; pourquoi la loi de 1806 s'appliquerait-elle dans un cas et non dans l'autre ?

M. Philipon cite à ce sujet un exemple typique : Un directeur de théâtre commande à Grévin les costumes dont il a besoin pour monter un opéra ou une féerie. Pourquoi ces costumes qui ont un aspect particulier et spécial ne constitueraient-ils pas des modèles de fabrique ? Nous ne voyons aucune raison de le leur refuser, et vraiment la jurisprudence, sur ce point, ne se comprend pas (1).

Nous nous contenterons d'opposer à ces décisions un considérant d'un arrêt de la Cour de Cassation du 2 août 1854, où il est dit : que la nature usuelle du produit, non plus que la simplicité du dessin et l'absence même d'ornementation ne sauraient suffire pour le mettre

---

(1) V. Philipon, n° 33. — V. cependant : Nîmes, 2 août 1844. DP. 45. 1. 283. — Tr. Seine, 16 mai 1860. Ann. 60. 425. — Tr. Seine, 5 juin 1860. Ann. 60. 396. — Tr. Seine, 23 mai 1877. Ann. 77. 181.

en dehors de la protection légale, lorsqu'il est constant que ce produit *porte en lui-même un caractère propre et spécial qui permet d'en reconnaître l'individualité* (1).

(1) Cass. 2 août 1854. Ann. 56. 5.

CHAPITRE III

DES QUALITÉS ESSENTIELLES DES DESSINS ET MODÈLES
DE FABRIQUE

Nous avons vu que le dessin de fabrique, que protège la loi de 1806, est toute combinaison de lignes ou tout aspect de couleurs, présentant une configuration distincte et reconnaissable. Après avoir étudié ce qu'il faut entendre par dessins et modèles de fabrique, au sens de la loi de 1806, voyons maintenant quels sont les caractères que doivent présenter les dessins ou modèles pour être protégeables.

Tous ces caractères se ramènent à un seul, *la nouveauté* ; il faut que le dessin ou le modèle soit *nouveau* ; c'est là le fondement même du droit d'auteur. La loi, en effet, entend récompenser l'inventeur du fruit de son travail, et du service qu'il a rendu à la société en créant un objet nouveau qui enrichit le patrimoine commun des œuvres de goût, dont jouit déjà le domaine public.

Cette nouveauté peut être envisagée sous deux aspects différents : la *nouveauté* du dessin prise en elle-même, nouveauté en quelque sorte absolue, et *l'application nouvelle,* qui n'est que l'emploi d'un dessin déjà connu, mais appliqué d'une façon nouvelle à un objet industriel pour lui donner une physionomie propre.

Nous étudierons successivement en deux paragraphes distincts — la *nouveauté* et *l'application nouvelle*.

§ I. — De la Nouveauté.

29. — Le dessin ne peut être protégé que s'il est nouveau. Cela est évident, puisque l'auteur ne reçoit de la loi la reconnaissance de son monopole d'exploitation, qu'en échange du service rendu par lui à l'industrie (1).

Il ne faut pas cependant entendre ce mot nouveauté dans un sens par trop rigoureux. Rien ne se perd, rien ne se crée, dit-on parfois. C'est vrai, on s'inspire toujours quelque peu de ce qui nous précède ou de ce qui nous entoure. Aussi ce que la loi veut pour protéger l'inventeur, c'est non pas qu'il ait créé un dessin de toutes pièces, mais seulement qu'il ait produit une œuvre qui, tout en empruntant des éléments connus, présente cependant une physionomie originale et personnelle. Un simple changement, une combinaison nouvelle d'éléments connus,

---

(1) Regnault de St-Jean-d'Angely, dans son rapport au Corps législatif sur la loi du 18 mars 1806, s'exprimait en ces termes : « La 3e section du IIe titre de la loi attribue aux prud'hommes une fonction nouvelle, protectrice de la propriété, et qui, offrant une nouvelle garantie à ceux qui *inventent* ou *perfectionnent* la partie de la fabrication qui appartient aux arts du dessin, sera à la fois un encouragement à faire, et une récompense d'avoir fait un pas de plus dans la carrière. »

peuvent parfois créer dans un dessin cette physionomie
personnelle et produire un ensemble nouveau. Cela suffira pour qne la loi de 1806 puisse s'appliquer.

Il est difficile de poser des règles bien précises à ce
point de vue. La nouveauté est une question de fait ; et
de même que nous verrons plus loin, que pour éviter la
contrefaçon, il ne suffit pas d'apporter des changements
même nombreux à l'œuvre reproduite, si la physionomie de l'ensemble reste la même, de même ici
pouvons-nous dire que, pour créer quelque chose de
nouveau, peu importe les changements, les modifications
apportées, il faut que l'ensemble soit nouveau, que la physionomie du dessin soit neuve et originale.

M. Pouillet donne sur ce point un exemple saisissant :
on peut dire qu'il en est du dessin comme du visage de
l'homme. Tout visage se compose des mêmes éléments
placés invariablement dans le même ordre, et pourtant il
n'y a pas deux visages qui se ressemblent absolument,
parce qu'il n'y a pas deux visages qui aient la même physionomie (1).

Pour opposer à un dessin une antériorité capable
de lui enlever son caractère de nouveauté, il faut donc
une antériorité qui soit *identique*. La règle est quelquefois
difficile et délicate à appliquer dans la pratique (2).

Qu'il nous suffise de dire que cette identité doit porter
sur *l'ensemble du dessin*. Peu importe que dans le détail
il y ait eu des changements insignifiants; si la physionomie générale du dessin ressemble à l'antériorité opposée,
le dessin ne sera plus nouveau.

(1) Pouillet, no 35.
(2) Ann, 73. 36.

La jurisprudence a fait des applications nombreuses et fort exactes des principes à suivre, pour apprécier le caractère de *nouveauté*. Nous pouvons dire qu'elle prend ce mot dans un sens très large ; et elle a raison.

C'est ainsi qu'elle a jugé que bien que la peluche et le velours anglais soient connus depuis longtemps, il y a lieu de déclarer nouvelle la disposition d'un ruban composé pour la première fois de trois bandes de peluche séparées par deux bandes de velours anglais formant la grille (1).

Elle a encore admis que la réunion de trois éléments empruntés au domaine public, et qui dans l'espèce se trouvaient être un thermomètre, un baromètre et une reproduction de la Tour Eiffel, constituait bien un modèle nouveau, susceptible de protection (2).

Le juge, pour décider si un dessin est nouveau, doit donc le juger *par son ensemble,* et non pas en appréciant seulement quelques éléments isolés. S'il s'est renfermé dans une appréciation d'ensemble, sa décision échappe à la censure de la Cour suprême ; mais une décision qui refuserait de reconnaître que tel dessin est nouveau, sous prétexte qu'il reproduit un élément emprunté à un dessin antérieur, sans dire si pour cela la physionomie du dessin en est ou non modifiée, pourrait être, suivant nous, déférée à la Cour de Cassation pour fausse interprétation

---

(1) Lyon, 27 mai 1879. Ann. 1881. 42.

(2) Paris, 11 fév. 1890. Ann. 90. 180.— V. encore : Tr. comm. Seine, 11 août 1884. Ann. 1888. 151. — C. Douai, 24 mai 1887. Ann. 1888. 153. — C. Paris, 21 fév. 1888. Ann. 1889. 183. — V. également : Pouillet, n° 38. Philipon, n° 70. Vaunois, nos 91-93.

de la loi, en ce qui concerne l'appréciation de ce caractère
de nouveauté.

La Cour de Cassation paraît être plus rigoureuse encore
et décide que pour arriver à formuler sa décision sur la
nouveauté d'un dessin, le juge du fond doit interroger les
divers éléments de ce dessin, soit pris isolément, soit dans
leur ensemble (1).

30. — Des emprunts faits à la nature. — Par application de ce que nous venons de dire, rien n'empêche
d'emprunter un dessin à la nature. La nature est la source
commune des inspirations. On peut même dire que l'art
n'est que la reproduction de la nature. Mais ce qui fait
que chacun, en copiant la nature, reste lui-même, c'est
qu'il apporte dans sa copie le cachet de sa personnalité
et l'expression de son idée propre. Nous ne voyons pas,
nous ne sentons pas tous de même ; de là des différences
dans une reproduction prise à la même source.

Mais si le même objet peut être emprunté à la nature
par différents dessinateurs et représenté par eux, la copie
faite par l'un d'eux ne peut être reproduite. Car précisément il y a dans cette copie ce que la loi protège, le
cachet personnel de l'artiste, l'expression de son idée, le
fruit de son travail, autant de choses qui lui sont propres.

La Cour de Cassation faisait de ces principes une application exacte lorsqu'elle décidait que, bien qu'un objet
(par exemple un faisan) considéré *in genere*, soit dans le
domaine public, il peut néanmoins être individualisé et
devenir l'objet d'un droit privatif à raison de l'attitude et

_____

(1) Rej., 1er mai 1880. Ann. 1881. 174.

de la forme caractéristiques qui lui sont imprimées par l'inventeur (1).

31. — A quel moment faut-il se placer pour apprécier la nouveauté du dessin ? — Nous avons vu que c'est la création même du dessin qui est le fondement du droit de l'auteur. Est-ce toutefois au moment où le dessin est créé, qu'il faut se placer pour apprécier cette nouveauté, ou au contraire, est-ce alors seulement que la formalité du dépôt a été remplie ? autrement dit, un dessin peut-il se constituer une antériorité à lui-même, c'est-à-dire la divulgation d'un dessin antérieurement au dépôt le fait-elle tomber dans le domaine public ?

Nous répondrons sans hésiter que, pour nous, c'est au moment où le dessin est créé qu'il faut apprécier sa nouveauté, mais le droit de l'auteur, dit-on, peut se perdre, si les formalités prescrites par la loi n'ont pas été remplies. Il nous semble donc plus logique, après avoir posé le principe, de renvoyer l'examen des effets de la divulgation du dessin, antérieurement au dépôt, au chapitre suivant, quand nous étudierons la nature du dépôt, et les conséquences de l'absence de cette formalité au point de vue de la conservation du droit d'auteur.

32. — Conséquences de ce caractère de nouveauté. — La nouveauté étant précisément le caractère qui détermine la naissance du droit de l'auteur, elle en fixe en même temps l'étendue et les limites. C'est donc en raison de la nouveauté du dessin et dans la mesure de cette nouveauté que la protection doit être accordée, parce que c'est dans

_____

(1) Cass., 21 mai 1884. Ann. 85. 56.

ces limites que se trouve contenu le résultat du travail
créateur de l'artiste. On comprend aisément par là que si
le dessin est vraiment nouveau dans toutes ses parties,
s'il est une conception tout à fait originale, le droit de
l'auteur doive être plus étendu que s'il s'agit d'une simple
application nouvelle. Dans le premier cas, l'auteur pourra
empêcher toute reproduction de son œuvre, quelque différents qu'en soient les modes de reproduction; au cas
d'application nouvelle, au contraire, il ne sera protégé
que dans les limites de son application. Nous reviendrons
du reste sur ce point à la fin du paragraphe suivant
consacré à l'application nouvelle.

§ II. — Application nouvelle.

33. — La jurisprudence a paru, pendant un certain
temps, hésiter à reconnaître un droit privatif à celui qui
n'avait fait qu'une application nouvelle (1). Il lui semblait
que la loi de 1806, à l'inverse de la loi sur les brevets,
ne disant rien de la nouveauté d'application, il ne pouvait
être question de reconnaître un droit à l'auteur de l'application nouvelle.

Des décisions plus récentes n'ont pas admis un pareil
système (2) et les auteurs les plus compétents en la matière partagent cette façon de voir (3). Nous nous rangeons pour notre part sans hésiter à leur opinion.

(1) V. Cass., 16 nov. 1846. D. P. 47. 1. 28.
(2) V. Nancy, 26 mai 1883. Ann. 83. 279.
(3) V. Pouillet, n° 48. Rendu et Delorme, n° 583. Philipon, n° 50.
Fauchille, p. 74. V. aussi la *Prop. Industr.*, n° 191, article de M. Blanc.

Nous avons vu plus haut qu'une nouveauté absolue n'est pas la seule qui puisse être protégée ; du reste, en fait, elle existe très rarement ; on peut emprunter à la nature le sujet de ces dessins, avons-nous dit encore. Pourquoi ne pourrait-on pas s'inspirer de ce qui se fait dans d'autres industries pour d'autres objets et en faire une application nouvelle à une industrie à laquelle on n'aurait pas encore appliqué le dessin,

Nous retrouverons ici la même difficulté, qui se pose en matière de brevets, entre l'application nouvelle qui est brevetable et l'emploi nouveau qui ne l'est pas. Mais cette difficulté ne doit pas nous empêcher de reconnaître que l'application nouvelle est toujours *créatrice* et que pour cela elle doit être protégée.

L'idée de nos lois sur la propriété intellectuelle, c'est de donner une récompense, de reconnaître un droit à l'homme sur les fruits de son travail et de son invention. Toutes les fois que nous découvrirons travail de l'esprit et invention, nous sommes assurés de trouver quelque chose de personnel à l'inventeur ; nous devons alors le protéger. Or, ce travail, cette invention existeront souvent tout autant pour avoir adapté à une étoffe un dessin usité dans une autre industrie, que pour avoir, par exemple, reproduit une fleur empruntée à la nature.

On peut dire, en effet, que le travail du dessinateur, en matière de dessin de fabrique, est double. Prenons un dessin de soierie, il faudra que l'auteur invente un dessin et que ce dessin soit réalisable par le tissage, c'est-à-dire qu'il soit mis en harmonie avec les dimensions de l'étoffe, les teintes à employer, l'effet qu'on veut obtenir.

Dans l'invention du dessin en lui-même, nous avons vu que l'artiste n'invente jamais de toutes pièces, il s'ins-

pire toujours de quelque chose, notamment quand il copie
la nature; mais nous avons vu aussi que pour qu'un dessin
soit nouveau, il suffit qu'il ne soit pas la reproduction
d'un autre dessin.

Or, voilà l'hypothèse. Elle est citée par M. Blanc, dans
la *Prop. ind.*, n° 191 : Un fabricant de tissus trouve dans
les sculptures d'un meuble ancien, une disposition qui lui
paraît devoir produire un effet heureux sur une étoffe
façonnée. Va-t-il pouvoir reproduire sur son étoffe cette
moulure qui représente, par exemple, un feuillage remar-
quable? A appliquer notre théorie à la lettre, il semblerait qu'il faille dire non. On peut copier la nature, on ne
peut pas reproduire la copie qui en a déjà été faite. Ceci
est absolument vrai du dessin artistique où toute la valeur
du dessin est dans la composition. Mais, en ce qui concerne le dessin industriel, il y a quelque chose de plus à
ajouter, c'est que la loi protège l'inventeur *lorsqu'il concourt au développement de l'industrie,* soit par la loi
de 1844, si c'est au point de vue de l'utile, soit par celle
de 1806, si c'est au point de vue de l'agréable. Ces deux
lois, en effet, ont précisément pour but de provoquer l'initiative de chacun en faveur de l'enrichissement de l'industrie, et pour cela protègent l'auteur toutes les fois que
par le fait de son invention, l'industrie acquiert quelque
chose de nouveau.

En matière de dessins de fabrique, une des grosses difficultés qu'a à vaincre le dessinateur, c'est de faire un
dessin qui soit applicable et possible, étant donné l'objet
industriel qu'il doit agrémenter.

Il y a là une part d'invention, de création, qui rentre
trop dans l'esprit de la loi de 1806, pour que l'application nouvelle d'un dessin connu, à une industrie où

on ne l'avait jamais encore employé, ne soit pas protégé.

M. Philipon a, en termes excellents, fait ressortir ce travail secondaire mais créateur de l'adaptation du dessin à une étoffe de soie, et a montré pour ce genre d'industrie toute la partie inventive, tout le travail personnel de celui qui fait la mise en carte : « En admettant, dit-il, que le fabricant veuille tisser le tableau tel quel, il n'en sera pas moins obligé, pour arriver à ses fins, de se livrer à un travail personnel, travail qui demande à la fois et beaucoup de goût et beauconp d'habileté professionnelle. Il devra d'abord faire choix du procédé qui lui servira à rendre la pensée du peintre : se servira-t-il du brochage, du montage corps et lisse ou du montage tout à corps, ou bien combinera-t-il ces divers procédés? Enfin, et ce sera la partie capitale de son travail, il lui faudra combiner les proportions de fils de chaîne ou de coups de trame, nécessaires pour reproduire tel effet du tableau, et rechercher soigneusement s'il convient de tracer telle fleur par le jeu de la chaîne, telle autre par le jeu de la trame ; en outre, il devra choisir, pour le fond, l'armure la plus propre à faire ressortir le dessin. En un mot il lui faudra faire la mise en carte du tableau (1). »

C'est par application de cette idée, qu'il faut protéger le travail de l'artiste, non seulement quand il invente de toutes pièces, mais encore quand il adapte et fait des *applications nouvelles* qu'on a accordé la protection de la loi de 1806 :

1° A celui qui reproduit un *dessin ancien du domaine public* et en fait une nouvelle application (2) ;

(1) Philipon, n° 45.
(2) Douai, 25 janv. 1862. Ann. 62. 397.

2º A celui qui *imite un objet connu* pour en faire une application nouvelle et le reproduire d'une certaine façon inconnue jusque-là.

Des hiéroglyphes, des chiffres, une phrase du Coran, reproduits sur une étoffe, seront des dessins protégeables aux termes de la loi de 1806 (1) ;

3º A celui qui a reproduit *une œuvre d'art tombée dans le domaine public.*

Cette œuvre appartient à tous, mais s'en servir pour l'adapter, l'appliquer d'une façon neuve et originale à un objet industriel qu'elle n'avait jamais décoré, évidemment c'est là un travail et une invention qui méritent la protection de la loi.

Cette œuvre tombée dans le domaine public au point de vue de la loi de 1793, pourra encore faire l'objet d'un droit privatif au point de vue de la loi de 1806 et revivre à ce titre dans les limites de l'application nouvelle qui en aura été faite.

34. — Application nouvelle. Emploi nouveau. Critérium pour les distinguer. — Nous venons de mentionner de nombreux exemples d'application nouvelle, et nous avons cherché à montrer la légitimité de la protection qui leur est accordée. Quel est maintenant le critérium servant à délimiter l'application nouvelle qui est protégeable, de l'*emploi nouveau* qui ne l'est pas ?

On dit généralement qu'il y a application nouvelle quand il y a transport d'une industrie à une autre, et emploi nouveau quand il n'y a que transport d'un objet à un autre qui lui est analogue (2).

(1) Tr. comm. Lyon, 18 fév. 1848. Blanc, p. 333. Seine, 2 nov. 1867. Ann. 67. 379.

(2) Cass. 1er mai 1880. Ann. 81. 174.

Cette distinction sera-t-elle toujours exacte ? Nous craignons que non. Donner ce criterium c'est raisonner sur
ce qui arrive en général, ce n'est pas donner la base juridique de la distinction à faire.

La raison de protéger l'application nouvelle c'est qu'il
y a eu *travail créateur*. Disons donc qu'il y aura *application nouvelle* toutes les fois qu'on se trouvera en face
d'une œuvre qui dénote un effort créateur, un travail personnel chez celui qui a fait cette application ; et qu'il y
aura, au contraire, *emploi nouveau*, quand cette adaptation
ne demandera plus à son auteur le même effort créateur,
quand ce travail, car il y en a toujours un, même dans l'emploi nouveau, n'aura rien produit de nouveau, n'aura pas
enrichi l'industrie à laquelle appartient cet objet, d'un type
original et inconnu jusque-là.

Dalloz (1) professe le même système : « Si la loi de 1806
ne protège ni la reproduction identique, ni l'application
nouvelle d'un dessin connu, transporté d'un tissu de laine à
un tissu de fil, elle protège les *imitations*, c'est-à-dire les
applications avec changements accessoires, arrangements
ou dispositions propres à l'imitateur, en un mot les *applications renfermant une création due pour la première
fois à l'art du dessin.* » Au fond. c'est la même idée que
celle qui est soutenue par M. Philipon (n° 44) et M. Pouillet (n° 56).

**35. — Conséquences de l'application nouvelle au point
de vue de l'étendue du droit de l'auteur.** — Nous avons vu
plus haut que la nouveauté du dessin était la mesure de
la protection donnée par la loi.

Un dessin, nouveau en lui-même, est réservé d'une façon

_____

(1) Dalloz. V° *Industrie* Supp. n° 246.

exclusive à son auteur, dans toutes les reproductions dont il peut être l'objet, et cela quelque différente que soit l'industrie à laquelle appartient l'objet sur lequel a été faite cette reproduction.

Quand il s'agit d'application nouvelle, le droit de propriété de l'auteur sur son dessin se restreint considérablement. Qu'est-ce qui est nouveau? C'est précisément l'application d'un dessin connu à une industrie où on ne l'employait pas auparavant; c'est dans ces limites seulement que le dessin est protégé.

J'ai copié le motif d'un meuble ancien pour en faire un dessin de soierie, personne ne pourra recopier ce même dessin pour l'appliquer à une étoffe de soie, mais je ne puis empêcher un fabricant de cafetières de le reproduire pour en orner l'anse de ses cafetières. Le travail de l'inventeur n'a été que l'application du dessin à une étoffe de soie; c'est à cela que se restreint son droit.

Un fabricant d'étoffes de laine pourra-t-il reproduire ce même dessin? Son industrie est-elle suffisamment différente, pour que cette industrie puisse user de ce dessin, sans faire échec au droit du fabricant de soieries?

Il est bien difficile de répondre en théorie à une question qui est toute de fait, et de cataloguer les industries entre lesquelles il y a *emploi nouveau*. Nous croyons plus juridique de répondre, que l'on devra juger dans chaque espèce, si le *travail créateur*, que nous exigeons pour qu'il y ait lieu à protection, se trouve réalisé dans les diverses applications qui auront été faites.

Si ce travail créateur n'existe que dans un cas et qu'il n'y ait eu dans l'autre qu'une simple transposition, dans laquelle on a profité de tout le travail d'adaptation nécessité lors de la première application, il est certain alors qu'il y a *emploi nouveau*.

Voilà, suivant nous, les règles à suivre pour limiter l'étendue du droit de celui qui a fait une application nouvelle. Nous croyons ce criterium plus juridique que celui indiqué parfois dans la jurisprudence, et qui consiste à chercher si le second industriel, en faisant une autre application du dessin, a pu causer un *préjudice* au premier fabricant (1).

Lorsque la Cour de Paris (2) a jugé que l'on peut reproduire sur des lainages les dessins appliqués à des étoffes de soie, parce qu'il n'y a pas de préjudice possible entre ces deux industries, elle a fait, suivant nous, une analyse erronée du droit de l'auteur, qui existe par lui-même, et ne se mesure pas au préjudice qui peut être porté à l'inventeur. Du reste cette question du préjudice est bien difficile à apprécier.

Il est certain que la clientèle d'un industriel d'Elbeuf n'est pas la même que celle d'un fabricant de Lyon, mais quand on en conclut qu'il n'y a pas de préjudice entre ces deux industries, la conclusion nous paraît quelque peu téméraire. La simple vulgarisation d'un dessin ne porte-t-elle pas atteinte à ce dessin lui-même, qui pouvait gagner à être peu reproduit et seulement sur des étoffes de choix ?

Pour tous ces motifs, le criterium *du préjudice*, même en matière d'application nouvelle, nous paraît être bien fragile. Nous y ferons enfin une dernière objection, c'est que la loi de 1806 ne punit pas le préjudice,

(1) Tr. Com., Lyon, 10 fév. 1848. Blanc., p 333.
(2) Paris, 29 déc. 1835. Dall, 36. 2. 25.

mais l'atteinte au droit de l'auteur ; il s'agit donc de savoir dans quelles limites existe ce droit et jusqu'à quel point il mérite protection.

Nous concluons ainsi en terminant, avec une conviction encore plus entière, que ce qui pour nous constitue le droit de l'auteur, c'est le *travail créateur de ce dernier*. Voilà l'unique et vrai criterium, le seul qui puisse donner une base juridique aux droits du fabricant sur l'application nouvelle qu'il a faite.

CHAPITRE IV

DU DÉPOT

36. — L'article 15 de la loi de 1806 est ainsi conçu :
*Tout fabricant qui voudra pouvoir revendiquer par la
suite la propriété d'un dessin de son invention est tenu
d'en déposer aux archives du Conseil des Pru-
d'hommes, un échantillon plié sous enveloppe, revêtue de
ses cachet et signature, sur laquelle est également
apposé le cachet du Conseil des Prud'hommes.*

Nous voyons par là que la loi de 1806 s'inspire d'une
idée qui a été reproduite par toutes nos lois sur la propriété intellectuelle, c'est que l'auteur qui prétend avoir
un droit sur une œuvre de son invention, doit manifester
cette volonté au public par une formalité extérieure ; dans
le cas actuel, c'est un dépôt.

Cette condition de forme, mise par la loi à l'exercice
du droit d'auteur, a de nombreux avantages : elle fixe
d'une façon précise l'objet du droit d'auteur, elle en limite
le point de départ, ce qui, au point de vue de la durée du
droit est absolument nécessaire ; enfin elle donne sur ces
deux points un titre servant de preuve.

La tradition est tout à fait favorable au dépôt. L'arrêt
du Conseil du 14 juillet 1787, dont nous avons parlé dans

notre introduction historique, exigeait déjà que l'auteur
du dessin le présentât à la communauté, pour en pouvoir
par la suite requérir la propriété. Ce n'était pas là pourtant un dépôt véritable, l'auteur du dessin ne faisait que
présenter l'échantillon à la communauté, qui le lui rendait
après avoir imprimé son cachet. Notre loi de 1806 demande plus, elle exige que cet échantillon soit effective-
ment déposé et laissé au secrétariat du Conseil des
Prud'hommes, et cela dans un intérêt d'ordre général.
A l'expiration du droit d'auteur, le dépôt est ouvert et
l'échantillon est placé dans les collections du Conservatoire des arts et métiers de la ville. C'est ainsi qu'à l'heure
actuelle, Lyon et Saint-Étienne ont réuni, en fait de dessins de soieries, toute une collection des plus intéressantes
et des plus instructives.

Nous avons vu que les conditions constitutives du
droit d'auteur se ramenaient à une seule, la *nouveauté*
du dessin. On peut dire également des conditions de forme,
qu'elles se groupent toutes autour du dépôt. Le dépôt est
la condition *essentielle* et *suffisante*. Toutefois il faut
qu'il soit fait par des personnes pouvant déposer, suivant
certaines formalités qui doivent accompagner l'acte même
du dépôt, au lieu prescrit par la loi, et à un moment où
il puisse encore produire ses effets. Ce sont là les divi-
sions naturelles d'une étude sur le dépôt, et les différents
points de vue, sous lesquels nous allons l'étudier.

§ I. — Des personnes qui peuvent déposer.

37. — A prendre l'article 15 à la lettre, il semblerait
que la loi n'accorde la faculté du dépôt qu'*au fabricant*

qui a inventé le dessin ; le *fabricant inventeur* aurait
seul le droit de déposer. Soutenir une pareille thèse serait
faire dire au texte ce qui n'y est pas. L'esprit de la loi,
c'est que quiconque est *propriétaire* d'un dessin doit
pouvoir le déposer, le dépôt étant précisément le moyen
de garantir le droit de propriété. Or nous verrons que si
l'invention est la source même du droit de l'auteur sur son
dessin, d'autres personnes peuvent être bénéficiaires de
ce droit, bien que n'étant pas inventeurs, ce sont, par
exemple, les commissionnaires ou les acquéreurs du
dessin. Ces différents titulaires du droit d'auteur, qu'ils
soient ou non fabricants, doivent pouvoir faire le dépôt de
l'œuvre qui leur appartient.

Il nous paraît inutile d'insister sur un arrêt de la
Cour de Gand de 1853 (DP-54. 5. 610), qui prétend que
l'inventeur seul peut déposer, mais qu'on peut être inventeur tant par l'aide, l'assistance ou l'intermédiaire de
personnes tierces que par soi-même. Nous ne voyons pas
en effet que le titre d'inventeur puisse ainsi se dédoubler ;
l'inventeur est une seule et même personne, mais il peut
arriver que plusieurs individus soient appelés à jouir du
bénéfice de l'invention. Il est donc plus exact de dire que
c'est la personnalité du propriétaire qui peut se dédoubler,
que n'est pas seulement propriétaire l'inventeur du dessin,
mais toute personne qui a acquis, à un titre quelconque, le
droit d'auteur, et que tout propriétaire peut déposer. En
définitive l'utilité du dépôt est de conserver le droit de
propriété ; quelle que soit la personne à qui appartient ce
droit, elle doit pouvoir effectuer le dépôt.

Peut-on déposer par mandataire?

Évidemment ; pourquoi ne pas l'admettre, c'est le droit
commun. Tout mandataire doit pouvoir faire un dépôt

valable, alors même qu'il est simplement muni d'une procuration sous seings privés enregistrée, la procuration
par acte authentique n'étant nécessaire que lorsque la loi
l'a formellement exigée. Il arrive même dans la pratique
que les employés font des dépôts au nom de leur patron,
sans autre procuration qu'une procuration purement verbale ; c'est parfaitement régulier ; l'article 1985 du Code
civil dit en effet que le mandat peut être donné verbale-
ment. Une seule difficulté peut se présenter, c'est la preuve
qu'il faut ensuite faire du mandat ; mais dès l'instant que
les secrétaires du conseil des prud'hommes admettent les
dépôts sur la simple affirmation qu'ils sont faits au nom
de tel ou tel fabricant, cette difficulté qui ne serait en tout
cas qu'une question de preuve, ne se pose même pas
dans la pratique.

38. — De la capacité du déposant. — Aucune capacité

n'est requise chez le déposant, et pour une raison bien
simple, c'est que le déposant ne s'engage à rien, sinon à
verser une taxe de bien minime importance, et encore
personne ne poursuivra-t-il l'exécution de cet engagement.
Le dépôt est donc tout profit pour celui qui le fait,
surtout si, exploitant son dessin par la suite, cette exploitation réussit.

Nous en concluons que tout incapable, mineur, femme
mariée, interdit ou failli, peut faire valablement un
dépôt.

Un *être moral*, comme *une société*, peut également déposer. Généralement même les maisons de commerce
importantes sont en société ; la société est propriétaire des dessins qui sont attachés à l'exploitation du
fonds de commerce ; il faut donc qu'elle puisse s'assu-

rer la conservation de ses droits. La solution est
différente en cas d'*indivision*, et si plusieurs personnes
sont propriétaires par indivis d'un dessin pour y avoir
collaboré, chacune d'elles a le droit de déposer. C'est l'application des règles de l'indivision que chaque co-proprié-
taire indivis est autorisé à agir dans l'intérêt de la chose
commune.

Les *héritiers* ont pleine capacité pour déposer après la
mort du *de cujus*, un dessin lui appartenant et qu'ils voudraient exploiter. La propriété des dessins se transmet
par succession, nous le verrons; le droit pour les héritiers
de faire un dépôt est une conséquence de l'acquisition de
leur droit de propriété. Reste à savoir toutefois si le droit
moral qui lie l'inventeur à son œuvre, permet à ses héritiers de lancer dans le domaine public un dessin que
le *de cujus* ne voulait peut-être pas divulguer.

C'est même pour ce motif que nous n'admettons pas que
les *créanciers* aient capacité pour faire, en vertu de l'article 1166 du Code civil, un dépôt au nom de leur débiteur.
Le droit de l'auteur du dessin, tant que ce dessin n'a pas
été exploité, est un droit si intimement lié à la personne
qu'il s'identifie avec elle, et ne rentre pas dans la catégorie
des droits pouvant être exercés par les créanciers. On dit
bien que le dépôt est un simple acte conservatoire, et qu'il
n'entraîne par lui-même aucune divulgation, puisqu'il est
fait sous pli cacheté, il n'importe; si le dessin ne doit pas être
exploité, il ne sert plus à rien; et même dans ce cas, le
dépôt, à l'expiration de la période que s'est réservée l'auteur, sera ouvert, le dessin sera publié, tout le monde
pourra désormais le recopier; or tant que l'auteur n'a pas
lui-même publié son œuvre, les tiers n'ayant aucun

droit sur le dessin ne peuvent prendre l'initiative de la publication.

Nous venons de voir que le propriétaire *seul* peut déposer. Si donc, le dépôt d'un dessin a été effectué par celui qui n'en est pas ou qui n'en est plus propriétaire, ce dépôt est *nul et sans valeur* (1).

Il faudra néanmoins, pour faire tomber ce dépôt, apporter la preuve que le déposant n'en était pas propriétaire. Le dépôt comporte en effet avec lui une *présomption de propriété* au profit de celui qui l'a effectué (2).

Ceci est important à constater, car il n'est pas toujours facile dans la pratique, de détruire cette présomption et de prouver que le fabricant qui a fait le dépôt, n'en était pas propriétaire, mais qu'il avait au-contraire reçu d'un tiers mission d'exécuter le dessin, et que ce tiers avait entendu conserver la propriété de son œuvre. Il y a grand intérêt quand le droit d'auteur a pu se diviser entre plusieurs personnes, qui ont collaboré à un dessin, à ce que le dépôt soit bien fait par celle de ces personnes qui, en définitive, en est demeurée l'unique propriétaire (3).

§ 2. — Des formalités à remplir pour le dépôt.

39. — L'art. 15 prescrit de déposer « un échantillon plié sous enveloppe, revêtue des cachet et signature du

---

(1) Tr. corr. Rochefort, 12 juin 1890. Ann. 91. 328.

(2) C. Rouen, 24 juin 1887. Ann. 88. 65.

(3) Tr. corr. Lyon, 5 juill. 1844, Blanc, p. 365. Tr. corr. Seine, 18 nov. 1845. *Le Droit*, 19 nov. 1845, Paris, 16 mars 1876. Ann. 1876. 103.

déposant, et sur laquelle est également apposé le cachet
du conseil des prud'hommes ».

Que faut-il entendre par échantillon? Est-ce une partie de l'objet même, revêtu du dessin? Cela serait possible
pour certaines étoffes, c'était peut-être même la pensée du
législateur en rédigeant la loi de 1806 pour la fabrique
lyonnaise; mais cette loi a une portée générale, et il est
des objets, qui par leur dimension ou leur valeur, se refu-
seraient ainsi à ce qu'on puisse en enlever une partie pour
la déposer. Dans ce cas peut-on déposer simplement en
esquisse? cela ne nous paraît pas douteux. Ne faut-il pas
toujours donner un sens plausible à la loi? Voici un dessin sur porcelaine ou sur bois, il est impossible d'en déposer un échantillon; en déposer une reproduction serait
souvent fort coûteux, il faut donc bien pouvoir déposer
simplement une esquisse, sans quoi toute une catégorie de
dessins ou de modèles seraient sans protection.

La jurisprudence a décidé avec raison qu'il pouvait suffire de déposer soit une reproduction réduite, soit une
esquisse, soit une simple image au crayon (1).

Nous ajouterons que, pour nous, le dépôt d'une simple
photographie du dessin ou du modèle nous paraîtrait
valable, à condition que cette photographie soit suffisante
pour donner de l'œuvre une représentation exacte et complète. L'un des effets du dépôt n'est autre que de bien spé-
cifier l'objet sur lequel porte le droit de reproduction de
l'auteur; le but de la loi étant rempli, le dépôt même en
photographie, doit être admis et tenu pour suffisant.

L'usage s'est établi de placer plusieurs échantillons sous

_____

(1) Paris, 10 janv. 1880. Ann. 80. 440. — Paris, 17 janv. 1883.
Ann. 83. 71.

D. 7

la même enveloppe; cela se fait presque toujours dans la
pratique. Est-ce bien conforme à la loi? il semble que non.
L'article 15 dit d'une façon très explicite « *un échantillon*
plié... » Cela pourrait être intéressant au point de vue de
la taxe à payer; mais étant donné que plusieurs conseils
de prud'hommes font remise de la taxe, on comprend
qu'il soit sans intérêt de permettre le dépôt d'un ou de
plusieurs échantillons à la fois.

Des formalités constitutives du dépôt proprement dit.
L'échantillon ou l'esquisse, avons-nous dit, doit être
déposé sous enveloppe. De plus cette enveloppe doit porter les cachet et signature du déposant et du conseil des
prud'hommes.

On peut dire en somme que les formalités du dépôt se
ramènent à *trois principales :* le dépôt sous enveloppe, le
cachet et la signature du déposant, le cachet du conseil
des prud'hommes.

Ces formalités sont-elles *prescrites à peine de nullité ?*

Il est certain que lorsque la loi prend soin d'édicter des
formalités et que ces formalités sont prescrites par elle,
comme conditions de la protection qu'elle entend donner, cette protection ne peut être accordée au titulaire
que si ce dernier les a remplies.

Mais encore faut-il que ces formalités soient de celles
qui sont mises à la charge du déposant : comment en effet
le rendre responsable, si le cachet du conseil des prud'-
hommes n'a pas été apposé sur l'enveloppe ? C'est là un
oubli que peut faire le secrétaire du conseil des prud'-
hommes et dont on ne peut tenir rigueur au déposant.
En revanche, la loi veut, à tort ou à raison, le dépôt sous
enveloppe, c'est-à-dire le dépôt *secret*; si donc le déposant
ne ferme pas son enveloppe, s'il ne la scelle pas de son

cachet, s'il n'y appose pas sa signature, il ne nous paraît pas douteux que son dépôt soit sans valeur. Ce sont là des formalités qui le regardent et leur oubli doit entraîner sa responsabilité.

M. Pouillet (n° 60) se montre moins rigoureux, et, même en ce qui regarde les formalités incombant au déposant, il déclare que c'est là une question de fait, et que la nullité est laissée à l'appréciation du juge qui pourra la prononcer seulement dans certains cas, lorsqu'il se trouvera par exemple dans l'impossibilité de savoir, par suite du défaut de ces formalités, si le dépôt se rapporte bien à celui qui se dit le déposant ou à l'objet qui est revendiqué (1).

C'est peut-être se montrer bien large dans l'appréciation des formalités constitutives du dépôt ; nous retrouverons du reste cette question au chap. VI, quand nous étudierons la nullité pour vice de formes, nous la réservons donc pour ce moment.

40. — Du secret du dépôt. — Le dépôt est secret, puisque l'enveloppe doit être scellée. C'est une question intéressante en législation que celle de savoir si le dépôt doit être secret ou public, et si, même en admettant le secret du dépôt, il est bon qu'il se prolonge pendant toute la durée du droit privatif ? Il peut arriver ainsi qu'un dessin ne soit jamais publié, et cela toutes les fois que l'auteur se sera réservé la perpétuité de son droit. Le but vrai du dépôt, c'est l'affirmation du droit de l'auteur sur son œuvre ; par sa nature même, il devrait donc être connu du public, car

_____

(1) V. dans le même sens : Ruben de Couder, n° 48.

à quoi bon cette affirmation de propriété si personne ne la connaît ?

Enfin le secret du dépôt a d'autres inconvénients au point de vue de la poursuite des contrefacteurs. Un contrefacteur peut toujours copier un dessin et prétendre ensuite qu'il a agi de bonne foi, ignorant que ce dessin avait été déposé, et que son auteur avait voulu s'en réserver l'exploitation exclusive.

Pour des raisons que nous ne comprenons pas, le législateur de 1806 a voulu ce dépôt indéfiniment secret ; tant que la loi subsistera telle qu'elle existe actuellement, nous n'avons qu'à nous y soumettre.

41. — Du Certificat de dépôt. — Le Conseil des Prud'hommes, après avoir porté sur un registre ad hoc le dépôt fait par l'auteur du dessin et l'avoir inscrit sous son numéro d'ordre, délivre au déposant un certificat de dépôt. C'est le titre, grâce auquel le déposant peut prouver son dépôt. Il ne faut pas toutefois exagérer la valeur de ce certificat, c'est un simple mode de preuve ; rien dans la loi ne dit que l'accomplissement de cette formalité ne pourra pas être prouvé autrement que par ce titre. Si donc, pour une raison ou pour une autre, le certificat n'avait pas été fourni au déposant, ou que celui-ci l'ait égaré, rien ne l'empêcherait de se servir de tous autres modes de preuves pour établir que le dépôt a été réellemnt effectué. Le moyen le plus simple pour lui sera d'abord de demander au secrétaire du Conseil des Prud'hommes de lui donner un duplicata ; nous ne voyons pas pourquoi il lui serait refusé (1).

(1) Lyon, 14 mai 1870. Ann. 74. 237.

42. — Du paiement de la taxe et de sa sanction. —
L'article 19 dispose qu'en déposant son échantillon, le
fabricant devra acquitter, entre les mains du receveur de
la commune, une indemnité qui sera réglée par le conseil
des prud'hommes et qui ne pourra *excéder un franc* pour
chacune des années pendant lesquelles le déposant voudra
conserver la propriété exclusive de son dessin, sauf en
cas de propriété perpétuelle, où elle sera de *dix francs*.
La loi veut le paiement d'une indemnité, mais elle se
rapporte pour son quantum à ce que décidera le conseil
des prud'hommes, et elle se contente seulement de fixer
un maximum.

En plus de cette taxe qui est payée à la commune, le
déposant doit acquitter le coût de la rédaction du procès-
verbal. Cette somme est payée naturellement au secrétaire
du conseil des prud'hommes sur le pied de 40 centimes
le rôle d'expédition, de 20 lignes à la page et de 10 syllabes
à la ligne (Décret du 20 février 1809, art. 59).

En fait, plusieurs conseils de prud'hommes ne fixent
aucune indemnité à payer à la commune et reçoivent les
dépôts gratuitement dans le but de développer les créations
de goût, en facilitant la protection donnée par la loi. Un
dépôt ainsi fait sera-t-il valable ? Il nous semble que oui.
Somme toute, c'est le droit des conseils de prud'hommes
d'agir ainsi. La loi impose un maximum pour la taxe,
mais elle ne fixe pas de minimum, et par là on peut en
conclure implicitement que le conseil des prud'hommes
est libre de réduire cette taxe à zéro, quitte à la commune
à s'en plaindre. Du reste comment rendre responsable un
déposant de ce qu'il n'a pas payé de taxe, alors que le
conseil des prud'hommes ne lui en a point demandé ?
En admettant même que le conseil des prud'hommes fût

obligé d'en fixer une, ce serait en tout cas une formalité
ne dépendant pas du tout du déposant; il ne lui est pas
loisible en effet de payer une taxe, si le conseil n'en a
point fixé. La Cour de Lyon a très bien formulé la réponse
à donner en pareil cas : le retard apporté au paiement des
droits du dépôt ne peut pas être une cause de nullité, et
en tout cas si c'en était une, les tiers ne seraient pas
recevables à se prévaloir de droits qui ne peuvent appartenir qu'au trésor et au conseil des prud'hommes (1).

La *gratuité* n'est pas contraire aux vues du législateur,
puisqu'en 1825, l'ordonnance qui attribue compétence au
greffe du Tribunal de commerce pour recevoir le dépôt à
défaut du conseil des prud'hommes, stipule que dans ce cas
le dépôt aura lieu gratuitement. Il serait même désirable
de voir l'ordonnance de 1825 et la loi de 1806 prescrire
une règle uniforme pour tous les cas.

A l'heure actuelle, on désire la gratuité ou au moins le
paiement d'une taxe très minime. C'est ce qui résulte de
l'enquête faite auprès de différentes villes industrielles
lors du projet de 1879. Aussi est-ce avec surprise que l'on
voit ce projet ne tenir aucun compte des enquêtes qui ont
été faites mais exiger le paiement d'une taxe et augmenter
même les bases qui doivent servir à la calculer.

**43. — De la déclaration faite par le déposant sur la
durée de son droit.** — En déposant son échantillon, le
fabricant doit déclarer s'il entend se réserver la propriété
exclusive pendant une, trois ou cinq années ou à perpétuité. Ces diverses périodes commencent à courir du jour
de l'inscription du dépôt porté sur le registre. La loi

(1) Lyon, 14 mai 1870. Ann. 74. 237.

de 1806 déroge ainsi à ce qui a lieu pour toutes les autres lois de la propriété intellectuelle, en permettant la *perpétuité du droit*. Il s'agit bien en effet d'un droit véritablement perpétuel et indéfiniment transmissible aux héritiers ou cessionnaires de l'inventeur, c'est-à-dire du propriétaire primitif.

Que décider au cas où le déposant n'a pas fait de déclaration relativement à la durée de son droit? Quelle durée s'appliquera? Sera-ce la propriété pendant un an ou à perpétuité ? La majorité des auteurs est pour la propriété valable seulement pendant un an, et elle invoque à l'appui de ce système l'intérêt de l'industrie (1).

Nous nous rangeons à cette opinion et nous verrons si, outre l'argument économique, il n'y a pas d'autres raisons plus juridiques pour étayer ce système.

M. Pouillet (n° 81) et M. Philipon (n° 79) pensent au contraire que c'est la perpétuité du droit qui doit s'appliquer dans l'espèce, parce que le droit de l'auteur sur ses dessins, étant un véritable droit de propriété, est par sa nature perpétuel toutes les fois qu'il n'y a pas de restrictions stipulées par le déposant.

Ces deux auteurs nous paraissent, pour justifier leur théorie, faire presque une pétition de principes. Une des questions les plus délicates de toute notre matière, c'est de savoir si le droit d'auteur est un véritable droit de propriété. La preuve, disent-ils, que c'est bien un droit de propriété, c'est que nous trouvons notamment pour les dessins la caractéristique de la propriété, c'est-à-dire la perpétuité du droit, quand le déposant l'a stipulé. Puis, quand le déposant n'a rien dit, que la loi n'a pas réglé le cas et qu'il

(1) V. Blanc, p. 354. Ruben de Couderc, n° 75. Fauchille, p. 110.

s'agit de savoir alors quelle sera la durée de ce droit, ces deux honorables auteurs de répondre : ce sera un droit perpétuel, puisque c'est un droit de propriété ; or, c'est là précisément ce qui n'est pas démontré.

C'est au contraire parce que pour nous le droit d'auteur est un droit *sui generis*, qu'il a ses limites dans les règles posées par la loi, laquelle a dû tenir compte à la fois de deux intérêts qui s'excluent, celui de l'inventeur et celui de l'industrie, que dans le doute nous nous décidons contre le stipulant, c'est-à-dire l'inventeur, qui n'avait qu'à mieux fixer ses droits, comme la loi le lui permettait. N'est-ce pas, du reste, une règle d'interprétation juridique qu'il faut toujours, dans le doute, donner à une convention le sens le moins favorable au stipulant ? Or, on a souvent, et avec raison, assimilé l'inventeur à un contractant qui fait une convention avec la société, lui offrant la jouissance de son invention et recevant en échange le monopole d'exploitation pendant un temps plus ou moins long. Pour toutes ces raisons, nous croyons que le déposant qui n'a fait aucune déclaration n'a qu'un droit privatif d'une année.

Une seconde question est à résoudre au point de vue de la durée du dépôt, c'est celle de savoir si *ces délais fixés par la loi de 1806 sont stricts* et si entre cinq ans et la perpétuité, le déposant n'a pas de limites possibles pour fixer la durée de son droit exclusif. Pourrait-il, par exemple, dire qu'il entend se réserver la propriété de son dessin pour une période de vingt années ? Ne croyons pas que ce soit une question d'un intérêt purement théorique ; au secrétariat du Conseil des prudhommes de Saint-Etienne, on peut, paraît-il, relever plusieurs dépôts faits avec cette mention.

Il faut avouer que cet article 18 est conçu d'une singu-
lière façon : le déposant doit déclarer s'il entend se
réserver la propriété exclusive pendant une, trois ou cinq
années ou à perpétuité.

Pour nous, cet article revient à dire que le déposant est
absolument libre dans la fixation de son droit ; il peut la
limiter à une, trois ou cinq années, tout comme à deux, quatre
ou six années ou à perpétuité. Autrement dit, entre un an
et la perpétuité, le déposant est libre de se mouvoir. C'est
là le seul sens plausible à donner à cet article. Dire au
contraire que le législateur n'a prévu que quatre périodes
pour la durée du droit d'auteur, c'est lui prêter, selon nous,
une intention puérile qui ne correspond à aucune idée
précise.

La Cour de Lyon l'a bien reconnu lorsqu'elle a décidé
que, dès l'instant que l'auteur pouvait se réserver un droit
à perpétuité, il n'y avait pas lieu de lui tenir rigueur, s'il
avait entendu le restreindre à quinze ou vingt années (1).

Ces différentes périodes fixées par le législateur sont,
comme on dit parfois dans le langage juridique, prévues
à titre *énonciatif*, c'est-à-dire d'exemples, et non pas à
titre *limitatif*.

§ III. — Du lieu où doit être effectué le dépôt.

44. — Aux termes de l'art. 15, tout fabricant qui veut
pouvoir revendiquer par la suite la propriété d'un dessin
de son invention est tenu d'en déposer un échantillon aux
archives du Conseil des Prud'hommes.

(1) Lyon, 14 mai 1870. Ann. 74. 237.

On admet généralement que c'est la situation de la fabrique qui fixe la compétence du Conseil des Prud'hommes. Or on sait que l'étendue de juridiction d'un Conseil de Prud'hommes se restreint au territoire du canton où ce conseil est établi. C'est donc au Conseil de Prud'hommes du canton où est la fabrique que le dépôt doit être effectué. A Paris, où il existe quatre Conseils de Prud'hommes, c'est à celui auquel ressort l'industrie à laquelle appartient le dessin ou le modèle, que doit se faire le dépôt. Comme il n'y a pas en France un Conseil de Prud'hommes dans chaque canton, lorsqu'un fabricant ne se trouve pas dans le ressort d'une de ces juridictions, il doit, aux termes de l'ordonnance du 29 août 1825 qui est venue sur ce point remédier à la lacune de la loi de 1806, effectuer son dépôt au greffe du Tribunal de commerce de l'arrondissement, ou à défaut du Tribunal de commerce, au greffe du Tribunal civil; de cette façon, le déposant sait toujours où il peut valablement accomplir cette formalité.

C'est la *fabrique* et non le *domicile* du fabricant qui fixe la compétence. Telle est en effet la règle générale pour tout ce qui touche à la compétence des Conseils de Prud'hommes ; ne sont-ils pas institués pour les différends d'ateliers? De plus, n'est-ce pas à sa fabrique et non à son domicile privé que le fabricant centralise tous les dessins qu'il a à exécuter? Enfin l'ordonnance de 1825 dit en propres termes que le dépôt sera reçu pour *toutes les fabriques*, situées hors du ressort d'un Conseil de Prud'hommes, au greffe du Tribunal de commerce.

Il peut arriver cependant, et c'est le cas de la fabrique lyonnaise actuellement, que le fabricant ait son établissement central ou sa maison de commerce à Lyon, et des usines à la campagne, ou bien qu'il fasse travailler des ouvriers en chambre, comme cela se passe soit dans les montagnes du Lyonnais, soit dans les villages du département de l'Ain. C'est alors le *siège de la maison* de *commerce* qui fixera la compétence du Conseil des Prud'hommes. Ainsi le fabricant lyonnais qui a ses bureaux à Lyon devra faire ses dépôts dans cette ville, alors pourtant que ses usines sont ailleurs. La loi de 1806 ne dit nullement que c'est au lieu de la fabrique que doit s'effectuer le dépôt ; elle parle du fabricant et semble viser plutôt par là ce qui est la manifestation de la vie commerciale de celui-ci. Or, tout le monde sait que le centre de la vie industrielle et commerciale d'un fabricant, c'est sa maison de commerce, c'est de là qu'il transmet aux directeurs de ses usines les commandes à exécuter ; c'est là que sont centralisés ses dessins et échantillons ; c'est là que sa personnalité commerciale est connue ; alors qu'ils peuvent fort bien ignorer le lieu de ses fabriques, ses concurrents n'ignorent pas son siège commercial. Tout cela est si vrai que lorsque la loi de 1806 a été rendue pour la fabrique lyonnaise, l'usage n'était pas encore établi par les fabricants d'avoir des usines. Chaque négociant avait à Lyon sa maison de commerce, et faisait travailler à la Croix-Rousse des ouvriers qui tissaient en chambre. Ce n'est que plus tard, sous l'influence des progrès de l'industrie, et notamment quand fut adopté le tissage mécanique, que l'on comprit la nécessité économique de réunir les ouvriers en un même lieu et de les faire travailler à l'usine. Mais ces usines n'ont pas été établies à la ville, à l'endroit où se trouvait la maison de commerce, elles ont été établies à la campagne ; on ne saurait donc dire que ces usines, qui ne sont qu'une des manifestations de la vie commerciale du fabricant, fixent la compétence du dépôt, alors que le dessin a été préparé, échantillonné et vendu au siège même de la maison de commerce (1).

Est-ce à dire maintenant que le fabricant doit forcément faire le dépôt au siège de sa maison de commerce, et que s'il lefait au Conseil des Prud'hommes du lieu où se trouve l'une de ses usines, ce dépôt soit nul? Nous ne le pensons pas. La loi n'ayant rien fixé de précis à cet égard, on peut admettre que le négociant fait valablement son dépôt, soit au siège de sa maison de commerce, soit aux différents endroits où sont situées ses usines; la raison en est simple, une fois le dépôt effectué au lieu de la fabrique, il protège le dessin sur tout le territoire de la France, peu importe alors que le dépôt soit répété au siège central et aux lieux des autres usines.

La seule chose qui ne puisse être admise, c'est que le négociant fasse son dépôt au lieu de son domicile privé, car c'est le fabricant, et non l'homme privé que la loi protège. Ajoutons, du reste, que le domicile privé du fabricant, se trouvera généralement en fait dans le même endroit que son principal établissement commercial, la difficulté ne naîtra donc pas.

45. — Où doit s'effectuer le dépôt lorsque l'inventeur du dessin n'est pas fabricant. — Un dessinateur qui n'est pas fabricant peut déposer valablement; c'est une erreur de croire que la loi de 1806 ne le protège pas. Si en effet, cette loi ne parle que du fabricant, c'est que d'habitude le propriétaire d'un dessin industriel est un fabricant; c'est là le *plerumque fit* de la fabrique lyonnaise. Mais il

(1) V. dans ce sens : Riom, 18 mai 1853. D. P. 54. 2. 50.

ne s'ensuit pas qu'un dessinateur de profession ne puisse
obtenir la protection de la loi de 1806. Cette loi protégeant tout inventeur de dessin de fabrique, a dû, par là
même, donner à chacun le moyen de faire un dépôt valable; or, pour le dessinateur en chambre, le dépôt ne
peut être effectué qu'au lieu de son domicile privé. A ceux
qui veulent absolument que le dépôt soit fait au lieu de la
fabrique, nous répondrons que le domicile du dessinateur
est en quelque sorte, sa propre fabrique ; c'est là son centre
d'activité industrielle, là qu'il crée et exécute les dessins,
qu'il ira vendre ensuite aux négociants pour que ceux-ci
les appliquent aux tissus (1).

La Cour de Paris a adopté une autre solution. Elle décide
que le dépôt doit être fait au lieu où se trouve la fabrique
qui a exécuté le dessin. C'est pour elle le seul moyen de
respecter la loi et de protéger le dessinateur (2).

Nous ne croyons pas cette solution fondée, précisément parce que nous contestons que le dessinateur ne puisse
pas faire le dépôt au lieu de son domicile.

Certains prétendent que la question que nous venons de
discuter ne se pose même pas ; car, disent-ils, ne fabriquant pas, le dessinateur ne peut pas être protégé par la loi
de 1806, mais seulement par celle de 1793. Cette théorie
ne nous paraît pas très favorable au dessinateur. D'abord,
pour l'admettre, il faudrait qu'il soit bien entendu que le
dessin composé en vue de son application à l'industrie, ne
perd pas son caractère artistique par suite de sa destination ; or, cette théorie de la destination compte encore

(1) V. Pouillet, no 71.
(2) Paris, 15 mars 1882. Ann. 83. 286.

bien des adeptes (1). Ensuite il est des dessins de fabrique qui, vraiment ne peuvent pas être protégés par la loi de 1793, parce qu'ils n'ont de raison d'être que par l'objet industriel qu'ils décorent et qu'ils ne se conçoivent pas en dehors de lui : c'est, par exemple, un dessin *genre écossais à rayures de différentes couleurs ;* le dessinateur qui l'a composé n'a aucune protection légale, s'il n'est pas protégé par la loi de 1806. On ne voit pas alors de motifs pour décider que cette protection doive être ainsi retirée à toute une catégorie de gens qui concourent à la prospérité d'une industrie, que la loi de 1806 voulait précisément favoriser.

§ IV. — De la nature du Dépôt. Ses effets.

46. — Le dépôt est-il attributif ou déclaratif de propriété ? — Ce qui crée le droit d'auteur, c'est l'invention, c'est le travail de l'artiste. Cette base juridique sur laquelle repose le droit de l'inventeur sur son dessin, suffit à montrer ce que peut être le dépôt ; le dépôt constate un droit, il ne le crée pas, autrement dit, il est *déclaratif* et non *attributif* du droit d'auteur. De même qu'un acte de naissance constate une filiation et ne la crée pas, de même le dépôt est un titre qui constate simplement le rapport juridique qui unit le dessin à son auteur.

_____

(1) Voir chap. II. n° 21.

I. — Le dépôt établit une présomption de propriété en faveur du déposant.

Le dépôt n'en a pas moins une grande importance ; il établit *une présomption de propriété* en faveur du déposant, c'est-à-dire qu'il prouve, jusqu'à preuve contraire, que telle personne, par le fait seul qu'elle a fait un dépôt, est bien le propriétaire de l'œuvre déposée. Quiconque voudra ensuite contester cette présomption, devra prouver que le déposant n'est pas l'auteur du dessin, mais que ce dessin a été créé par un autre, ou qu'il appartient au domaine public. Cette preuve contraire sera en pratique souvent très difficile à faire ; on voit par là immédiatement les conséquences pratiques importantes qui dérivent du dépôt.

La jurisprudence a toujours reconnu à chacun le droit de contester la présomption qu'emporte avec lui le dépôt, mais à condition d'apporter contre cette présomption une preuve contraire évidente (1).

M. Pouillet (n° 85), pense cependant qu'il est un cas où le dépôt est attributif de propriété, c'est celui où en dehors de toute idée de fraude, le même dessin a été déposé et est revendiqué par deux fabricants, qui l'ont chacun inventé ; dans ce cas, celui, qui aura fait le premier dépôt, sera seul considéré comme propriétaire du dessin ; c'est, dit M. Pouillet ce qui résulte expressément de l'article 17 de la loi de 1806.

M. Philipon (n° 84) n'est pas de cet avis, et pense que

(1) V. Paris, 19 fév. 1858. Ann. 58. 212. — Lyon. 23 juill. 1869. Ann. 70. 361. — Rouen, 24 juin 1887. Ann. 88. 65.

le second déposant pourra détruire la présomption qui s'attache au premier dépôt, en prouvant que c'est lui qui le premier a eu l'idée du dessin ; seulement, ajoute cet auteur, le second déposant, quoique étant le premier inventeur, ne pourra se prévaloir de son droit vis-à-vis du premier déposant, lequel pourra jouir du dessin à titre personnel.

Nous ne partageons pas complètement l'avis de M. Philipon. Il ne nous paraît pas douteux que le second déposant puisse, en prouvant la priorité de son invention, faire tomber le premier dépôt ; mais nous ne croyons pas que le premier déposant puisse jouir de son dessin. Il faut toujours en revenir au même argument : le dépôt n'est qu'une preuve du droit de propriété, qui peut tomber devant la preuve contraire, et en définitive, c'est celui-là seul qui prouve avoir été le premier inventeur qui peut se réserver exclusivement le droit de reproduction.

Faut-il dire, avec M. Pouillet, que l'article 17 oblige à reconnaître comme propriétaire du dessin le premier déposant ? Nous ne croyons pas que l'article 17 dise rien de semblable. « *En cas de contestation, le conseil des prud'hommes donne un certificat à celui qui aura la priorité de date.* » Qu'est-ce à dire, sinon que la loi récompense le fabricant qui a déposé le premier, en lui donnant le rôle de défendeur, et en admettant l'existence de son droit prouvée jusqu'à preuve contraire ? Mais cette preuve contraire peut être fournie par un déposant d'un rang ultérieur, tout comme elle pourrait l'être par un concurrent qui entendrait prouver que le dessin est dans le domaine public, et par conséquent n'appartient pas au déposant.

En matière de marques il en est de même, et entre deux individus qui ont déposé la même marque, le second dépo-

sant peut faire tomber le droit du premier, s'il prouve
que c'est lui qui a la priorité au point de vue de l'usage de
la marque.

Dans le cas que nous venons de discuter, les deux
fabricants ignorant leur dépôt réciproque, puisque chez
nous le dépôt est secret, ont bien inventé chacun le même
dessin : ne pourrait-on pas alors faire l'objection suivante :
Ces deux fabricants ayant tous deux fait acte de création
ont un droit égal à la protection de la loi, mais l'article 17
a voulu précisément donner la préférence, non pas à celui
qui a inventé le premier, mais à celui qui a déposé le
premier ; car déposant pour se protéger dans l'exploitation
qu'il allait entreprendre, c'est lui qui le premier a cherché
à faire profiter le domaine public de son invention. Cette
objection aurait peut-être sa raison d'être, s'il s'agissait
de faire la loi, et on comprendrait qu'entre deux inventeurs qui ont le même titre à la protection du législateur,
celui-ci donne la préférence au fabricant qui, le premier, a
cherché à publier son invention. Mais telle n'était pas la
pensée de la loi de 1806 ; cette loi se préoccupe si peu de
voir exploiter le dessin, qu'elle n'édicte aucune déchéance
pour défaut d'exploitation ; elle juge sans intérêt pour le
domaine public qu'un dessin industriel soit ou non publié,
et en cela elle a raison.

11. — Le dépôt fixe le droit de l'auteur.

Un des effets importants du dépôt, c'est de préciser
exactement l'étendue du droit que s'est réservé l'inventeur,
c'est-à-dire l'objet même sur lequel il porte. Le dessin
déposé est le *dessin type* du droit de l'auteur.

Quand l'auteur poursuit en contrefacon, si les contre-facteurs émettent quelques contestations sur la réalité de la contrefaçon, prétendant que le dessin qu'ils ont repro-duit n'est pas celui que l'auteur a entendu se réserver, il est, grâce au dépôt, facile de trancher le différend. On procède à l'ouverture du dépôt, et les juges ont alors un point de comparaison indiscutable. On voit qu'il est très nécessaire, quand on fait un dépôt sous forme d'esquisse, que cette esquisse donne la représentation aussi complète que possible du dessin dont on s'est réservé l'exclusi-vité (1).

III. — Le dépôt fixe le point de départ du délai pendant lequel l'inventeur s'est réservé son monopole d'exploitation.

Ainsi que nous l'avons déjà dit, cette date court du jour de l'inscription du dépôt sur le registre du conseil des prud'hommes, et non du jour où a été donné le certi-ficat de dépôt.

IV. — Le dépôt est nécessaire pour pouvoir intenter l'action en contrefaçon.

L'article 15 veut, pour que l'on puisse *poursuivre*, que le dépôt ait été effectué ; « *celui qui voudra par la suite revendiquer* (c'est-à-dire poursuivre)... *sera tenu de déposer...* »

Cet article laisse sans la résoudre une question impor-tante sur laquelle l'entente est loin d'être faite. Si le dépôt

(1) V. au titre de la contrefaçon, ce que nous disons de la procé-dure à suivre pour procéder à l'ouverture du dépôt. p. 221.

est nécessaire pour poursuivre, suffit-il qu'il soit fait au moment de la poursuite, et une fois qu'il est effectué peut-on poursuivre pour des faits antérieurs ?

Ce qui donne le droit de poursuivre les contrefacteurs, c'est que l'on est propriétaire du dessin, or le droit de propriété naît avec l'invention ; il devrait donc suffire de faire le dépôt avant la poursuite. C'est là du reste une règle appliquée en matière d'action en contrefaçon sous la loi de 1793, et il n'y a pas de raisons pour qu'elle ne s'applique pas sous la loi de 1806. Mais cette question de savoir s'il suffit de faire le dépôt au moment de la poursuite, et si, une fois fait, il permet de poursuivre les contrefaçons antérieures, est sans intérêt pratique ; cette question est en effet intimement liée à une autre qui est celle de savoir si le dépôt, pour être valable, doit précéder toute divulgation du dessin faite par son auteur. La jurisprudence, nous le verrons, est des plus catégoriques et annule le dépôt effectué postérieurement à la divulgation que l'auteur a pu faire de son œuvre. L'inventeur qui poursuit aura donc forcément fait un dépôt antérieur aux actes de contrefaçon, car ces actes de contrefaçon n'ont pu se produire que parce qu'il avait divulgué son œuvre, or, aux termes de la jurisprudence, son dépôt a dû, pour être valable, précéder cette divulgation (1).

---

(1) V. nᵒ 31, les objections qu'on peut faire à la théorie de la jurisprudence, sur la nullité du dépôt pour divulgation antérieure au dessin.

CHAPITRE V

DE L'ÉTENDUE DU DROIT D'AUTEUR ET DE SES CARACTÈRES
AU POINT DE VUE DES APPLICATIONS DES RÈGLES
DU DROIT CIVIL

SECTION I. — DE L'ÉTENDUE ET DE LA DURÉE DU DROIT DE L'AUTEUR.

§ 1. — De l'étendue du droit de l'auteur.

47. — Le dépôt fixe l'objet sur lequel porte le droit de l'auteur ; quant à l'étendue de ce droit, elle dépend du degré de nouveauté que présente la création du fabricant. C'est en effet dans les limites de la nouveauté de l'œuvre que se mesure le droit de l'auteur.

a. Celui-ci a-t-il conçu un dessin absolument nouveau, son droit alors n'est pas limité à l'application qu'il en a faite, et par là même à l'objet qu'il a déposé, il porte sur le dessin en lui-même, et permet de poursuivre toutes les reproductions qui seront faites du dessin, quelle que soit l'industrie à laquelle on l'aura appliqué, et quelque diffé-rente que soit cette industrie de celle à laquelle appartient le créateur du dessin. La possibilité d'un préjudice causé n'a jamais été la mesure du droit de l'auteur, ce droit

existe en lui-même, et toute atteinte qui lui est portée doit
être punie, quelles que soient les conséquences de cette
contrefaçon. C'est pourtant une question qui se pose en
législation, que celle de savoir s'il n'y aurait pas lieu de
limiter le droit de l'inventeur à l'industrie pour laquelle il
a créé son dessin ou son modèle, mais les termes généraux
et absolus de la loi de 1806 ne permettent pas de faire cette
restriction.

b. Le fabricant a-t-il fait au contraire à un objet quelconque une application nouvelle d'un dessin connu, c'est
alors dans les limites de *la nouveauté de l'application*
que l'on devra se placer pour apprécier l'étendue de son
droit d'auteur (1).

Quant au *territoire de protection*, il suffit de rappeler
que le dépôt fait devant un conseil de prud'hommes protège le dessinateur sur la France entière, et non pas seulement dans le ressort de ce conseil de prud'hommes.

§ 2. — De la durée du droit.

48. — La durée dépend de la déclaration qu'aura faite
l'inventeur en effectuant son dépôt. Le droit peut être
même *perpétuel*, si l'auteur le désire. Notons que cette
perpétuité facultative est sans inconvénient, au point de
vue de l'intérêt de l'industrie : on voudrait parfois, par analogie avec la loi sur les brevets, limiter à quinze ans la
durée maximum du droit de l'auteur sur son dessin. Cette

---

(1) V. ce que nous avons dit au chap. III, sur les conséquences de la
nouveauté et de l'application nouvelle. N° 32 et 35.

V. aussi Blanc, p. 343. Pouillet, n° 47. Vaunois, n° 177.

assimilation est sans raison d'être ; car, comme le disait fort
bien au Corps législatif, le tribun Camille Pernon, lors du
vote de la loi de 1806 : « La facture d'un dessin ne saurait
« être assimilée aux inventions pour lesquelles s'obtien-
« nent des brevets. Ceux-ci sont toujours le résultat d'une
« découverte ou du perfectionnement d'un objet utile,
« qu'il importe de faire connaître et de multiplier. Il n'en
« est pas de même du dessin d'une étoffe dont le plus sou-
« vent le seul intérêt est de fournir au consommateur la
« facilité de faire un choix qui lui plaise davantage. »

Les faits sont d'accord avec cette doctrine et il est constant que le développement de l'industrie est en proportion
directe de la protection accordée aux dessins et modèles
de fabrique ; plus on protège, plus on pousse les concurrents à faire des créations qui leur soient personnelles.

Hâtons-nous, au reste, de reconnaître que si cette perpétuité du droit ne porte aucun dommage à l'industrie, en
général, elle n'est pas en revanche d'un grand avantage
pour celui qui dépose. La pratique nous montre qu'en
fait les déposants qui se réservent un droit perpétuel sont
fort rares.

M. Vaunois (1) fait observer à ce propos que dans notre
législation intellectuelle, plus une production est d'une
utilité immédiate et générale, moins elle est protégée. Les
brevets n'ont de valeur que pendant quinze ans ; les œuvres
littéraires et artistiques sont protégées pendant un peu
plus longtemps ; les dessins et modèles de fabrique enfin,
peuvent l'être à perpétuité. Cette progression qui dénoterait, au premier abord, un législateur presque exclusivement
préoccupé de l'intérêt général, se justifie par ce caractère

(1) V. Vaunois, nᵒ 181.

que nous avons souligné comme étant de l'essence même
du droit d'auteur (1). Pour que l'auteur puisse jouir et
user de son droit, il lui faut le concours du public; plus
l'objet sera utile, plus le public lui prêtera son concours
et achètera l'objet. Il est juste, en quelque sorte, que le
domaine public, sans le concours duquel le droit de l'auteur eût été lettre morte, acquiert sur cet objet des droits
d'autant plus rapides que sa participation dans la mise en
valeur de ce droit a été plus grande.

Point de départ du droit. — Nous renvoyons à ce que
nous avons dit au chapitre IV sur la durée du dépôt.
On dit généralement que le point de départ du droit d'auteur est fixé par la date de l'inscription du dépôt sur
le registre. Cette formule nous paraît avoir l'inconvénient
de confondre la durée du dépôt avec la durée du droit
lui-même. Le droit, en effet, n'est pas né le jour où l'on
a déposé le dessin, mais le jour où le dessin a été créé. Il
est vrai qu'en pratique, cela revient au même; le dessinateur a grand soin de ne jamais produire son œuvre
avant de s'être réservé son droit par le dépôt; car, aux
termes de la jurisprudence, toute divulgation du dessin
antérieure au dépôt, annule le droit privatif lui-même;
jusqu'au dépôt, le droit est donc forcément platonique,
puisque avant cette date on a grand soin de ne pas
exploiter le dessin.

Sur toutes les autres questions qui touchent à la durée
du dépôt, suivant les déclarations faites par le déposant,
nous renvoyons à ce qui a été dit au chap. IV, § 2.

---

(1) V. notre chap. Ier sur la nature du droit d'auteur.

SECTION II. — DES DIFFÉRENTS TITULAIRES ORIGINAIRES DU DROIT
D'AUTEUR.

49. — Il semblerait qu'il ne puisse y avoir qu'un seul
titulaire *originaire* du droit d'auteur : c'est l'inventeur, le
créateur du dessin. Une formule aussi absolue ne serait
pas complètement exacte et le droit a pu fort bien naître
chez une personne qui n'a pas fait le dessin, mais qui l'a
simplement commandé, ou en a donné l'idée.

1. — L'auteur du dessin est incontestablement titulaire du droit, et cela qu'il soit ou non fabricant.

A prendre la loi de 1806 à la lettre, il semblerait qu'elle
ne protège que l'auteur du dessin qui est en même temps
fabricant. Une pareille solution dénoterait une connaissance bien inexacte de l'industrie lyonnaise pour laquelle
a été cependant rendue la loi de 1806, et dans laquelle
existe toute une corporation de dessinateurs, dont le métier exclusif consiste à fabriquer des dessins qu'ils vont
ensuite offrir aux fabricants, et auxquels ils cèdent généralement la totalité de leur droit d'auteur. Mais il peut se
faire que ces dessinateurs veuillent se réserver l'exclusivité
de leur dessin et ne céder aux fabricants que le droit d'en
faire des applications ; ils doivent être libres d'agir à leur
guise, rien dans la loi ne les en empêche (1).

(1) V. ce que nous avons dit au chap. IV, § 1er : Des personnes
qui peuvent déposer.

V. Pouillet n° 71. Philipon, p. 99 et 115. — Paris, 15 mars 1882.
Ann. 83. 286 et en sens contraire. Paris, 10 juillet 1846. DP.
47. 2. 13.

11. — Le titulaire originaire du droit peut ne pas avoir créé le dessin.

Les cas sont assez nombreux où le titulaire originaire du droit d'auteur se trouve être une personne autre que celle qui a créé le dessin :

1º *En cas de commande.* — Il arrive journellement que les industriels ont dans leurs usines tout un atelier de dessinateurs, travaillant exclusivement pour eux, et qui ont pour ainsi dire loué à leur patron leur esprit inventif. Les dessins qu'ils composent sont alors la propriété directe du patron qui fait le dépôt en son nom; le droit d'auteur est en quelque sorte né sur la tête de ce dernier, qui pourtant n'était pas l'auteur du dessin.

2º *En cas de commission.* — Cette hypothèse peut en pratique se présenter sous diverses faces,

a) Si le commissionnaire a apporté au fabricant un dessin tout prêt à fabriquer, qu'il n'y ait eu aucune modification à y apporter pour la mise en carte, et que ce commissionnaire ait donné commande d'exécuter une certaine quantité d'étoffes revêtues de ce dessin, il est évident alors que le dessin est la propriété exclusive du commissionnaire : lui seul en est l'auteur, et aura le droit de faire un dépôt valable. Nous rentrons dans la règle générale que le propriétaire du dessin est celui qui l'a créé.

b) Mais en fait il est bien rare que les choses se passent avec cette simplicité. Un commissionnaire en relation avec des pays lointains, l'Orient par exemple, se rend compte qu'un certain dessin a les faveurs de la mode dans ces régions. Il en apporte le type à un fabricant et le prie de s'en inspirer, pour, après modifications nécessaires, pouvoir l'adopter aux différentes étoffes qui vont être fabriquées sur ce modèle. Le commissionnaire sera-t-il dans ce cas seul propriétaire du droit d'auteur? Nous ne le pensons pas. Ce que la loi de 1806 a entendu protéger, c'est ce double fait de l'invention d'un dessin et de son incorporation possible à une étoffe, autrement dit d'un dessin qui par son emploi ait une *utilité industrielle*. Le dessin peut parfois faire très bien sur le papier ou l'esquisse, et ne rien donner une fois tissé. Toute l'habileté du fabricant consiste précisément à combiner un dessin qui, une fois mis en carte, produise au tissage l'effet cherché. Nous croyons pour notre part que, dans le cas qui nous occupe, il y a eu une véritable collaboration entre le commissionnaire et le fabricant. Tous deux sont également propriétaires du dessin de fabrique, l'un pour en avoir donné l'idée, l'autre pour avoir rendu cette idée industriellement réalisable ; or c'est cet ensemble que protège la loi de 1806.

3° *En cas de société.* — Il peut se faire que plusieurs fabricants soient réunis en société, et que les inventions de chacun doivent, aux termes du pacte social, profiter à l'être moral, la société. C'est donc au nom de celle-ci que se feront les dépôts de dessins ou de modèles, créés pourtant par l'un des associés. Le droit qui résulte de cette création n'est pas la co-propriété des différents associés ; il appartient en propre et exclusivement à la société, et fait partie de son actif.

SECTION III. — DE LA CESSION ET DE LA TRANSMISSION DU DROIT
D'AUTEUR.

La propriété des dessins et modèles de fabrique n'est
pas un droit attaché à la personne, il est donc *cessible* et
transmissible, suivant les règles du droit crmmun.

§ 1. — De la Cession du Droit d'auteur.

50. — Aucune forme n'est imposée pour la cession du
droit de l'auteur sur un dessin ou modèle de fabrique. A
la différence de la loi de 1844, qui veut pour la cession du
brevet un acte notarié et des règles spéciales, capables de
porter la convention à la connaissance des tiers, la loi
de 1806 est muette ; la cession du dessin est affranchie de
toute formalité, elle peut même être simplement verbale,
comme en matière littéraire. C'est là une lacune grave
dont on aperçoit bien vite le danger. Si l'on n'a pas eu le
soin de rédiger un acte par écrit, tous les modes de
preuves sont possibles, même la preuve testimoniale au-
dessus de 150 francs, même de simples présomptions, car
nous sommes dans une matière qui relève des tribunaux
de commerce; on comprend alors qu'au milieu de cette
trop grande facilité de preuves la fraude puisse aisément
se faire jour.

Que décider par exemple en cas de cession successive
à deux fabricants de la même industrie? Quel sera aux

yeux des tiers le véritable acquéreur ? Nous supposons évidemment, pour que la difficulté puisse naître, que ces deux cessions n'ont eu lieu, ni par acte authentique, ni par acte sous seing privé enregistré.

Dans une première opinion on soutient que la cession la plus ancienne en date est la seule valable : le fabricant, dit-on, s'est alors dépouillé irrévocablement de son droit d'auteur, et lors de la seconde vente, n'a rien pu céder ; le second contrat est nul faute d'objet (1).

Dans une seconde opinion, au contraire, on prétend que le dernier acquéreur est un tiers par rapport au premier et qu'il peut méconnaître la première vente, puisqu'elle n'a pas acquis date certaine à son égard (C. civ. art. 1328 (2).

Nous croyons que cette théorie confond à tort une question de preuve et une question de cession. La première opinion nous paraît juridiquement plus exacte : il est certain que lors de la seconde aliénation, le vendeur n'a rien pu céder puisqu'il s'était déjà une première fois dépouillé de son droit. Mais comme en réalité on n'a jamais que les droits que l'on prouve, si le premier cessionnaire n'établit pas, même par témoins ou simples présomptions, qu'à telle date la propriété d'un dessin lui a été transférée, et qu'au contraire le second acquéreur prouve la cession à lui consentie, c'est ce dernier qui en définitive devra l'emporter.

---

(1) Renouard, Dr. d'auteur, t. II. p. 316. Philipon, n° 104. — V. aussi Tr. corr. Seine, 15 janv. 1868. Ann. 1868. 62.

(2) V. Pouillet. *Propr. litt. et artist.*, n° 285, et jurisprudence rapportée. Cass. 27 mars 1835. D. P. 35. 1. 438 et Trib. Civ. Seine. 23 déc. 1868. Ann. 69. 52.

51. De la cession totale ou partielle. — La cession peut être totale ou partielle, c'est-à-dire limitée quant au territoire d'exploitation et de vente, ou quant au genre d'industrie dans lequel le dessin peut être employé ; toute liberté est laissée, à ce sujet, aux parties contractantes.

Les principes généraux de la vente sur les devoirs réciproques du vendeur et de l'acquéreur s'appliquent tout naturellement ; toutefois l'application du devoir de garantie qui incombe au vendeur, est en pratique la source de certaines difficultés.

1°) Une vente totale, faite sans stipulations particulières, mais pour une industrie déterminée, empêche-t-elle le propriétaire du dessin de le céder à nouveau à un autre fabricant appartenant à une industrie différente ? En fait, nous le savons, les fabricants s'inquiètent peu de la reproductions de leurs dessins dans une industrie qui n'est pas la leur ; il nous semble néanmoins qu'au point de vue théorique, si la cession a été totale, quand bien même elle est faite pour une industrie déterminée, l'acquéreur a un droit absolu sur son dessin, et le vendeur manque à son devoir de garantie en cédant ce dessin même pour une autre exploitation. Nous admettons bien que cette exploitation différente ne portera pas un préjudice direct au premier acquéreur, mais le dessin n'en sera pas moins vulgarisé, souvent même déprécié ; le vendeur doit être responsable de ces conséquences. On peut même se demander comment le vendeur a pu valablement consentir une nouvelle cession, la première, si elle a été totale, ayant anéanti tout son droit d'auteur (1).

(1) V. Pouillet. Dessins et modèles de fabrique, n° 106. Philipon,

2°) Un industriel qui vend ses modèles aux enchères, en annonçant qu'il liquide sa fabrication, peut-il se rétablir plus tard et faire des objets similaires ?

Ce cas intéressant a été résolu par la jurisprudence (Paris, 24 novembre 1886, ann. 90. 345). La vente de dessins ou de modèles ne comprend que la cession du droit d'auteur, et non l'aliénation définitive de la liberté du vendeur ; celui-ci n'est donc nullement tenu à ne plus fabriquer d'objets similaires ; mais ce à quoi il est obligé, c'est à ne pas fabriquer le même dessin, usant ainsi d'un droit de reproduction qu'il n'a plus, et devenant par là le contrefacteur de son cessionnaire. Comme le dit excellemment la Cour de Paris, les intéressés ne sont pas autorisés à compter sur autre chose que la transmission régulière de la propriété des dessins vendus, et sur la garantie attachée à cette vente, mais dans la mesure du droit commun.

52. De la commande. — C'est comme on l'a dit, la cession d'une œuvre future ; en pratique les dessins se font beaucoup sur commande. Presque tous les industriels un peu importants ont dans leurs ateliers un service de dessinateurs qui inventent et composent pour leur patron. Le patron dépose ensuite les dessins, comme étant sa propriété ; aux yeux des tiers il en est le premier titulaire, et en réalité il n'est qu'un cessionnaire ; le vrai

p. 125. — Moniteur des Prud'hommes, 18 septembre 1847. — Le Hir, 1848-2-87, Coutra Waelbroek, n° 65.

propriétaire originaire c'est l'ouvrier qui a conçu le dessin. Cet ouvrier a bien pu louer à son patron son travail, son intelligence, tous ses services en un mot, il n'en est pas moins vrai qu'auteur d'un dessin, il en a été par ce fait même propriétaire, fut-ce un instant de raison, quitte, en vertu du contrat qui le lie, à céder immédiatement ce droit au patron qui l'occupe. Cela est si vrai que si l'ouvrier voulait effectuer le dépôt de son dessin, il en aurait le droit; mais le patron aurait en revanche contre lui une action en exécution du contrat de louage de services.

Ce contrat, très fréquent dans la pratique, a peu à peu tellement fait disparaître la personnalité du dessinateur, qu'on est arrivé à n'en plus tenir compte. Ce n'est pas une raison pour dire avec la cour de Gand que le patron est le véritable inventeur, et que du reste on peut être inventeur tant par l'aide, l'assistance ou l'intermédiaire de personnes tierces que par soi-même. Nous l'avons déjà dit, on ne peut être inventeur que par soi-même. Le patron n'ayant rien inventé, n'a pas le droit d'auteur par lui-même, mais seulement en vertu d'une cession véritable, qu'il s'est fait consentir d'avance (1).

Il est du reste un cas où cette cession apparaît plus clairement, précisément parce qu'alors la personnalité du dessinateur disparait moins, c'est lorsqu'il s'agit non plus d'employés ayant loué leurs services, mais de véritables dessinateurs travaillant pour leur compte et qui se sont simplement engagés à créer des dessins pour une maison

---

(1) V. Gand, 4 nov. 1853. Pasic. belge, 1855. 2. 149. — Tr. corr. Seine, 28 fév. 1877. Ann. 1877. 174.

déterminée, à laquelle ils viennent les offrir au fur et à
mesure de leur exécution. Le caractère de cessionnaire
chez le patron apparaît dans ce cas bien visiblement et,
somme toute, c'est la même hypothèse que plus haut.

De la commande sur échantillons. — Cette hypothèse
est différente de la précédente; celui qui dans ce cas
fait la commande est bien le propriétaire du dessin.
Le fabricant, qui tisse l'étoffe suivant le dessin fourni,
ne fait qu'exécuter le travail à lui commandé, il n'acquiert pas la plus petite parcelle du droit d'auteur, à
moins (comme nous l'avons expliqué p. 121-122). qu'il
n'ait été en fait le collaborateur du propriétaire du
dessin, au point de vue de la réalisation industrielle de
ce dessin.

La pratique donne encore naissance à la même hypothèse, mais renversée. Un fabricant propriétaire d'un dessin s'engage à ne le fabriquer que pour un commissionnaire donné; il lui assure l'*exclusivité* de ce dessin. Ce
commissionnaire devient-il le *concessionnaire* du droit
d'auteur? Cela dépend évidemment de l'esprit du contrat,
mais en principe il faut répondre que non. Le fabricant
a simplement aliéné sa liberté de reproduction au profit
d'une personne déterminée, il n'a pas cédé son droit
d'auteur (1).

§ 2. — De la transmission du droit d'auteur.

54. — Ce n'est autre chose que la cession du dessin,

(1) Pouillet, n° 17. — Tr. c. Lyon, 5 juillet 1844. DP. 52. 5. 63. —
Lyon, 23 juill. 1869. Ann. 70. 360.

mais comprise dans la transmission d'une universalité de
biens.

Le droit d'auteur est en effet transmissible par testament
et par succession et passe avec l'universalité des biens
du *de cujus* aux héritiers, aux légataires et au conjoint
survivant (loi du 9 mars 1891). Il est à peine besoin de
mentionner, tant la chose est évidente, que les droits du
conjoint survivant, fixés par la loi du 14 juillet 1866 en
matière de propriété littéraire et artistique, sont ici sans
application.

Du successeur du fonds de commerce. — C'est là de
beaucoup l'hypothèse la plus intéressante, car comme
le fait remarquer M. Vaunois (n° 223), lorsqu'un industriel meurt, ses dessins sont généralement compris
dans le patrimoine de la maison de commerce, et
passent avec le fonds de commerce lui-même au nouveau
titulaire. L'aliénation d'un fonds de commerce comprend
en effet de droit les dessins et modèles de fabrique qui y
sont exploités. Un fonds de commerce est un ensemble ;
les dessins sont un des éléments d'exploitation qui doivent être transmis avec le tout (1). Les conventions étant
toujours libres, le vendeur du fonds de commerce pourra
dans tous les cass se réserver la propriété de ses dessins,
seulement il faudra que cette rectriction soit expressément
stipulée.

(1) La question est cependant des plus controversées. (V. dans le
sens que nous avons admis : Pouillet, n° 107 et Philipon, p. 125.
Tr. Corr. Seine, 4 déc. 1867. Ann. 1868. 56. — Contra. Tr. Comm.
Nantes, 4 nov. 1868. Jurisp. Nantes, 1868. 1. 132. La décision paraît
toutefois s'expliquer par des considérations de fait.)

§ 3. — Du droit des créanciers.

55. — Dès l'instant que le droit d'auteur est un des biens du patrimoine de celui qui le possède et qu'il est cessible, les créanciers ayant un droit sur tous les biens de leur débiteur, en ont un sur le dessin et peuvent en opérer la saisie (1).

A partir de quel moment naît ce droit des créanciers? C'est là un point délicat; nous croyons qu'il faut, pour répondre, considérer avant tout le moment où le dessin prend une valeur d'exploitation, c'est-à-dire celui où le négociant le dépose et commence à l'exploiter. Il nous paraîtrait difficile d'admettre que tant qu'un fabricant garde pour lui seul un dessin qu'il vient de créer, et ne veut pas le livrer au public, les créanciers puissent l'y obliger. Ce qu'ils peuvent saisir c'est simplement le droit de reproduction, mais ce droit ne peut prendre naissance que du jour où l'auteur a livré lui-même une première fois son œuvre au public. Jamais le droit des créanciers n'a porté sur autre chose que sur les biens de leur débiteur, et jamais leur droit n'a été tel qu'ils puissent contraindre la liberté d'autrui; or ce serait au premier chef une atteinte à la personnalité de l'auteur, que de publier malgré lui un dessin industriel de son invention (2).

---

(1) Quant aux règles de la saisie, nous renvoyons infra n° 117.

(2) V. Pouillet. Prop. litt. et art. n° 173 et Dess. et Mod. n· 109. V. ce que nous avons déjà dit p. 95.

56. — Le droit d'auteur est un droit *mobilier* et *incorporel*. Le monopole conféré à l'auteur se ramène pour lui à pouvoir empêcher tout autre d'user du dessin. « C'est en quelque sorte, comme le dit M. Philipon (n° 94), un droit de créance sur la société, droit qui a pour objet un fait négatif, une abstention. En d'autres termes, les tiers sont tenus vis-à-vis le propriétaire du dessin d'une obligation de ne pas faire, qui, en cas d'inexécution, se résout en une obligation de dommages-intérêts. » Il résulte bien de là que le droit de l'auteur sur son œuvre est un droit mobilier et incorporel ; ces deux caractères vont nous servir de guide dans les différentes hypothèses que nous allons successivement examiner.

A). Des différentes incapacités dont peut être frappé le titulaire du droit.

57. — Le titulaire du droit peut être un *incapable,* car il peut très bien arriver qu'une personne, juridiquement incapable, soit l'inventeur d'un dessin ; elle a pu ensuite faire un dépôt valable, le dépôt étant un acte qui ne l'engage à rien. Mais alors se pose toute une série de questions sur lesquelles nous allons passer rapidement, en renvoyant aux principes généraux :

1°. — L'incapable peut-il exploiter lui-même son dessin ?

Cela revient à se demander s'il peut être fabricant et par là même commerçant?

Il n'y a sur ce point qu'à se reporter aux règles prescrites par le Code de Commerce sur l'aptitude du mineur, de l'interdit, de la femme mariée..... à faire le commerce.

2°. — L'incapable peut-il céder son droit? Il s'agit évidemment de la cession d'un droit mobilier et incorporel.

a) Si c'est un *mineur,* la règle la plus généralement admise est qu'il ne peut rien faire sans l'intervention de son père ou de son tuteur.

b) Si c'est un *mineur émancipé,* il est également incapable de faire les actes d'aliénation (art. 481, 482, 484 C. civ.). Or que cette cession du droit d'auteur soit totale ou partielle, elle rentre dans la catégorie des actes que le mineur émancipé ne peut faire seul sans être assisté.

c) S'il s'agit d'un *interdit,* l'interdit étant assimilé au mineur (art. 509, C. civ.), il lui faudra l'autorisation de son tuteur pour consentir cette aliénation (1).

d) S'il s'agit *d'un failli,* la faillite entraîne bien le dessaisissement du failli, mais celui-ci n'est pas atteint dans son activité personnelle. Il peut créer de nouveaux dessins, et en tirer profit, sauf aux syndics à prendre les mesures qu'ils croiront nécessaires pour recouvrer les valeurs nouvelles acquises par le failli.

e) S'il s'agit d'une *femme mariée,* la femme mariée ne peut rien publier, ni céder sans l'autorisation de son mari.

Mais en cas de refus de l'autorisation du mari peut-elle

(1) Paris, 7 août 1837. S. 38. 2. 268.

s'adresser à la justice ? C'est une question très discutée en matière de propriété littéraire et artistique, où l'on prétend, que le mari est juge sans appel des conséquences morales de la publication d'une œuvre composée par sa femme. Quelque discutable que nous paraisse cette assertion, nous croyons que cet élément moral n'est pas d'un grand poids quand il s'agit de vendre un dessin ou un modèle de fabrique ; et nous reconnaîtrions fort bien à la femme le droit de s'adresser à la justice pour obtenir l'autorisation que son mari n'a pas voulu lui donner. Du reste en fait, ou la femme sera commerçante et ce sera là une conséquence de sa capacité de femme commerçante, ou si elle ne l'est pas, c'est qu'elle veut le devenir, et nous retombons alors dans le droit commun : la question ne se posera donc vraiment que s'il s'agit d'une dessinatrice de profession.

B. — Application des règles de l'usufruit.

58. — La propriété d'un dessin ou d'un modèle peut être grevée d'un droit d'usufruit. Les cas où la question se pose sont nombreux. C'est notamment en cas de mariage, ou, pour prendre l'exemple très naturel de M. Philipon, lorsque le fils d'un manufacturier recueille, dans la succession de son père, des dessins et des modèles, faisant partie du patrimoine paternel dont son père a l'usufruit (1).

Les règles à appliquer varient avec la durée du droit :

S'il s'agit d'un droit *perpétuel,* rien de plus simple ; les

(1) Philipon, n° 93.

profits de l'exercice de ce droit vont à l'usufruitier, le
titre reste entre les mains du nu-propriétaire qui recou-
vrera la totalité de son droit à la fin de l'usufruit.

Si le droit est *temporaire*, il peut expirer durant l'usufruit ; les profits annuels de ce droit comprennent alors
chaque année parmi eux une parcelle du capital lui-même,
qui va se diminuant sans cesse, jusqu'à ce qu'il ait cessé
d'exister. Dans ce cas, il y a lieu d'appliquer purement et
simplement les mêmes règles qu'en matière de brevet (1).

Si l'usufruitier a aliéné le droit d'auteur, le prix de la
cession constitue le capital, propriété du nu-propriétaire,
dont l'usufruitier ne pourra toucher que les intérêts.

Si l'usufruitier, au contraire, exploite lui-même son
dessin ou modèle, il y aura lieu de faire dans les profits
de cette exploitation, *une ventilation* et de distinguer ce
qui, d'un côté appartient au travail de l'usufruitier ou aux
capitaux qu'il a engagés, de l'autre, ce qui revient au
droit d'auteur lui-même et constitue la part du nu-propriétaire, c'est-à-dire le capital auquel il a droit. En matière
de brevets, le Tribunal de Grenoble a attribué les deux
tiers des produits de l'exploitation aux mineurs nu-pro-
priétaires et un tiers à la mère usufruitière (2).

C. — Application des règles du contrat de mariage

59. — Le titulaire du droit peut être marié. Les bénéfices produits par l'exercice du droit d'auteur auront des

(1) Pouillet, Brev. d'Inv., n° 200.
(2) Tr. Civ. Grenoble, 20 janv. 1851. Blanc. p. 503.

destinations différentes, suivant le contrat de mariage adopté.

1°) *En cas de communauté légale,* le droit de l'auteur sur son dessin ou modèle de fabrique tombe comme tout droit mobilier dans la communauté. La question est discutée en matière de propriété littéraire et artistique, mais outre que les arguments, opposés à la solution que nous proposons, ne nous paraissent pas décisifs, ils ne se rencontrent pas ici (1). C'est donc le mari qui a la gestion de ce droit, dont les profits sont pour la communauté ; il peut en disposer, quand bien même sa femme en serait titulaire, c'est l'application pure et simple des principes généraux de la communauté légale. Mais comme le fait remarquer M. Vaunois (2), ce danger existera rarement en pratique. La femme qui est titulaire de dessins ou de modèles est généralement à la tête d'un fonds de commerce ; or ces dessins et modèles se rattachent au fonds de commerce, que dirige personnellement la femme commerçante, sans que son mari ait à intervenir.

2°) *Sous le régime exclusif de communauté.* Les droits d'auteur restent en propre à leur titulaire ; mais dans tous les cas, même si c'est la femme qui est titulaire du droit, le mari a la gestion des fruits et des revenus qu'il doit affecter aux charges du mariage (art. 1530). Comme à la dissolution du mariage le mari doit restituer à sa femme son droit d'auteur, et que généralement, ce droit, étant temporaire, aura été consommé pendant la durée du mariage,

(1) V. Pouillet. *Propr. litt. et artist.,* nᵒˢ 183 et 184.
(2) V. Vaunois, nᵉ 200.

il y aura lieu d'appliquer les règles que nous avons étu-
diées en matière d'usufruit (1).

3°) *Sous le régime de la séparation de biens*, chacun des époux conserve la libre administration de son droit
d'auteur et avec le profit qu'il en tire, pourvoit aux charges
du mariage, suivant les proportions convenues (art. 1537).
La femme, sous ce régime, est toujours soumise à la nécessité de l'autorisation maritale, si elle a des actions à
intenter (art. 217), mais seule elle peut aliéner son droit,
l'autorisation du mari n'étant nécessaire que pour l'aliénation des immeubles (art. 217).

4°) *Sous le régime dotal,* quand la femme possède
déjà ce droit au moment du mariage, il fait partie de sa dot
mobilière. Le mari en a donc l'administration (art. 1549).
Peut-il l'aliéner? Cela revient à se demander si sous ce régime la dot mobilière est aliénable, nous renvoyons à la
controverse classique sur ce point.

Si le droit d'auteur est au contraire un bien paraplier-
nal, on n'a qu'à appliquer les règles de la séparation de
biens, la femme a l'administration, la jouissance et la disposition de son droit d'auteur.

D) Application des règles de la société

60. — La question délicate qui se pose presque toujours
en fait, est celle de savoir, si d'après l'acte social, le titulaire du dessin a entendu faire à la société une *transmission complète de ses droits*, ou si, au contraire, il n'a
voulu consentir qu'un *apport en jouissance*.

(1) V. supra n° 58.

Cette question préliminaire résolue, les règles à appliquer sont les suivantes :

En cas de cession complète, la société est devenue propriétaire du dessin ou modèle ; c'est un des éléments de son actif, qui, lors de la dissolution, devra être partagé comme le reste de l'actif entre les divers associés.

Si c'est un apport en jouissance, le droit de la société se réduit à celui d'un usufruitier, et à la dissolution de la société, le titulaire doit rentrer en possession de la totalité de son droit d'auteur.

E) Application des règles de la faillite

61. — Les dessins et modèles de fabrique du failli font partie de la masse active mobilière dont il est dessaisi. La gestion de ces biens est désormais confiée aux syndics, qui peuvent continuer l'exploitation, ou s'ils les jugent sujets à dépérissement, en opérer la cession (Art. 486, C. com.).

M. Fauchille (1) fait en ce qui concerne les nullités édictées par les art. 446-447, une série d'applications qui nous paraissent fort justes. Seront nuls s'ils sont faits depuis la cessation de payement et dans les dix jours qui l'ont précédée : 1° les aliénations à titre gratuit de dessins et de modèles industriels ; 2° les constitutions de gages faites sur les dessins et modèles pour dettes antérieurement contractées (2) ; 3° le vendeur du dessin en présence de la faillite de son cessionnaire, se trouvera pour

---

(1) Fauchille, p. 158.
(2) Paris, 15 janv. 1876. Ann. 76. 27.

l'exercice du privilège et de la revendication, soumis aux
règles des art. 577-578 C. com.; 4° enfin, la femme du
failli, en ce qui concerne la reprise de ses dessins et modèles propres, devra se soumettre aux règles rigoureuses
des art. 563 et 564 du Code de commerce.

F) Application des règles du nantissement.

62. — Tous les biens mobiliers ou incorporels peuvent
être donnés en gages. Chacun doit pouvoir se procurer
du crédit à l'aide de ses biens, mais la difficulté est de
savoir comment sera constitué ce gage.

M. Philipon (1), respectant l'art. 2076 qui exige la dépos-
session de celui qui constitue le gage, prétend que cette
constitution résultera tout naturellement de la remise au
créancier des *cartes, moules* ou *planches* du dessin donné
en gage. — Nous ne croyons pas que cela suffise; le
créancier ainsi nanti a en sa possession des objets qui
pour lui sont sans valeur, car il n'a pas acquis le droit de
s'en servir, c'est-à-dire le droit de reproduction. De quelle
utilité en effet peuvent être pour lui ces objets, s'il est
obligé de réaliser son gage ? Nous nous occupons ici du
nantissement portant *sur le droit de reproduction;* nous
croyons donc qu'il faut de toute nécessité, assimilant la
constitution de gage de ce droit à celle d'un droit incorporel, que remise soit faite au créancier du certificat de
dépôt, et que mention soit inscrite en marge du registre
du Conseil des Prud'hommes, que le dépôt qui, aux yeux

(1) Philipon, n° 97.

des tiers, est l'affirmation du droit de reproduction, a désormais changé de titulaire (1).

G) Application des règles de la saisie.

63. — Le droit de l'auteur sur ses dessins et modèles de fabrique faisant partie de son patrimoine mobilier, doit pouvoir être saisi. Nous avons à ce titre reconnu le droit des créanciers. *Dans quelle forme opéreront-ils la saisie ?*

Il ne peut être question ici de la saisie-arrêt, comme on l'a proposé pour les brevets. En effet, pour les brevets la chose peut encore se concevoir, car le titre qui constate les droits du breveté reste aux archives du Ministère du Commerce ; mais pour les dessins, le certificat du dépôt mentionne simplement le nom du déposant, la date et la dénomination de l'objet déposé ; aussi cet objet n'est-il que très imparfaitement connu, puisque le dépôt est secret.

La saisie exécution que proposent M, Philipon (2) et M. Fauchille (3) ne nous paraît pas mieux admissible ; elle ne peut s'appliquer qu'à des objets corporels ; or comment saisir-exécuter un droit essentiellement incorporel ? On peut bien saisir et faire vendre les cartons, esquisses, moules et matrices, mais la saisie et la vente de ces objets n'emportent pas pour l'acquéreur *le droit de reproduction*.

---

(1) V. pourtant un jugement (Tr. civ. Seine, 2 mai 1848. Blanc, p. 239) qui décide qu'en matière de propriété artistique, la remise au créancier des planches gravées ou des pierres lithographiques suffit pour constituer le gage.

(2) Philipon, nº 95.

(3) Fauchille, p. 158 et 159.

Pour que ce droit puisse être acquis, il nous paraît indispensable de suivre la procédure admise ordinairement pour les ventes de créances ou de fonds de commerce, c'est-à-dire d'introduire une procédure devant le tribunal, et d'y faire ordonner la vente qui sera renvoyée par devant notaire ou tout autre officier public (1).

(1) Vaunois, n°s 225 et 226.

CHAPITRE VI

DES NULLITÉS ET DÉCHÉANCES

La *nullité,* dit M. Pouillet (1) est le fait même de l'inexistence du droit, la preuve qu'il n'a jamais eu de fondement légal. La *déchéance,* au contraire, est un vice qui frappe le droit en pleine existence, et lui enlève à partir de ce moment toute vitalité et tout effet ; le droit a existé jusque-là, la déchéance n'agit que pour l'avenir.

M. Fauchille (2) sous une autre forme enseigne les mêmes principes : La nullité et la déchéance diffèrent dans *leurs causes premières.* La source de la nullité est dans un fait contemporain de la création du dessin, c'est-à-dire de la naissance du droit. La déchéance, au contraire, suppose un droit né valablement, mais affecté au cours de son existence d'un vice qui le fait disparaître. Cette différence d'origine nous donne la raison de la différence entre les effets produits. Une fois la nullité constatée, elle rétroagit ; le droit est censé n'avoir jamais existé. La déchéance au contraire ne frappe l'existence du droit que pour l'avenir.

(1) Pouillet, n° 113.
(2) Fauchille, p. 170.

Il y a grand intérêt à mettre un peu d'ordre en cette
matière, que n'a pas prévue explicitement la loi de 1806.
Etudions successivement, dans deux sections distinctes,
chacune de ces causes d'extinction du droit d'auteur ; nous
verrons ensuite la procédure à suivre pour les faire prononcer par les tribunaux.

SECTION I. — DES NULLITÉS.

64. — La loi de 1806 n'édicte expressément aucun cas
de nullité. On admet pourtant qu'il en existe, et cela par
application des principes généraux du droit ; car s'il est
vrai de dire que les nullités ne peuvent être suppléées à
la loi par le commentateur, il est juste de reconnaître
qu'aux yeux de la loi elle-même les nullités textuelles ne
sont pas les seules admises.

On distingue en effet deux sortes de nullités :

1° Les nullités *textuelles* ; celles qui sont explicitement
prévues par le législateur. Il ne saurait être question de
ces nullités en notre matière, la loi de 1806 n'en ayant
prononcé aucune expressément ;

2° Les nullités *virtuelles,* celles qui découlent de l'esprit
même de la loi. Par exemple, le législateur ayant voulu
subordonner à certaines conditions de fond ou de forme,
la reconnaissance du droit qu'il entend protéger, il est
évident que si ces conditions viennent à faire défaut, le
droit ne peut plus exister.

C'est la conséquence directe de ces principes qui, en
matière de dessins et de modèles de fabrique, a fait
admettre deux catégories de nullités virtuelles :

Celles qui tiennent à l'absence de l'une des conditions de fond, requises par la loi ;

Celles qui découlent de l'inobservation de l'une des conditions de formes, imposées par le législateur.

§ 1. — Nullités qui tiennent à l'absence d'une des conditions de fond requises par la loi.

1° De la nullité du dépôt portant sur un objet qui n'est pas un dessin ou un modèle de fabrique.

65. — Il est nécessaire de rappeler que la nullité d'un droit ne se confond pas avec la non existence de ce droit.

Nous avons vu au chapitre II quels étaient les caractères constitutifs du dessin. Si ces caractères viennent à manquer, il est inexact de dire qu'il y ait nullité du droit de l'auteur, il y a non-existence de ce droit, puisqu'il n'y a pas dessin. — Si, par exemple, on dépose un objet, qui ne présente pas « cette combinaison de lignes ou de cou-« leurs offrant un aspect distinct et reconnaissable » mais qui soit une *invention brevetable* ou un *dessin artistique,* il est bien vrai de dire que le dépôt est nul, mais il est plus vrai encore d'ajouter que ce dépôt tombe de lui-même, comme portant sur le néant. En effet le droit privatif de l'auteur n'a jamais existé, ou plus exactement ce qui existe au profit de l'auteur c'est, soit le droit de l'inventeur tel que le consacre la loi de 1844, soit celui de l'artiste tel que le reconnaît la loi de 1793 (1).

2° Nullité du dépôt résultant du défaut de nouveauté du dessin.

66. — Voilà bien le type de la nullité virtuelle. La loi

_____

(1) V. Fauchille, p. 175.

accorde à tout inventeur d'un dessin un droit privatif pour
le récompenser du service qu'il a rendu à l'industrie, en
l'enrichissant d'un dessin nouveau ; si cette nouveauté
n'existe pas, la raison même de la protection, accordée par
le législateur à l'inventeur, disparaît : le dessin (qui,
cependant, nous le supposons, présentait en lui-même
tous les éléments constitutifs pour qu'il y ait dessin) n'est
plus protégeable ; le dépôt est nul, sans effet ; et la conséquence de cette nullité, c'est que le dessin est dans le
domaine public et que le déposant n'a aucun droit privatif
sur son œuvre.

Pour l'examen de ce caractère de nouveauté nous renvoyons purement et simplement à ce que nous avons dit
au chapitre III, rappelant seulement qu'il n'est pas nécessaire qu'il y ait nouveauté absolue, mais que, l'application nouvelle est par elle-même suffisante.

*3° La divulgation du dessin antérieure au dépôt, fait-elle tomber le dessin
dans le domaine public?*

67. — A cette nécessité de la nouveauté du dessin, pour
que le dépôt soit valable, se rattache la question de savoir
si un dessin nouveau en lui-même, mais divulgué avant
le dépôt, doit entraîner la nullité du dépôt et faire tomber
par là même le dessin dans le domaine public ?

C'est là un point qui eût demandé une réglementation
spéciale du législateur ; la loi de 1806 pourtant est
muette, aussi la jurisprudence manque-t-elle de fixité
dans les solutions qu'elle a proposées. Les décisions les
plus récentes paraissent s'affirmer de plus en plus en ce
sens que toute divulgation du dessin antérieure au dépôt,

en entraîne la nullité, et empêche le droit privatif de l'auteur d'être consacré par la loi (1).

Les décisions rendues de 1820 à 1850, étaient, au contraire, en faveur de la validité du dépôt (2).

Enfin, la Cour de Caen a cru bon de créer le système intermédiaire et de décider que l'inventeur reste propriétaire de son dessin, malgré la mise en vente préalable au dépôt, si, au moment où il dépose, les tiers ne se sont pas encore emparés de son dessin; le domaine public n'ayant fait avant le dépôt aucune prise de possession, le droit de l'auteur né valablement, subsiste avec toute son efficacité (3).

Nous croyons, quant à nous, que la première jurisprudence, celle qui s'est peu à peu établie de 1820 à 1850 et qui décidait que la divulgation du dessin antérieurement au dépôt, n'avait aucun effet sur la validité du dépôt, était de beaucoup la meilleure et la plus juridique. Tous les arguments en faveur de cette thèse se ramènent à un seul, qui nous paraît *essentiel* et *décisif*. Le dépôt ne fait pas naître le droit; il n'est que l'affirmation extérieure d'un droit préexistant, remontant au jour même de l'invention. C'est donc au jour de la naissance du droit qu'il faut se placer pour savoir si le dessin est nouveau; si le droit est alors né valablement, toute divulgation entre ce moment et celui de la date du dépôt doit être sans influence

(1) Tr. Rochefort. 12 juin 1890. Ann. 91. 328, et jurisprudence rapportée.

(2) V. cette jurisprudence rapportée dans les *Pand. Fr.* Pr. litt. et art,, nº 2465.

(3) Caen, 30 août 1859. Ann. 1862. 256. — Caen, 28 nov. 1873. Ann. 1883. 231.

sur la validité de cette formalité, qui n'a fait qu'affirmer un droit antérieur.

La question réduite à ces termes est pourtant trop simple, et la pratique lui a donné trop d'importance pour que nous n'examinions pas en détail les différents arguments qui ont été fournis de part et d'autre. Ce qui a donné à cette question un si grand intérêt, c'est le fait fréquent de la part de certains industriels, de commencer à exploiter leurs dessins, et de ne les déposer que plus tard, lorsque voyant que leur création trouve faveur dans le public, ils entendent se réserver le droit privatif qu'ils ont acquis sur leur œuvre par suite de leur invention.

La question s'est donc posée dans la pratique de la façon suivante : *la mise en vente du dessin antérieurement au dépôt, entraîne-t-elle la nullité du dépôt ?*

Toute la jurisprudence de 1820 à 1850, avons-nous dit, s'est prononcée presque unanimement en faveur de la validité du dépôt. Cette théorie se trouve résumée dans le considérant d'un arrêt de la Cour de Cassation du 17 mai 1843 (J. Pal. 43. 2. 497) lequel est ainsi conçu : « Considérant « que la propriété de l'inventeur existe avant le dépôt et « que la formalité du dépôt n'est prescrite que préalable-« ment à l'action, qui a pour objet la revendication du « dessin..... »

En 1850, un revirement s'est produit dans la jurisprudence même de la Conr de Cassation et par un arrêt du 1er juillet 1850 (D. P. 50. 1. 203) elle a prononcé la nullité du dépôt, en cas de mise en vente préalable du dessin. Voici les considérants de cet arrêt qui résument assez bien la thèse que nous combattons (1) :

(1) Voir dans le même sens que l'arrêt de 1850, les auteurs suivants :

« Attendu que toute création nouvelle, volontairement livrée à la publicité par son inventeur, sans que celui-ci ait préalablement rempli les conditions exigées par la loi pour en conserver la propriété exclusive, tombe dans le domaine public, ce qui en permet à chacun l'imitation ; que, pour que l'exercice de cette faculté de reproduction soit interdit, il faut qu'une disposition expresse de la loi enlevant à la publicité cet effet nécessaire, ait stipulé pour l'auteur la réserve du droit de copie. — Attendu que soit qu'on les considère en eux-mêmes, soit qu'on les considère dans la législation spéciale qui les régit, les dessins de fabrique ne peuvent être assimilés aux créations, pour lesquelles la loi de 1793 a réglé le privilège qui en défend la reproduction, sans rien demander à l'expression de la volonté des inventeurs. — Que la loi du 18 mars 1806, d'un côté, abandonne à la volonté des inventeurs des dessins de fabrique. comme la loi du 5 juillet 1844 aux inventeurs industriels, le soin de déterminer la durée du privilège de reproduction, et, d'un autre côté, par une disposition qui n'est pas moins contraire à la législation relative aux produits de la littérature et des arts, laisse la volonté des auteurs maîtresse de rendre ce privilège perpétuel. — Qu'aux termes des articles 15 et 18 de cette loi, qui seule régit la propriété des dessins de fabrique, tout fabricant qui veut pouvoir *revendiquer* par *la suite*, la propriété d'un dessin de son invention doit faire aux archives du conseil des prud'hommes le dépôt d'un échantillon, en déclarant le temps pendant lequel il entend *s'en réserver* la propriété exclusive. — Qu'il résulte de ces dispositions que s'il est vrai que ce

Blanc, p. 336 et 366. Gastambide, n° 341 et suivants. Philipon, n° 117. Fauchille, p. 78 et 177.

soit l'invention du dessin qui en confère la propriété à son auteur, c'est *le dépôt de l'échantillon qui la conserve*, en réservant pendant le temps que sa déclaration détermine le droit exclusif pour lui de reproduire. — Que l'arrêt du Conseil du 14 juillet 1787 contenait également dans son art. 6 la disposition suivante : Faute par le fabricant d'avoir rempli les formalités prescrites par l'article précédent *avant la mise en vente des étoffes* fabriquées suivant de nouveaux dessins, il demeurera déchu de toutes réclamations. »

Cette décision de la Cour suprême a entraîné alors toute la jurisprudence postérieure qui semble de plus en plus s'affirmer en faveur de la nullité de dépôt; alors cependant que la Cour de Cassation elle-même, en *1865*, changeant encore une fois son fusil d'épaule a abandonné complètement sa propre jurisprudence de 1850, et a jugé que le dépôt ne crée pas le droit de propriété, que celui-ci ne saurait résulter que du fait même de la création du modèle, et que, si le dépôt donne seulement ouverture au droit de poursuite, aucun délai n'est établi soit pour le dépôt, soit pour l'assignation en justice (1).

Il est vrai d'ajouter que la même Chambre criminelle qui avait rédigé cet arrêt de 1865, a rendu également celui du 26 janvier 1884, qui contient un système diamétralement opposé. Elle déclare notamment :

« Que les diverses formalités n'ont pas uniquement pour objet de donner au fabricant qui les a remplies, le droit de poursuivre en justice le contrefacteur ; que c'est le dépôt de l'échantillon qui consacre la propriété, et qu'à défaut d'avoir effectué ce dépôt avant l'exploitation com-

(1) Cass. 30 juin 1865. Ann. 1865. 332.

merciale du dessin, commencée volontairement au grand
jour et sans réserve, la présomption est que l'inventeur
a entendu livrer sa création au domaine public » (1).

Il ne faut donc pas désespérer de voir la Cour suprême
changer encore une fois d'avis et revenir à sa toute première jurisprudence, celle qui, suivant nous, est la plus
juridique (2).

M. Pouillet (n° 92) nous paraît, sur toute cette discussion, avoir fort heureusement réfuté la thèse que nous
combattons, et avoir, en revanche, démontré d'une façon
qui nous paraît décisive, la validité du dépôt fait postérieurement à l'exploitation industrielle du dessin.

Voici son raisonnement :

Le droit privatif prend sa source dans l'invention
même ; la formalité du dépôt donne seulement ouverture
au droit de poursuite ; on ne voit pas là que la loi ait
entendu imposer au propriétaire un délai soit pour poursuivre, soit pour déposer.

Quant aux arguments tirés du texte même de la loi de
1806, ils ne sont pas plus concluants. L'art. 15 veut simplement dire que *par la suite,* c'est-à-dire à *partir de la
loi nouvelle,* la poursuite ne sera recevable qu'à de certaines conditions, qui se résument dans le dépôt. L'art. 18,
en prescrivant au fabricant de déclarer s'il entend *se
réserver* la propriété pendant une, trois, cinq années ou
à perpétuité, n'a nullement voulu dire que le fabricant
n'aura de droit que s'il se l'est réservé par un dépôt ; cet
article a un sens bien plus naturel ; le droit existant par

(1) Cr. rej. 26 janv. 1884. D. P. 84. 1. 375.
(2) V. toute cette évolution de la jurisprudence de la Cour de Cassation
sur la question qui nous occupe, rapportée dans Vaunois, n° 152.

le fait seul de l'invention, la durée du droit seul varie, et dépend des réserves que l'auteur a faites à ce sujet lorsqu'il a déposé.

L'argument historique tiré du règlement de 1787, n'a rien non plus de décisif. Il est bien certain que le législateur l'avait sous les yeux lorsqu'il a rédigé la loi de 1806 ; il l'a copié textuellement dans certains passages. Son silence sur ce point n'est-il pas une preuve qu'il a entendu innover et se séparer de la législation ancienne.

En même temps que ce règlement de 1787, le législateur avait également présente à l'esprit, la loi de 1793, aux termes de laquelle le dépôt est nécessaire seulement pour poursuivre, sans que ce retard puisse entraîner la déchéance du droit. N'est-il pas naturel alors de penser que le législateur ait voulu, sur cette question, assimiler la loi de 1806 à la loi de 1793, ces deux lois du reste étant toutes deux issues de la même idée.

On prétend, en second lieu, que dans notre système, le dépôt n'a aucune utilité. Il doit, dit-on, fixer les droits du déposant ; comment pourra-t-il alors servir de preuve pour établir la création de l'inventeur, s'il est fait à un moment où d'autres industriels l'auront déjà copié ou exploité ? — Nous répondons à cela qu'évidemment le retard du dépôt pourra parfois créer une difficulté dans la preuve que l'auteur aura à faire, et de son invention, et de son droit privatif qui en découle ; mais cette difficulté de preuve n'est pas une raison pour annuler le droit lui-même. On peut en effet établir que l'on est l'inventeur d'un dessin par tous les modes de preuves admis devant nos tribunaux ; et si c'est là un des effets du dépôt de faciliter cette preuve, il ne faut pas en conclure que la loi ait prescrit cette formalité uniquement dans l'intérêt du déposant. Le législateur de 1806, tout comme celui de 1793, a voulu que les dessins déposés fussent conservés, pour être, à l'expiration des droits du déposant, réunis en collections et former une sorte de musée industriel capable d'éclairer le goût du public. Afin d'assurer le respect de cette formalité, créée dans un intérêt général, le législateur en a fait dépendre la recevabilité de l'action en justice. C'est là le sens naturel de l'art. 15 : « Tout fabricant qui voudra pouvoir *revendiquer* la propriété de son dessin, sera tenu de déposer..... ; » cette « *revendication* » n'est autre que la poursuite en justice. C'était du reste l'opinion du ministre du commerce dans son exposé des motifs du projet de loi de 1845 ; il s'y exprimait en ces termes : « On tient aujourd'hui, d'après les termes de la loi de 1806, combinés avec l'article 18 de la loi du 22 germinal an XI, que le dépôt n'est pas nécessaire pour constituer le droit des dessinateurs ou des fabricants, et qu'il n'est qu'une formalité préalable à l'exercice de l'action en revendication du dessin, formalité que les ayants droit peuvent utilement remplir, même après avoir mis leurs produits dans le commerce. »

Enfin, on comprendrait peut-être que le dépôt, s'il était public, dût être fait avant toute autre exploitation, car, établi alors dans l'intérêt des tiers pour les prévenir du droit privatif attaché au nouveau dessin, il devrait alors nécessairement être effectué au moment même de la naissance du droit, et avant la mise en vente du dessin. Mais dans l'état actuel de notre législation, le dépôt est secret, et n'a nullement pour but de prévenir les concurrents. Qu'il y ait ou non un dépôt, quand un dessin nouveau paraît sur le marché, les industriels ne savent jamais, si ce dessin fait l'objet d'un droit privatif, ou si, au contraire, il est dans le domaine public.

Concluons donc, qu'en matière de dessins industriels, comme en matière de marques et de dessins artistiques, le dépôt est *déclaratif* et non *attributif*. Sur ce point, il y a parité entre les lois de 1793, de 1806 et de 1857. La publicité du dessin, antérieurement au dépôt, ne peut donc annuler le droit privatif de l'auteur (1).

Même dans la théorie que nous venons de combattre et qui admet la nullité du dépôt pour divulgation préalable du dessin, on admet généralement qu'il faut, pour pouvoir la prononcer, une véritable exploitation avec mise en vente du dessin. Des faits simplement analogues, comme des préparatifs en vue de l'exploitation, l'exécution d'échantillons remis à un commissionnaire pour trouver des commandes, n'entraîneraient pas la nullité (2).

La nullité du dépôt est fondée sur cette idée, qu'on ne peut pas dépouiller le domaine public, lorsqu'il est nanti d'une invention que l'auteur y a introduite sans faire aucune réserve. On en conclut que le droit du domaine public ne pourrait résulter *de l'abus de confiance* ou de *tout autre acte illicite de la part d'un tiers*, qui s'étant emparé d'un nouveau dessin à l'insu de son auteur, le lancerait dans le domaine public avant que le dépôt ait été effectué. L'auteur doit pouvoir faire un dépôt valable, toutes les fois que la divulgation ne provient pas de son chef (3).

Quelle que soit la solution adoptée sur la question que nous venons de discuter, il nous semble que s'il s'agit

(1) V. chap. IV, § 4, sur les effets du dépôt et sa nature.
(2) Lyon, 19 juin 1851. DP. 52. 2. 273. Cass. 15 nov 1853. DP 54. 1. 316.
(3) Paris, 31 oct. 1889. Ann. 1890. 161.

d'un dessin artistique appliqué à un objet industriel,
le dépôt sera toujours valablement effectué, malgré la
divulgation antérieure du dessin artistique, et bien que
celui-ci soit déjà connu. Ce qui est nouveau, en effet, et
ce qui a été déposé, c'est le dessin, *en tant que dessin
industriel,* et non pas le dessin artistique, considéré en
lui-même et protégé comme tel par la loi de 1793. Il faut
alors en conclure que le dépôt est bien opérant, comme
portant sur une œuvre véritablement nouvelle.

Le défaut de fabrication est-il un cas de nullité du dépôt ?

68. — Nous n'hésitons pas à penser que celui qui dépose un dessin, alors qu'il ne l'exploite ni en France, ni à
l'étranger, a pu faire un dépôt valable.

La loi, en effet, en parlant de la fabrique, a prévu le
cas le plus général, celui où le déposant est en même
temps un négociant ; mais il serait bien inadmissible
qu'elle ait négligé de protéger le dessinateur de profession,
celui dont le métier consiste précisément à créer des dessins, et à les vendre ensuite aux industriels dont il enrichit
les collections.

Le dessinateur était dans la soierie lyonnaise une individualité trop connue et trop digne de protection pour
soutenir que la loi de 1806 n'ait pas été faite pour lui. Il
serait bien invraisemblable que cette loi qui avait pour
but essentiel de protéger l'industrie lyonnaise, ait refusé
de protéger tous ceux qui coopèrent à son développement.

Quid, en cas de fabrication exclusive à l'étranger ?

69. — Il ne s'agit nullement ici de savoir si le fabricant

qui, après avoir fait un dépôt valable, va fabriquer hors
de France, se verra déchu de son droit, ou s'il conserve
le bénéfice de son dépôt, quand bien même il introduira,
par la suite, des dessins venant de l'étranger. Nous
étudierons ces questions au paragraphe suivant.

Il s'agit pour l'instant d'une question plus radicale, c'est-
à-dire d'un cas de nullité. Le dépôt peut-il être fait *valablement* par quelqu'un qui ne fabrique pas en France, mais
tire ses dessins d'usines situées à l'étranger ? Cela revient
à se demander si, dans l'esprit de la loi, il y a comme
condition de la protection donnée par le législateur,
celle que *le déposant devra, s'il fabrique, fabriquer en
France.*

Précisons, avant toute discussion, les cas où la question
peut se poser. Ce peut être d'abord le fait d'un négociant
français, dont les établissements industriels sont à
l'étranger, et qui n'a en France, qu'une maison de vente,
par exemple.

Il peut s'agir également d'un *étranger*, qui appartient
à un état se trouvant vis-à-vis de nous, sur le pied
de la réciprocité légale ou diplomatique et qui, fabriquant dans son propre pays, demande à être protégé en
France.

Nous laissons pour l'instant, ce second cas de côté; il
trouvera sa place dans notre deuxième partie, quand
nous étudierons la protection des dessins et modèles de
fabrique en droit international. Nous n'allons nous
occuper que du fait *d'un négociant français* qui, pour
une raison ou une autre, fait *fabriquer d'une façon exclusive ses dessins à l'étranger.*

Nous croyons que le négociant français qui exploite son
dessin, mais qui l'exploite exclusivement à l'étranger, ne

peut faire en France un dépôt valable. La protection de la loi de 1806 a été donnée à l'industrie lyonnaise, c'est-à-dire à une industrie nationale ; comme on le dit quelquefois, ce que la loi a valu protéger, c'est avant tout la *nationalité du produit*, autrement dit, le produit français.

La jurisprudence a eu deux fois à juger cette question, et deux fois, elle s'est prononcée pour la nullité du dépôt (1).

La Cour de Paris, en 1853, nous parait avoir résumé l'argument dans une formule assez heureuse :

« Que si la loi du 18 mars 1806, qui trace les mesures conservatoires de la propriété des dessins, n'exprime pas formellement de déchéance à l'égard du déposant qui introduirait des produits fabriqués à l'étranger, la condition absolue de *la nationalité des produits*, ne ressort pas moins des termes comme de l'esprit de la loi de 1806, eu égard à son époque et à son objet ; qu'en effet, destinée d'abord à la ville de Lyon seulement, et constitutive d'un conseil de prud'hommes, préposé à la conservation des dessins de la fabrique lyonnaise, puis étendue successivement à toutes les localités où s'instituaient également des conseils de prud'hommes, avec des attributions identiques, elle n'a évidemment jamais pu avoir pour objet que la protection des produits manufacturés dans les ressorts desdits conseils, c'est-à-dire des produits purement nationaux. »

On fait à cette théorie deux objections qui, pour notre part, sont loin d'être décisives :

(1) Paris, 6 avril 1853. DP. 54. 2. 35. — Paris, 13 février 1880. Ann. 80. 276 et DP. 80. 2. 129.

a) Comment, dit-on, expliquer que la loi de 1806 ait entendu protéger le simple dessinateur, c'est-à-dire celui qui ne fabrique pas du tout, et qu'elle ne protège pas celui qui fabrique. mais fabrique à l'étranger ?

Il y a entre ces deux situations une différence essentielle. Les dessins ont avant tout des succès de mode; on ne peut pas forcer le propriétaire d'un dessin à exploiter à un moment où il est certain de ne pas trouver d'amateurs. L'exploitation est donc libre. Mais, si cet industriel exploite, précisément parce qu'il juge le moment opportun pour le faire, c'est alors seulement que la loi peut très légitimement intervenir, et prescrire l'exploitation sur le territoire français.

b) Il est un autre argument qui consiste à ruiner par l'absurde la thèse que nous défendons. S'il faut, dit-on encore, pour faire un dépôt valable, fabriquer en France, l'industriel n'aura qu'à fabriquer un mètre d'étoffe chez nous, puis ensuite, une fois le droit né valablement, il pourra en toute liberté continuer sa fabrication à l'étranger.

Il ne faudrait pourtant pas prêter au législateur de telles naïvetés. Si la loi de 1806 a voulu *protéger la nationalité du produit*, c'est qu'elle a voulu qu'on fabrique en France, qu'on y ait, en un mot, une exploitation industrielle. A quel moment commence l'exploitation industrielle? nous ne saurions le dire dans une formule. C'est une question d'appréciation réservée aux tribunaux. La loi de 1806 ne permet pas l'introduction des dessins étrangers ; on pourra donc faire des introductions, mais à condition d'avoir toujours, en France, une exploitation industrielle; c'est là ce qu'a voulu le législateur, c'est à cette condition qu'il consent à protéger l'auteur.

§ 2. — Nullités tenant à l'inobservation d'une des conditions de formes.

70. — Il est certain que le législateur, en subordonnant l'exercice du droit d'auteur à l'accomplissement de certaines formalités, a rendu leur réalisation nécessaire pour la validité du dépôt. Le défaut de l'une de ces formalités entraîne l'invalidation du droit privatif de l'auteur. C'est bien le moins que celui qui réclame le bénéfice de la loi de 1806 se soumette aux règles posées par elle.

Il y a sur ce point quelque analogie avec ce qui existe en droit civil à l'occasion des contrats solennels. La loi a soumis la validité de ces contrats à des conditions de formes qui sont imposées aux parties d'une façon absolue. Est-ce que, par exemple, une donation, un contrat de mariage ou une constitution d'hypothèques seraient valables, s'ils étaient faits par actes sous seings privés ?

Toutefois, dans cette matière, il faut agir prudemment et ne pas se hâter de prononcer des nullités, sous prétexte de vouloir faire respecter la loi. Nous distinguerons, à ce point de vue, les formalités *substantielles* du dépôt, et celles qui ne sont *qu'accessoires* ; et encore, même parmi les premières, il est nécessaire de ne s'attacher qu'à celles qui regardent d'une façon toute spéciale le déposant et dont l'inexécution peut seule entraîner sa responsabilité.

Les formalités *substantielles* du dépôt se trouvent comprises dans l'art. 15 de la loi de 1806 et sont imposées d'une façon explicite par le législateur, comme conditions du droit de revendication. Elles se ramènent à trois principales : Dépôt *d'un échantillon conforme,* — fait sous *enveloppe* (car le dépôt doit être secret), — et enfin *apposition du cachet et de la signature du déposant sur l'enveloppe.*

Telles sont pour nous les seules conditions substantielles du dépôt, qui, incombant à la charge du déposant, peuvent, si elles font défaut, rendre le dépôt inopérant. L'art. 15 mentionne bien une autre formalité, mais qui ne regarde nullement le déposant ; *c'est l'apposition du cachet du Conseil des Prud'hommes sur l'enveloppe;* il serait donc injuste de lui faire supporter les conséquences de cette omission.

M. Pouillet (n° 60) trouve qu'en ce qui regarde les trois formalités substantielles que nous avons énumérées plus haut, et qui incombent au déposant d'une façon directe, il est dur de frapper le dépôt de nullité, au cas où ces formalités font défaut, la loi, du reste, ne prononçant aucune sanction. M. Pouillet pense donc que le juge aurait sur ce point un certain pouvoir d'appréciation, et qu'il ne devrait prononcer la nullité que dans certaines circonstances, à son choix, comme lorsqu'il se trouverait, par exemple, dans l'impossibilité de savoir, si par suite du défaut de ces formalités, le dépôt se rapporte bien à l'objet revendiqué et remonte bien à la date invoquée.

Dans la loi nous ne voyons nullement cette distinction; et nous pensons, avec la jurisprudence Belge, que les principes généraux du droit nous permettent de tenir pour juridique et vraie la solution que nous avons proposée (1).

_____

(1) Bruxelles, 17 janv. 1852. Belg. jud. 1852, p. 193. — Louvain, 19 juin 1857. Belg. jud. 1859, p. 616.

71. — Il nous reste maintenant à passer rapidement en revue certaines irrégularités qui touchent simplement aux formalités accessoires du dépôt, et dont l'inaccomplissement ne peut avoir aucun effet sur la validité de celui-ci.

Ce sont les suivantes :

1º *Le défaut de délivrance du certificat au déposant.* — Nous avons vu que d'après l'article 16, le secrétaire du Conseil des Prud'hommes doit délivrer au déposant un certificat constatant le numéro d'ordre et la date du dépôt. L'oubli de ce certificat ne peut entraîner aucune nullité ; c'est là simplement un titre donné au déposant, une preuve qu'il a bien effectué son dépôt. Jamais le défaut de preuve d'un droit ne saurait entraîner l'annulation de ce droit ; or nous avons reconnu au chapitre IV que le déposant peut, par tous autres moyens, prouver la réalité de son dépôt.

2º *L'absence de déclaration relative à la durée du droit.* — Aux termes de l'article 18, le fabricant en faisant son dépôt doit déclarer la durée pendant laquelle il entend se réserver le droit exclusif d'exploitation. L'absence de cette déclaration entraîne-t-elle la nullité du dépôt? nous ne le pensons pas. Sans vouloir revenir sur l'interprétation qu'il faut donner à cet article, nous ferons simplement remarquer que cette déclaration ne rentre pas à proprement parler dans les formalités du dépôt. Le dépôt, proprement dit, c'est la remise de l'enveloppe scellée et cachetée au Conseil des Prud'hommes, en vue de faire constater le droit de l'auteur sur son dessin. Tout le reste n'est que formalités complémentaires et accessoires, comme la délivrance du certificat qui doit servir de preuve du dépôt, et la mention de la durée du droit du déposant. Ajoutons au surplus que cette déclaration peut fort bien avoir été faite par le déposant, et la mention en avoir été ensuite omise par le secrétaire du Conseil des Prud'hommes. Il serait alors bien rigoureux et injuste, dans le silence de la loi, de rendre le déposant responsable d'une formalité qu'il n'avait pas à remplir lui-même, quand surtout il a fait ce qu'il avait à faire.

3° *Le défaut de paiement de la taxe.* — Le défaut de paiement de la taxe ne peut entraîner de nullité. Ce n'est pas là une formalité constitutive du dépôt, et concourant au but que celui-ci doit produire. De plus, en fixant cette taxe, la loi n'indique qu'un *maximum*, laissant les Conseils de Prud'hommes libres de l'abaisser. C'est ce que plusieurs ont fait, en n'en réclamant aucune. Comment alors tenir rigueur au déposant de n'avoir payé aucune taxe, puisqu'il peut arriver qu'on ne lui en réclame pas? En tout cas, s'il y avait là une nullité, le Trésor seul et non les tiers aurait qualité pour la faire prononcer (1).

72. — Du dépôt fait dans un lieu autre que celui prescrit par la loi. — Il y a deux manières de faire un dépôt auprès d'une juridiction incompétente.

1° On peut d'abord l'effectuer au Conseil des Prud'hommes d'un autre canton que celui où se trouve la fabrique. C'est là une incompétence *ratione loci*;

2° On peut également avoir fait un dépôt soit au Tribunal de Commerce, alors qu'il existait un Conseil des Prud'hommes, soit aux archives d'une Chambre Syndicale profes-

(1) Lyon, 14 mai 1870. Ann. 1874. 237. — Trib. Calais, 1er mai 1860. *Journ. pr. ind.*, n° 125. — Gand, 4 mai 1857. Pasic. Belge. 1857. 2. 356.

sionnelle, soit enfin au secrétariat d'une mairie ou d'une société savante. Dans tous ces cas, il y a incompétence *ratione rei.*

M. Philipon (1) distingue ces deux cas et déclare que pour lui la nullité n'existe qu'en cas d'incompétence *ratione rei,* c'est-à-dire lorsque le dépôt a été effectué à une juridiction tout à fait incompétente. Si, au contraire, le déposant s'est trompé sur le ressort d'un Conseil de Prud'hommes, et n'a pas choisi le Conseil compétent, prenant par exemple celui du lieu de sa maison de vente, et non celui du lieu de sa fabrique, le dépôt n'en sera pas moins valable.

Nous nous rangeons, quant à nous, à cette opinion. Il y aurait peut-être inconvénient à l'admettre, si le dépôt, n'étant pas secret, avait pour but d'avertir les tiers. L'intérêt des tiers exigerait alors qu'ils puissent être sûrement renseignés lorsqu'ils se sont adressés à la juridiction compétente, et il y aurait nécessité pour les fabricants à faire leur dépôt à cette juridiction. Toute incompétence *ratione rei* entraînerait donc la nullité du dépôt. Mais dans l'état actuel de notre législation, le but du dépôt est simplement de fixer l'objet du droit et le point de départ de ce droit ; or la loi a donné mission à certaines juridictions, qui lui ont paru offrir les garanties voulues pour consacrer, par un acte officiel, l'objet de ce droit et la date de sa naissance ; il n'appartient pas aux particuliers d'investir de cette mission d'autres juridictions, auxquelles le législateur n'a pas pensé, et qui, s'il y avait pensé, ne lui auraient peut-être pas semblé compétentes à cet effet.

(1) Philipon, n° 75.

D. 11

Quant à l'incompétence *ratione loci*, quelle difficulté d'admettre qu'elle est sans influence sur la validité du dépôt? l'intérêt des tiers n'est pas en jeu, celui du déposant est seul à considérer ; or il apparaît clairement que la réglementation successive qui est venue organiser les différentes juridictions compétentes pour recevoir le dépôt, a été faite en vue des fabricants et pour leur faciliter le plus possible cette formalité (1).

Nous déciderons donc avec la jurisprudence que le dépôt, effectué conformément à la loi de 1793, ne peut remplacer le dépôt fixé par la loi de 1806 (2) ; — que le dépôt fait conformément à la loi de 1881 ne peut avoir aucun effet, s'il s'agit d'une œuvre à faire protéger par la loi de 1806 (3).

En revanche, nous ne pourrons admettre, avec le tribunal correctionnel de Montmédy (Trib. correct. de Montmédy, 3 février 1891. Ann. 91. 354) que le dépôt soit nul s'il a été fait au greffe du tribunal d'un ressort autre que celui de la fabrique, même si ce tribunal est celui du ressort d'une succursale ou d'une maison de vente du fabricant.

73. — Nous avons ainsi terminé l'étude des nullités que comporte l'état actuel de notre législation. Pour les résumer, nous les ramènerons à quatre principales.

Il y a nullité :

1° Si le dépôt porte sur une invention qui n'est pas un

---

(1) V· dans le même sens Fauchille, p. 180.

(2) V. Tr. Seine, 14 août 1833. Blanc, p. 350. — Tr. Seine, 12 déc. 1890. *Le Droit*, 23 déc. 1890.

(3) V. Rouen, 18 janvier 1892. Rec. arrêt Caen et Rouen, 1892. 2. 106. ·

dessin ou modèle de fabrique, mais qui constitue plutôt une invention brevetable ou un dessin artistique.

Nous avons fait remarquer que la nullité du dépôt n'est pas nécessaire dans ce cas, pour faire tomber le droit du déposant. Ce droit n'a même pas pu naître, puisqu'il ne s'agit pas d'un dessin ou modèle de fabrique.

2° Si le dessin ou modèle de fabrique n'a pas le caractère de nouveauté.

3° Si le dépôt ne contient pas d'échantillons conformes, s'il n'est pas fait sous enveloppe, si l'enveloppe ne porte pas le cachet et la signature du déposant ; en un mot, si les *formalités substantielles*, qui regardent le déposant, ne sont pas remplies.

4° Si le dépôt est fait dans un autre lieu que celui prescrit par la loi, mais dans le cas seulement où il s'agira d'une incompétence absolue.

Nous reconnaissons en terminant, qu'il serait désirable que ces questions de nullités fussent tranchées par la loi d'une façon explicite. Espérons que prochainement cette lacune sera comblée. Au surplus nous reverrons dans notre quatrième partie quelles sont, au point de vue législatif, les nullités qui, suivant nous, devraient être prononcées.

SECTION II. — DES DÉCHÉANCES.

74. — La loi de 1806 n'en édicte aucune ; on a proposé d'appliquer à cette matière l'art. 32 de la loi du 5 juillet 1844 qui, pour les brevets, prononce une double déchéance *en cas de non-exploitation du brevet pendant*

deux ans, et en cas d'introduction en France d'objets fabriqués à l'étranger.

En principe, il est prudent de repousser ces assimilations d'une loi à une autre : car les motifs sont nombreux pour appliquer à un brevet des règles différentes de celles qui régissent le dessin de fabrique. De plus, les principes généraux du droit ne permettent pas de créer des déchéances par interprétation de la loi. La déchéance est un fait précis, prévu explicitement par le législateur, et qui frappe un droit valablement existant; il ne peut donc être question de se prévaloir de l'esprit de la loi pour créer des déchéances; enfin, même sur ce terrain, est-il bien rationnel de soutenir que la loi de 1806 ait entendu punir de déchéances les deux mêmes faits qu'a prévus plus tard la loi de 1844 sur les brevets? La question peut se poser en législation (nos différents projets de lois sur les dessins s'en sont occupés) ; en tout cas, elle ne se pose pas dans l'état actuel de notre droit sur la matière.

Examinons, avec quelques détails, chacune de ces deux hypothèses.

1°) *La non-exploitation n'est pas une déchéance.*

75. — En effet, la loi ne dit rien, et rien ne permet d'y suppléer; au reste, l'intérêt de la société n'est pas engagé à ce que tel ou tel dessin soit exploité. Pourquoi obliger le propriétaire d'un dessin démodé à faire les frais d'une exploitation, alors cependant que ce dessin peut revenir à la mode et que le négociant désire très légitimement, en vue de cette éventualité, conserver son droit d'auteur. La question n'est plus la même quand il s'agit d'un dessin créé

pour le goût du jour ou la vogue du moment, ou au-
contraire quand on se trouve en face d'une invention
vraiment utile, dont l'exploitation intéresse la société ;
l'intérêt général demande alors une exploitation constante et ininterrompue qui n'existe pas dans le premier
cas. La preuve, que les intérêts de la société sont différents dans ces deux hypothèses, c'est qu'en matière de
dessins, la loi accorde la perpétuité au droit de l'inventeur,
au lieu des quinze années qui sont le délai maximum
donné par la loi de 1844.

Nous avons vu de plus que le dessinateur de profession,
celui qui n'est pas fabricant, est pourtant protégé. Comment le déclarer déchu de tous droits s'il n'a pas exploité ?
Il ne lui a manqué souvent qu'un négociant pour acquérir son œuvre.

Enfin si l'on croyait pouvoir prononcer cette déchéance, quel délai fixerait-on pour la non-exploitation ?
On voit par là toutes les difficultés qui se dressent quand
on étend indéfiniment le texte de la loi (1).

*2° L'introduction en France des dessins fabriqués à l'étranger
n'est pas non plus une cause de déchéance.*

76. — Les mêmes motifs que nous venons de donner
seraient à répéter ici. Un fabricant français peut donc
faire des introductions en France et cela sans qu'il y ait
lieu de fixer une limite au delà de laquelle l'introduction
ne serait plus permise.

Cette question a quelque connexité avec celle de savoir

(1) Pouillet, n° 120. Philipon, n° 131.

si *la fabrication exclusive à l'étranger est un cas de déchéance*. Ce point mérite qu'on s'y arrête.

Nous avons vu dans la section précédente, en étudiant les causes de nullité du droit d'auteur, que le négociant qui a sa fabrique à l'étranger ne peut faire en France de dépôt valable, la loi ayant, avant tout, voulu assurer une exploitation nationale. Supposons maintenant un dépôt fait valablement, l'industriel ayant bien en France une exploitation industrielle ; or, voici qu'au cours de son exploitation l'industriel transporte sa fabrique à l'étranger ; de ce jour, sa fabrication devient *exclusivement étrangère*. Sera-t-il alors déchu de ses droits d'auteur, ou bien son dépôt, primitivement valable, continuera-t-il à le protéger ?

A notre avis, il ne s'agit pas ici d'un cas de déchéance, mais bien plutôt d'un cas de *nullité*. Nous avons admis que le fabricant qui a déposé, a reçu de la loi protection sous la condition qu'il aurait une exploitation nationale. C'est ce qu'on pourrait appeler une protection sous condition *résolutoire* ; le jour où la condition cesse de se réaliser, le droit cesse d'exister. Donc, le jour où le déposant transporte sa fabrique à l'étranger, ce jour-là le droit d'auteur n'existe plus.

La connexité de cette question avec celle des introductions apparaît alors clairement ; les introductions ne sont jamais par elles-mêmes une cause de déchéance ; le fabricant français peut toujours y avoir recours pour augmenter son chiffre de vente, mais à la condition d'avoir en France une exploitation industrielle. Cependant, si cette exploitation vient à être transportée à l'étranger, le droit d'auteur cesse forcément d'avoir une existence légale : qu'importe alors de savoir si les introductions sont ou ne

sont pas un cas de déchéance? il est sans intérêt de
déclarer déchu un droit qui n'existe plus.

SECTION III. — DE L'ACTION EN NULLITÉ. — DES TRIBUNAUX COMPÉTENTS.
DES JUGEMENTS PRONONÇANT LA NULLITÉ ET DE LEURS EFFETS

Nous avons vu au chapitre IV que le dépôt du dessin
prouve lui-même sa validité. Le déposant n'a pas à justifier
de la validité de son titre ; il n'a pas à prouver que l'objet déposé présente bien tous les caractères requis par la loi, ou
que les formalités du dépôt ont bien été exactement remplies. Les nullités ne se présument pas, sauf si elles sont
d'ordre public ; c'est donc à celui qui prétend les invoquer
à en faire la preuve ; jusque-là le dépôt est présumé valable et quant à l'objet déposé et quant aux formalités du
dépôt lui-même (1).

77. — De l'action en nullité. — Il faut pour exercer
l'action en nullité y avoir intérêt. C'est l'application de la
règle générale, pas d'intérêt, pas d'action. Il faut même
un intérêt sérieux pour agir ; du reste les tribunaux resteront souverains juges de l'intérêt que prétend avoir le
demandeur en nullité. Ainsi pourront invoquer cette
nullité : le prévenu de contrefaçon pour se défendre ; le
concurrent qui veut pouvoir fabriquer le dessin sans
s'exposer à une poursuite en contrefaçon ; le simple consommateur trompé ; le cessionnaire du dessin qui veut agir
en résiliation de la vente, etc...

(1) Tr. corr. Seine, 28 fév. 1877. Ann. 77. 174.

Rappelons pour mémoire que l'action publique, usitée
à Rome, n'est pas admise dans notre droit ; un simple particulier n'est pas recevable à prendre, dans l'intérêt de
tous, l'initiative d'une action privée à laquelle il n'est pas
personnellement intéressé (1).

Quiconque prétend faire prononcer la nullité d'un dépôt
peut agir soit par voie d'action, soit par voie d'exception.

Par voie d'action, le demandeur prend l'initiative d'une
demande en justice dont le seul but est de faire prononcer
la nullité. La demande en nullité par voie d'exception n'est
possible, au contraire, qu'à celui qui, poursuivi par l'auteur du dessin soit en contrefaçon, soit en paiement du
prix de la cession du dessin, entend opposer une fin de
non-recevoir à cette demande, en prétendant que le
demandeur est sans droit pour agir.

L'action en nullité peut se poursuivre contre tous ceux
qui, à un titre quelconque, se prétendent propriétaires du
dessin.

78. — Des tribunaux compétents. — C'est le *Tribunal
de commerce* qui, aux termes de l'article 15 de la loi de
1806, est compétent en principe pour trancher toutes les
questions de propriété touchant aux dessins ; c'est donc
à lui qu'il incombe de se prononcer sur les cas de nullité.
La demande en nullité met précisément en jeu une
question de propriété, celle de savoir si le dessin
appartient au domaine public ou peut faire l'objet d'un
droit privatif. Quant à la compétence relative du tribunal de commerce, elle est fixée par l'article 59 du Code
de procédure civile ; c'est, suivant la règle générale,

(1) Pouillet, n° 121. Philipon, n° 133 et 134. Fauchille p. 186.

le domicile du défendeur qu'il faut prendre en consi-
dération.

Les Tribunaux civils peuvent également juger ces
mêmes questions lorsqu'elles sont soulevées devant eux
sous forme d'exception ; par exemple s'il s'agit d'un
cessionnaire de dessin, assigné en paiement du prix de
vente et qui refuse de payer, arguant que l'objet vendu,
c'est-à-dire le dessin, est sans valeur, par suite de la
nullité du dépôt ; c'est en effet un principe de notre droit
que le juge de l'action est juge de l'exception.

Les Tribunaux civils pourraient-ils juger une demande
principale en nullité de dépôt ? C'est une question
délicate et qui dépend de la solution que l'on adopte sur
une autre question d'une portée plus générale et que nous
étudierons plus loin, celle de savoir si les Tribunaux de
commerce ont pour ces questions de propriété de dessins
une compétence absolue, ou si au contraire ils ne peuvent
les trancher, que lorsque le débat s'agite entre commerçants (1).

Quant *aux Tribunaux correctionnels*, ils ne sont compétents pour trancher la question de validité d'un
dessin, que lorsque cette question est soulevée devant eux
à titre d'exception par le prévenu poursuivi en contrefaçon.
Jamais une demande principale en nullité ne pourrait leur
être déférée.

**79. — Des effets et de la relativité des jugemeuts pro-
nonçant la nullité.** — L'effet d'un jugement prononçant
la nullité est *rétroactif*. C'est la conséquence même du
caractère que nous avons reconnu à la nullité. Le dessin

_____

(1) V. infra, n° 111.

est sensé nul dès son origine. Il est réputé n'avoir jamais fait l'objet d'un droit privatif ; on ne peut donc plus poursuivre pour des faits de contrefaçon antérieure, le droit privatif de l'auteur n'ayant jamais existé.

Quant à *l'autorité de la chose jugée,* il importe de faire une distinction :

1° Si la décision émane d'une juridiction *commerciale ou civile,* il y a lieu d'appliquer purement et simplement les règles de l'article 1351 du Code civil. La nullité n'est censée prononcée que vis-à-vis de la personne qui l'a invoquée, et pour l'objet et les causes pour lesquels elle l'a demandée. Ayant été déboutée sur une demande en nullité, fondée sur le défaut de nouveauté du dessin, la même personne pourra introduire une nouvelle instance, en basant son action sur une cause différente, par exemple l'absence de formalités substantielles du dépôt.

Il n'existe pas en matière de dessins une règle analogue à celle que nous trouvons dans l'article 37 de la loi de 1844, sur les brevets ; l'intervention du ministère public dans le débat, n'a pas pour but de donner au jugement une portée plus générale, un effet absolu *erga omnes* ; la décision est toujours restreinte aux parties en cause. D'autres personnes pourront donc faire juger à nouveau, à leur égard respectif, les mêmes questions de nullités. Nous revenons sur ce point à la règle générale posée dans l'article 1351, qui n'admet l'autorité de la chose jugée qu'entre les mêmes personnes.

2° Quand le jugement a été rendu par *un Tribunal correctionnel,* les règles sont tout à fait différentes, et il ne peut être question d'appliquer l'article 1351. Le Tribunal correctionnel n'a pu trancher cette question de propriété de dessin, qui est une question civile, qu'accessoirement, et seulement dans les rapports qu'elle peut avoir avec les faits du débat actuel. Cette décision est donc sans influence sur les décisions ultérieures : le même prévenu repoussé sur l'exception en nullité qu'il avait soulevée, pourra sur une nouvelle poursuite invoquer à nouveau le même cas de nullité. En matière correctionnelle, il n'y a jamais chose jugée, l'intérêt de la défense du prévenu le veut ainsi.

80. — De la radiation des dépôts. — M. Vaunois (n° 175) soutient que les tribunaux peuvent ordonner qu'un jugement annulant un dépôt soit transcrit en marge des registres et que le dépôt soit radié, Nous n'oserions pas être aussi affirmatifs ; en pratique la chose ne se fait pas, et à cela, il y a une raison qui nous paraît toute simple : l'effet du jugement de nullité est toujours relatif aux parties en cause. Comment donc radier le dépôt et porter la nullité à la connaissance des tiers, alors qu'à leur égard le jugement qui a prononcé la nullité est sans effet.

TITRE II

DE LA CONTREFAÇON

CHAPITRE PREMIER

THÉORIE DE LA CONFREFAÇON. A QUELLES CONDITIONS ELLE EXISTE.

§ I. — **Théorie de la contrefaçon. Ses éléments constitutifs.**

81. — Le droit de l'auteur sur son dessin ou modèle de fabrique une fois reconnu par la loi de 1806, il pouvait paraître inutile au législateur d'assurer à cette œuvre d'autre protection que celle du droit commun. L'auteur d'un dessin a un droit sur son œuvre ; quiconque porte atteinte à ce droit doit pouvoir être poursuivi civilement en réparation du dommage causé ; c'est l'application de l'article 1382. La loi de 1806 n'édicte aucune sanction pour réprimer les usurpations de la part des tiers, elle se contente de reconnaître et de consacrer législativement le droit de l'inventeur ; on aura ensuite recours aux principes généraux pour le protéger.

Cette protection purement civile n'a pourtant pas été jugée suffisante et, à part la Belgique, presque toutes les législations ont prononcé une sanction pénale, afin de mieux assurer le respect dû à l'œuvre de l'auteur; notre législation française est de ce nombre. C'est ainsi que chez nous la contrefaçon n'est pas seulement un délit civil, mais qu'elle est aussi un délit pénal. L'article 425 du Code pénal déclare en effet, que toute édition de dessin, faite au mépris des lois et règlements relatifs à la propriété des auteurs, est une contrefaçon et que toute contrefaçon est un délit. Cet article s'applique-t-il aux dessins et modèles de fabrique, alors qu'il semble plus particulièrement viser la propriété artistique? une jurisprudence constante l'a déclaré et les auteurs les plus compétents se sont rangés à cet avis (1).

Dans l'état actuel de notre droit, l'article 425 du Code Pénal pose le principe de la répression ; les articles 427 et 429 édictent les peines.

Telle est la sanction pénale qui vient s'ajouter aux garanties civiles, données à l'inventeur pour la protection de son œuvre. Est-ce un bien, est-ce un mal? nous nous contenterons de faire observer que c'est juste. Somme toute, la contrefaçon est un vol, c'est prendre à autrui le fruit de son travail ; il y a les mêmes raisons pour réprimer pénalement cet acte que pour frapper celui qui s'attaque à la propriété matérielle d'autrui.

82. — Des caractères constitutifs de la contrefaçon. — La contrefaçon a été très heureusement définie par M. Philipon de la façon suivante :

_____

(1) V. Pouillet, n° 127 et les auteurs cités en note.

« C'est la reproduction frauduleuse d'un dessin appar-
« tenant à autrui, au mépris des lois et des règlements
« relatifs à la propriété industrielle (1). »

Il faut que la contrefaçon ait porté sur une œuvre du
domaine privé, c'est-à-dire appartenant à autrui ; — qu'il y
ait eu reproduction de cette œuvre ; — et enfin que cette
reproduction ait été frauduleuse.

Etudions avec quelques détails chacun de ces caractères.

I. — Il faut que la contrefaçon ait porté sur une œuvre du domaine privé, c'est-à-dire appartenant à autrui.

Il est certain que reproduire une œuvre du domaine
public ne sera jamais une contrefaçon ; on ne prend pas ce
qui n'appartient à personne ; mais puisqu'il faut, pour
qu'il y ait contrefaçon, que l'œuvre soit le produit d'un
tiers déterminé, ce qu'il est intéressant de constater, c'est
de savoir à quelles conditions l'auteur d'un dessin peut en
revendiquer le monopole. Ce sont là des points sur lesquels
nous nous sommes déjà longuement expliqués. Rappelons
que pour pouvoir poursuivre la contrefaçon d'un dessin,
il faut que le dessin dont on est l'inventeur soit bien un
dessin nouveau, et qu'on en ait opéré le dépôt, c'est-
à-dire que l'on ait fait l'affirmation extérieure de son droit.

Par le fait seul qu'on a reproduit un dessin appartenant à un tiers, on devient contrefacteur, et cela sans
qu'il y ait lieu de faire entrer en ligne de compte le préjudice qui a pu être causé. La seule atteinte au droit du
propriétaire, voilà ce que punit la loi. Le préjudice, s'il
existe, pourra ensuite faire l'objet d'une demande en
dommages-intérêts, mais il n'est pas nécessaire de l'établir

(1) Philipon, n° 145.

pour que les pénalités des articles 427 et 429 du Code pénal soient appliquées.

Cette idée que le délit existe en dehors de tout préjudice est fertile en conséquences :

1° L'application du dessin à une étoffe très commune ne fait pas disparaître la contrefaçon, sans compter que dans ce cas, s'il n'y a pas préjudice matériel, il y a souvent préjudice moral (1).

2° La contrefaçon subsiste malgré une application diffé-rente ; on a beau appliquer le dessin à un autre genre d'industrie et par là éviter toute concurrence à l'auteur du dessin, la contrefaçon n'en subsiste pas moins ; on pourrait encore montrer, que, dans ce cas, bien souvent il y a préjudice moral (2).

3° Une contrefaçon partielle est une contrefaçon. La loi protège le dessin dans son ensemble comme dans ses parties. L'art. 425 le dit expressément et punit toute édition imprimée ou gravée *en entier* ou *en partie* (3).

4° La contrefaçon existe avant toute mise en vente par le fait seul de la fabrication. L'art. 426 punit du reste spé-cialement le débit d'ouvrages contrefaits et en fait un délit distinct. C'est bien là, d'après les termes mêmes du légis-lateur, une preuve que le préjudice n'est pas nécessaire pour constituer le délit. Il est évident en effet qu'avant la mise en vente, il n'a pu y avoir de préjudice. Aussi ceux qui persistent à penser que le préjudice est un des éléments nécessaires à la contrefaçon, répondent que, dans ce cas, il y a au moins préjudice éventuel et que cela suffit.

(1) V. Pouillet, n° 132.
(2) V. Pouillet, n° 133.
(3) V. Philipon, p. 168.

Nous avouons, pour notre part, ne pas bien saisir la différence entre le préjudice éventuel et l'absence de préjudice (1).

Nous avons cru devoir insister sur cette idée que l'absence de tout préjudice ne fait pas disparaître la contrefaçon. Certains auteurs en effet n'ont pas craint d'affirmer que dès l'instant qu'il n'y avait pas atteinte au *droit exclusif d'exploitation* du fabricant, il n'y avait pas contrefaçon (2). C'est là une erreur ; le fabricant n'a pas seulement le droit exclusif d'exploitation de son dessin ; il a un droit exclusif sur le dessin en lui-même. En un mot le droit de l'auteur sur son œuvre est absolu.

83. — **De la contrefaçon en cas de cession par le cessionnaire ou par l'auteur lui-même.** — 1° Une convention a pu intervenir entre l'auteur et un tiers. Il est certain que si ce tiers a acquis le droit de reproduire l'œuvre, il ne se rend pas coupable de contrefaçon, quand il fabrique le dessin dans les termes mêmes où la convention lui en donne le droit.

Mais l'hypothèse est intéressante lorsque la convention est violée.

L'auteur ne cède pas généralement son droit d'une façon définitive et absolue, il donne dans bien des cas une simple licence d'exploitation, moyennant une redevance.

---

(1) V. Blanc, p. 187; Gastambide, n° 39 et Renouard, t. 11, p. 22. Ces auteurs veulent que le préjudice soit un des éléments de la contrefaçon, mais apportent à cette règle de nombreuses atténuations : le préjudice moral, simplement possible ou éventuel est pour eux suffisant. (V. au contraire en faveur de notre théorie, Pouillet, n° 138 ; Philipon, n° 157).

(2) V. Dalloz, v° *Industrie*, n° 305, — Rendu et Delorme, n° 600.

Or voici que, pour un motif ou un autre, le licencié refuse de payer la redevance et continue à fabriquer le dessin. Va-t-il devenir par ce seul fait contrefacteur ? Ceux qui le prétendent, soutiennent que l'auteur en se dépouillant de son droit d'auteur, moyennant une redevance annuelle, a contracté une obligation successive, que cette obligation se renouvelle chaque année, et que la cause de cette obligation pour l'auteur a comme corrélatif le paiement de la redevance par le cessionnaire. Si donc la redevance n'est pas payée, l'obligation du cédant de consentir à la cession, n'existe plus. Le tiers devient alors, s'il fabrique le dessin, un contrefacteur.

Ce raisonnement nous semble plus subtile que juste. Le jour où le cessionnaire refuse de payer les redevances, la convention n'en continue pas moins à subsister, et par là même le droit du cessionnaire sur la reproduction du dessin est maintenu. Même en admettant qu'il y ait là une obligation successive, il est plus exact de dire que *la cause* de l'obligation du cédant a pour corrélatif *l'engagement* pris par le cessionnaire de payer une redevance. S'il ne la paie pas, le cédant aura contre lui une action civile en exécution de son engagement, mais non pas une action en contrefaçon (1).

Il peut se faire aussi que la cession ait été partielle et limitée, et que le cessionnaire ait outrepassé les droits que lui donnait la convention, par exemple en fabriquant pour une région pour laquelle il n'avait pas acquis d'autorisation. Il ne nous paraît pas douteux alors que le cessionnaire soit bien un contrefacteur (2).

(1) Paris 25 Nov. 1876. Ann. 78. 199.
(2) V. Cass. 23 mars 1888. Ann. 1889. 231.

2°. Lorsque l'auteur a cédé son droit, peut-il exploiter son dessin sans s'exposer à être contrefacteur ? La réponse ne nous semble pas douteuse : l'auteur a perdu tous droits sur son œuvre, il est devenu un tiers par rapport à elle. Il doit donc, comme tout autre, respecter les droits d'auteur qui reposent maintenant sur la tête du cessionnaire (1).

Il est un autre cas plus délicat, qui cependant touche plus à la propriété artistique qu'à notre matière, c'est celui où l'auteur, après avoir cédé ses droits sur son œuvre, se recopie lui-même dans la création de nouveaux dessins. Il est certain qu'un auteur a un genre, qu'on ne peut lui demander de changer ; ce genre c'est tout lui-même. Mais s'il cède une de ses œuvres, dans quelle mesure est-il obligé de ne pas se recopier dans les œuvres suivantes ? C'est là une question fort délicate que nous ne faisons qu'indiquer, car en réalité elle ne touche pas à notre matière.

84. — Nous avons dit plus haut que pour qu'il y ait atteinte au droit de l'auteur, il fallait que le dessin fut régulièrement déposé. Il nous reste à ce sujet deux hypothèses à examiner : celle d'une possession personnelle antérieure au dépôt, et celle des imitations antérieures au dépôt.

a). La possession personnelle d'un dessin antérieurement au dépôt effectué par un tiers, permet-elle de fabriquer ce dessin, sans s'exposer à une poursuite en contrefaçon de la part du tiers qui a déposé ?

Nous supposons deux industriels se rencontrant dans la

_____

(1) Cass. req. 19 déc. 1893. Ann. 95. 207.— Tr. Seine, 17 juin 1896. Ann. 96. 53.

création d'un même dessin ou modèle de fabrique. Le cas
se présentera très rarement. Disons cependant qu'il peut
se présenter lorsqu'il s'agira par exemple, de l'application
d'un dessin connu à un objet industriel. Or, voici que l'un
de ces deux fabricants, gardant sa nouvelle création dans
ses collections, attend un moment favorable pour la lancer;
l'autre, au contraire, dépose immédiatement et exploite.

Fidèle à notre théorie que c'est l'invention qui donne
le droit d'auteur, nous serions assez portés à décider que
celui de ces deux industriels qui fera la preuve de la priorité de son invention aura seul le droit d'auteur. Mais, en
fait, la preuve de cette priorité, est difficile à apporter, et
c'est évidemment celui qui en effectue le dépôt, qui au
regard des tiers triomphera presque toujours sur la question de la propriété du dessin. Pourra-t-il alors poursuivre
son concurrent qui justifie avoir eu ce même dessin dans
ses collections, antérieurement au dépôt effectué ?

M. Pouillet ne le pense pas (1) et fonde son opinion sur
une raison d'équité. Comment, dit-il, pourrait-on dépouiller
du fruit de son travail un homme qui n'a manqué à aucune
prescription de la loi, et n'a encouru aucun reproche, pas
même celui de négligence ; car il n'était pas tenu de faire
un dépôt, et pouvait très légitimement abandonner à tous
le droit de copier son dessin.

Ce raisonnement est en effet très exact, nous croyons
pourtant plus juste d'appliquer purement et simplement
les principes en la matière. Celui qui justifie, soit par un
dépôt, soit par tous autres modes de preuves, avoir la
priorité d'une invention, doit être le *seul* propriétaire de
l'œuvre, même vis-à-vis des tiers qui auraient postérieu-

(1) V. Pouillet. n° 140.

rement inventé le même dessin. Ce sera donc, dans le cas
qui nous occupe, une question de preuve à régler entre les
deux industriels en cause. Si l'industriel qui a fait le dépôt
justifie avoir été le premier à créer le dessin, il sera réputé seul propriétaire, même vis-à-vis de son concurrent qui
a fait la même création, mais l'a faite après lui. Si au contraire le premier inventeur n'est pas celui des deux industriels qui a fait le dépôt, le dépôt fait par son concurrent
ne signifiera rien à son égard.

*b) Peut-on poursuivre en contrefaçon des imitations
antérieures au dépôt?* (1). — Il est assez difficile, étant
donné l'état actuel de la jurisprudence sur les effets du
dépôt, de donner une solution à cette question.

La jurisprudence la plus récente, en effet, semble décider que le dépôt n'est pas une simple formalité préalable
à la poursuite, mais qu'il doit être effectué avant toute
exploitation. Une telle théorie ne permet donc pas de poursuivre les contrefaçons antérieures. Nous avons pour
notre part combattu sur ce point la jurisprudence. Le droit
de l'auteur, suivant nous, naît avec l'invention ; quel que
soit le moment où le dépôt est effectué, le propriétaire doit
toujours pouvoir poursuivre les contrefaçons, sans qu'il y
ait à rechercher le moment où elles se sont manifestées,
pourvu toutefois qu'il prouve qu'à ce moment il avait déjà
créé le dessin, déposé postérieurement (2).

Si au contraire la loi avait prescrit un dépôt public, et
cela en vue d'avertir les tiers du droit de propriété réservé
par l'auteur sur son œuvre, il serait alors tout naturel de

_____

(1) V. Pouillet, no 143.
(2) V. Dalloz, vo *Industrie,* no 298. — Cass. 30 juin 1865. Ann.
65. 332.

décider qu'avant le dépôt, les tiers n'ayant pas été prévenus, leur contrefaçon n'est pas reprochable. Ce serait
même, en législation, la meilleure solution, mais il nous
paraît difficile de l'adopter, étant donné le secret du dépôt,
et que cette formalité n'a nullement pour effet, dans notre
loi, de porter à la connaissance des tiers le droit que l'auteur s'est réservé (1).

II. — Il faut qu'il y ait reproduction de l'œuvre d'autrui.

85. — Il est bien délicat de fixer une règle qui détermine exactement quand il y a *reproduction*. S'il est, en
effet, défendu de reproduire un dessin, il est permis de s'en
inspirer. A quel moment commence la contrefaçon? C'est,
suivant nous, lorsqu'il y aura *confusion* entre le dessin
original et le dessin reproduit. Celui qui s'est si bien inspiré d'un dessin, qu'il a pu arriver à créer une confusion
avec le dessin protégé, celui-là est contrefacteur. On exprime souvent cette même idée, en disant que la contrefaçon se juge par les ressemblances et non par les différences.
Aussi une nombreuse jurisprudence a-t-elle déclaré que
des changements, même importants, n'enlevaient pas le fait
de la contrefaçon, si la physionomie du dessin a subsisté.
Du reste, les changements, qui laissent au dessin reproduit
sa physionomie première sont la preuve manifeste de l'intention qu'on a eue de le reproduire ; les modifications de
détails sont une planche de salut ménagée en cas de poursuite ; elle est bien fragile, car elle est par elle-même l'indice de la mauvaise foi du contrefacteur (2).

(1) V. pourtant Paris, 29 janv. 1882 et Cass. Req. 5 juin 1883.
Ann. 83. 187
(2) V. Pouillet, n° 128 et Jurisp. rappportée.

Si la reproduction faite avec l'intention de produire la confusion est punissable, il est au contraire certain que le fait de s'être inspiré d'un dessin, pour en créer soi-même un nouveau, n'est plus de la contrefaçon. En effet le créateur du dessin n'a eu alors en vue que la conception d'une œuvre originale et personnelle, ne se confondant nullement avec le dessin dont il s'est inspiré ; à quel titre serait-il donc reprochable ?

La jurisprudence a du reste reconnu à chacun le droit de s'inspirer des œuvres d'autrui, à condition de *créer soi-même* quelque chose de personnel et de nouveau (1).

86. — La tentative de reproduction est-elle punissable ?

— Voici par exemple un individu qui a fabriqué un moule, lequel va servir à produire des épreuves manifestement contrefaites ; mais ce moule n'a pas encore servi. Peut-on poursuivre ? La jurisprudence a dit oui (2).

M. Pouillet (n° 135) ne partage pas cette manière de voir et avec raison, croyons-nous. La matière est pénale, et, en matière de délits, la tentative n'est punie que dans les cas prévus par une disposition spéciale de la loi. Or l'article 425 ne punit que l'édition, c'est-à-dire la *mise au jour* de l'objet contrefait. Tant que la reproduction n'est pas consommée, il est impossible de dire que le fait tombe sous le coup de la loi.

De même trouverait-on chez un négociant des feuilles de papier, sur lesquelles sont reproduits, avec des changements insignifiants, des dessins d'étoffes, que l'on ne pourrait pas

---

(1) V. Paris, 24 nov. 1864 et Cass. 30 juin 1865. Ann. 65. 333. — Philipon, n° 155. — Pouillet, n° 136.

(2) Paris, 17 déc. 1847. Ann. 62. 55.

poursuivre. Il n'y a là qu'un projet qui, évidemment, servira
à confectionner des étoffes contrefaites. Mais tant que ces
étoffes ne seront pas fabriquées il n'y aura pas délit (1).

La jurisprudence, avons-nous dit, a pourtant puni la
simple tentative comme la contrefaçon elle-même (2);
c'est là une décision plus prudente que juridique.

III. — Il faut qu'il y ait eu reproduction frauduleuse, c'est-à-dire que le contrefacteur ait été de mauvaise foi.

87. — L'intention frauduleuse est un élément commun
à tous les délits du droit pénal. Mais alors qu'en règle générale, la mauvaise foi se présume toujours (*nemo censetur
ignorare legem*) il en est différemment en notre matière,
et cela résulte de la *façon secrète* dont sont faits les dépôts. On ne peut pas être censé connaître les dessins dont
l'auteur a entendu revendiquer la propriété, puisque ces
dessins ont été déposés sous enveloppe au Conseil des
prudhommes. Il faut donc, si l'on veut efficacement poursuivre le contrefacteur, *prouver la mauvaise foi* de ce
dernier. Seulement cette preuve peut se faire par tous les
moyens et même par simples présomptions. Ainsi a-t-on
jugé que la preuve de la mauvaise foi ressortait suffisamment de ce fait, que le prévenu avait pris soin de dénatu-
rer autant que possible la composition et la coordination
du dessin par lui copié (3).

Cette nécessité de la *mauvaise foi* chez le prévenu,
pour qu'il y ait délit, nous paraît demander quelques ex-

(1) V. dans ce sens Vaunois, n° 241.
(2) Paris, 17 déc. 1847 Ann. 62. 55.
(3) Tr. Corr. Seine, 28 fév. 1877. Ann. 77. 174.

plications. Un individu pourra-t-il, sous prétexte qu'il ignore le dépôt, se livrer à la reproduction du dessin et arguer ensuite de sa bonne foi, pour échapper à toute poursuite en contrefaçon?

Certains auteurs paraissent admettre que cette seule ignorance est par elle-même constitutive de la bonne foi (1).

Nous ne croyons pas que *la simple ignorance du dépôt* puisse constituer la bonne foi du prévenu et nous partageons, en ce point, l'avis de M. Vaunois (2). Avec lui nous pensons qu'on ne peut reproduire légitimement un dessin, *que si l'on a vraiment des raisons de penser qu'il est dans le domaine public.* Il serait par trop commode de copier autrui sans scrupule, et cela sous prétexte qu'on ignore quels dessins ont été déposés. Le secret du dépôt n'a pas été établi pour faciliter l'impunité de la contrefaçon.

Un arrêt de la Cour de Cass. du 21 déc. 1888 (Ann. 89. 185) trouve l'intention délictueuse suffisamment établie par la simple constatation qu'avait faite la Cour d'appel, que la personne avait à plusieurs reprises vendu et mis en vente des objets *semblables* à l'objet déposé.

Cette question de bonne foi est laissée à l'appréciation entière des tribunaux, et, lorsque ceux-ci déclarent que la personne n'a pu en fait ignorer le droit d'autrui, ils n'ont pas à rechercher si ce prévenu connaissait ou non le dépôt; leur affirmation échappe sur ce point à la Cour suprême.

Nous pouvons donc conclure qu'il suffira, pour le plai-

(1) V. Pouillet, n° 144. — Philipon, n° 163.
(2) V. Vaunois, n° 295.

gnant, d'établir que le prévenu n'a pu se méprendre sur le
droit exclusif qui frappait le dessin, pour que la culpabilité
de ce dernier soit reconnue.

M. Vaunois a une formule que nous trouvons excel-
lente. « La charge de la preuve, dit-il, incombe au deman-
« deur, mais cette preuve, c'est seulement celle qui con-
« siste à établir que le prévenu *a eu conscience de son acte.*
« Si l'intention frauduleuse, comme il arrive dans la plupart
« des délits, paraît ressortir des faits mêmes, c'est alors au
« contrefacteur à prouver qu'il n'est pas coupable : il
« oppose sa bonne foi, il doit justifier son exception (1). »

**88. — De l'appréciation de la bonne foi à l'égard des
débitants.** — Si nous avons admis que la mauvaise foi du
fabricant doive être facilement reconnue, celui qui copie
l'œuvre d'autrui, sans avoir la certitude qu'elle est bien
dans le domaine public, prouvant par là même sa propre
faute, nous reconnaissons qu'il ne saurait en être de même
à l'égard du débitant ; rien en effet dans les objets originaux
n'indique s'ils ont été ou non déposés ; le débitant peut donc
parfaitement, en vendant des objets contrefaits, croire de
bonne foi que si le fabricant les lui a remis, c'est que ce
dernier avait le droit de les fabriquer (2).

89. — De la bonne foi au civil. — Tout ce que nous
venons de dire s'applique exclusivement à une poursuite
correctionnelle. Quant le débat a lieu devant les tribunaux
de commerce, la nécessité de prouver la mauvaise foi du

(1) Vaunois, n° 297.
(2) V. Paris, 12 mars 1870. Ann. 70. 260.

contrefacteur n'existe plus. C'est en effet un principe de notre droit civil que celui qui, sans intention coupable, mais par simple négligence seulement, cause un préjudice à autrui, est tenu de le réparer.

La jurisprudence a fait application de ces principes, en condamnant les débitants qui avaient consenti à mettre en vente des objets contrefaits, alors qu'un peu de vigilance de leur part les eût bien vite renseignés sur la contrefaçon dont leur vendeur s'était rendu coupable (1).

§ II. — Faits assimilés à la contrefaçon.

90. — Deux faits sont prévus explicitement par l'article *426, C. pén.*, et punis comme la contrefaçon elle-même. Ce sont : *le débit d'ouvrages contrefaits* et *l'introduction en France d'ouvrages contrefaits à l'étranger.*

1° Du débit de dessins contrefaits.

91.—La protection, donnée à l'auteur d'un dessin, n'eut pas été efficace si la loi ne l'avait pas protégé contre les débitants. C'est en quelque sorte, grâce à eux, que le délit a été commis ; le contrefacteur n'aurait probablement pas eu l'idée de la contrefaçon, s'il n'avait pensé pouvoir en tirer parti par l'intermédiaire de gens disposés à vendre ses produits.

La loi punit *le débit*. Un seul acte *frauduleux* suffira pour faire déclarer le débitant coupable, mais il faudra que

---

(1) Tr. Seine, 27 août 1879. Ann. 80. 110. — V. Philipon dans le même sens, n° 104.

cet acte ait été accompli avec mauvaise foi, c'est-à-dire que
le vendeur ait connu l'origine des objets. A défaut de mauvaise foi, il pourra simplement être passible d'une action
civile en dommages - intérêts, aux termes de l'article 1382 (1).

La loi punit la vente, en tant que constituant un délit distinct de la contrefaçon ; aussi, nous ne saurions, pour notre
part, admettre un arrêt de la cour de Rouen du 4 août 1859
(Sir. 60. 2. 619) qui n'y voit qu'un acte de complicité (2).

La simple mise en vente est un délit. — Le mot débit
est suffisamment compréhensif pour s'appliquer à la fois à
la *vente* et à la *mise en vente*. Le préjudice n'est pas nécessaire pour constituer le délit ; ceux mêmes qui déclarent
qu'il en est une partie constitutive et essentielle, recon-
naissent qu'un préjudice *éventuel* suffit. Or, cette éventualité du préjudice existe certainement dans cette hypothèse (3).

Nous pouvons en dire autant de *l'exhibition dans une
exposition publique*. On est bien obligé d'avouer que cette
exhibition est faite en vue de la vente, et pour la rendre
plus facile (4).

2°. — De l'introduction en France d'objets contrefaits.

92. — La loi a eu raison de punir ce cas. C'est la sauvegarde même des droits de l'auteur. Rien de plus facile,

---

(1) V. ce que nous avons dit sur la bonne foi n° 88.

(2) V. plus loin ce qui constitue la complicité, n° 94.

(3) Philipon, n° 166. — Pouillet, n° 150.

(4) V. pourtant en sens contraire. : Tr. Seine 9 janv. 1868.
Ann. 68. 55.

sans cela, pour le contrefacteur que d'aller s'établir à l'étranger, d'y fabriquer des objets contrefaits et d'en inonder ensuite le marché français. Il est vrai qu'on aurait pu toujours saisir ces objets au moment de leur vente; la vente est punie, nous l'avons vu, quel que soit le lieu où la fabrication a été exécutée. Mais grâce à l'article 427, on pourra saisir ces objets dès leur entrée en France, avant même qu'ils aient été mis en vente; nous insistons sur cette idée qui nous aidera tout à l'heure à résoudre le cas du transit.

S'il peut y avoir doute, en ce qui concerne les autres cas de contrefaçon, sur le point de savoir si le préjudice est un élément nécessaire du délit, l'idée du législateur apparaît par contre, bien clairement dans cette hypothèse. Le préjudice ne sera vraiment causé que par la vente, or la vente est déjà punie par elle-même. C'est donc bien le fait seul de l'*introduction*, qui est visé, quelles qu'en soient les conséquences. Une introduction, même faite dans un but qui ne serait pas mercantile, n'échapperait pas à la poursuite.

On peut se demander contre qui il faudra, en cas d'introduction, engager l'action en contrefaçon.

a) Est-ce contre le *contrefacteur lui-même, c'est-à-dire l'expéditeur?* — Il est à l'étranger. Nous touchons là aux questions de droit international que nous traiterons d'une façon toute spéciale. Il a été conclu en effet de nombreux traités, ayant pour but d'étendre au delà des frontières de leur propre pays, la protection des nationaux. Disons seulement pour l'instant, que l'article 5 du Code d'instruction criminelle, modifié par la loi du 27 juin 1866, décide que lorsqu'un Français s'est, hors du territoire de la France, rendu coupable d'un fait qualifié

délit par la loi française, il peut être poursuivi et jugé en
France, si ce fait est puni par la législation du pays où il
a été commis. La contrefaçon étant un délit peut donc
être punie en France, quand elle a été commise à
l'étranger par un Français, et que la loi de ce pays
réprime également la contrefaçon.

b) Est-ce contre le *destinataire?* La poursuite est toujours possible pourvu que le destinataire soit de mauvaise
foi ou qu'il ait fait lui-même la commande. C'est alors
un *quasi-contrefacteur* comme le dit un arrêt de la Cour
de Paris du 25 avril 1879. (Ann. 79. 226.)

c) Est-ce contre le *commissionnaire?* Nous dirions
volontiers que généralement il est le premier coupable. Les commissionnaires sont précisément ceux qui
font les commandes des objets venant de l'étranger ;
mais pour qu'une action correctionnelle soit recevable
contre eux, il faudra qu'ils soient de mauvaise foi. Seulement nous ferons remarquer que la mauvaise foi devra, à
leur égard, être appréciée avec la même rigueur que s'il
s'agissait de juger un *fabricant* ; **ne** sont-ils pas en
effet les inspirateurs du fabricant? (1).

**93. — Du Transit et de l'Introduction en entrepôt des
objets contrefaits.** — La question de savoir si les objets
introduits en transit peuvent être saisis, est très discutée.
Nous n'hésitons pas à répondre que, suivant nous, ils
peuvent l'être ; en voici les raisons :

L'introduction est punie en elle-même, indépendamment
de tout préjudice causé, nous venons de le voir. — Que
nous importe donc de savoir si les objets introduits sont

---

(1) V. ce que nous avons dit de la mauvaise foi du fabricant, n° 87.

oui ou non vendus en France ? L'objection tirée de ce que, par la déclaration du transit, les marchandises sont réputées voyager en dehors des frontières nous semble être réfutée par le fait même que c'est une fiction qui n'a été créée que pour éviter le paiement des droits de douanes. C'est aux yeux de la douane seulement que ces objets sont censés ne pas voyager en France, précisément parce qu'ils ne doivent pas y être vendus. Mais nous savons d'autre part que le fait de la vente n'est pas nécessaire pour que l'introduction n'en soit pas quand même punissable (1).

Du reste est-il bien sûr que le propriétaire français du dessin ne subisse, par suite du transit, aucun préjudice ? souvent on fait passer des marchandises en France, pour pouvoir ensuite les représenter à l'étranger comme venant de chez nous.

Les économistes se récrient contre une telle solution et déclarent que ce système fermera nos voies de communication à l'étranger. Cet intérêt économique peut être respectable, mais est-il suffisant pour changer la loi ? C'est là tout au moins une question de législation, qui ne nous regarde pas. Il n'en demeure pas moins certain que, pour l'instant, la loi punit le fait de l'introduction et que par cela même, elle développe notre travail national, en donnant une protection plus efficace aux produits fabriqués sur notre territoire. C'est là aussi un intérêt qui a sa valeur, et qui, sur le terrain économique, nous parait capable de contrebalancer celui qu'on cherche à nous opposer.

Nous en dirons autant pour *l'introduction à l'entrepôt* des objets contrefaits.

(1) V. Paris, 28 nov. 1862. Ann. 63. 204. — Rouen, 12 fév. 1874. Ann. 75. 132.

Ces objets sont introduits en France, soit pour y être
vendus, et alors les droits de douane sont payés, soit
pour être ensuite réexpédiés à l'étranger. Mais que nous
importe leur destination? Ces objets sont en France, ils y
ont été introduits et c'est là le fait puni par la loi pénale.
Pourquoi dire, comme M. Fauchille, pour légitimer la
poursuite, que c'est une *quasi-contrefaçon?* (1). Est-ce
parce que l'exportateur peut à chaque instant retirer ces
objets de l'entrepôt et les livrer à la consommation française? Nous ne voyons nullement que ce soit là le seul cas
auquel ait songé la loi. Elle a bien plutôt cherché à
atteindre la contrefaçon étrangère, dès que celle-ci se
manifeste en France, et quel qu'en soit du reste le
mobile.

§ 3. — De la complicité.

94. — Les complices doivent être punis; c'est l'application
pure et simple à notre matière d'une théorie générale, celle
des articles 59 et 60 du Code pénal. Ce point, du reste,
ne fait doute ni en doctrine ni en jurisprudence (2). Aussi,
comme le dit un arrêt de la Cour de Cassation du
30 juin 1865 (Ann. 65. 332), ne suffit-il pas pour relaxer
un prévenu de déclarer qu'il n'est pas contrefacteur, mais
encore faut-il chercher s'il ne s'est pas rendu coupable de
complicité.

M. Fauchille (3) semble dire que l'article 427 a prévu

(1) Fauchille, p. 216.
(2) V. Jurispr. rapportée dans Pouillet, n° 153.
(3) V. Fauchille, p. 217.

lui-même certains cas de complicité, car outre le contrefacteur, il frappe encore l'*introducteur* et *le débitant*.
Nous croyons que c'est une erreur. Il s'agit là bien
plutôt de délits spéciaux et particuliers que de cas de complicité ; on peut être complice non seulement du contrefacteur lui-même, mais encore de l'introducteur et du
débitant.

Les cas les plus fréquents de complicité sont les
suivants :

1° *Du travail sur commande.*

Le fabricant qui ne fait qu'exécuter la commande
donnée par autrui, est au premier chef un complice du
contrefacteur. Il est l'agent actif de la contrefaçon, mais
encore faudra-t-il qu'il soit de mauvaise foi, sachant que
celui qui lui a passé la commande n'avait pas le droit de
faire fabriquer ce dessin (1).

Ce principe va nous permettre de résoudre une hypothèse qui se présente fréquemment. Souvent, dans la pratique, le véritable propriétaire du dessin s'adresse à un
de ses contrefacteurs pour faire fabriquer son dessin et
acquérir ainsi une preuve de la contrefaçon. Ce fabricant
est-il coupable ? Il nous semble que non. En effet, il ne
pourrait l'être que comme complice. Or, la complicité ne
se comprend qu'avec un agent principal, premier
coupable lui-même. Dans ce cas, l'agent principal de la
contrefaçon est le propriétaire du dessin lui-même, il ne
peut donc être question, pour le fabricant qui a exécuté la
commande, d'être responsable.

(1) Tr. corr. Seine, 28 fév. 1877. Ann. 77. 174.

2° *L'acheteur d'un dessin contrefait en vue d'un usage personnel est-il un contrefacteur ?*

Le receleur est un complice, et par là même punissable. L'acheteur qui, *connaissant la contrefaçon,* n'en a pas moins acheté l'objet contrefait pour son usage personnel, nous semble rentrer dans les termes prévus par l'article 60 du Code pénal ; receleur, il a aidé l'auteur de la contrefaçon dans les faits qui ont facilité le délit ; il doit donc être puni, et cela quand bien même il aurait fait cette acquisition dans un intérêt purement personnel.

Mais il faut qu'il ait eu connaissance de la contrefaçon, qu'il ait été *de mauvaise foi* ; s'il avait acheté par simple ignorance, il est certain qu'aucune faute ne pourrait lui être imputée (1).

(1) Pouillet, n° 154.

CHAPITRE II

SECTION I. — PAR QUELLES ACTIONS EST PROTÉGÉE LA PROPRIÉTÉ
DES DESSINS

95. — Nous avons vu, en étudiant au chapitre précédent la théorie de la contrefaçon, que le législateur a cru
juste et prudent de donner à l'auteur lésé dans son droit,
non-seulement une action en dommages-intérêts, basée
sur l'article 1382 C. civ., mais encore une action pénale
découlant de ce fait que la contrefaçon est un délit.

Voyons successivement chacune de ces actions :

§ 1er. — De l'action civile

96. — Rien de plus normal que ce droit pour l'auteur
de poursuivre en vertu de l'article 1382. Par le fait de la
contrefaçon commise à son préjudice, il a en effet souffert
un dommage, résultant de l'atteinte portée à son monopole
de reproduction ; l'auteur de ce dommage lui en doit réparation.

On connaît les conditions du *délit civil*, il faut :

a. *Un fait illicite,* c'est-à-dire qui porte atteinte à un droit préexistant. Le droit de l'auteur étant né avec l'invention elle-même et bien avant que le dépôt ait été effectué, il n'y a donc pas lieu pour pouvoir exercer cette action que cette formalité ait été accomplie. Il n'en est pas moins vrai qu'avec la théorie actuelle de la jurisprudence, qui annule le droit d'auteur pour toute divulgation du dessin faite antérieurement au dépôt, le caractère en quelque sorte *attributif*, donné par nos tribunaux à cette formalité, ne rendrait pas recevable, même au point de vue civil, l'action du propriétaire du dessin, si celui-ci n'en avait pas effectué le dépôt. Cette conséquence démontre à nouveau l'erreur de la jurisprudence, qui reconnait au dépôt un caractère attributif et non pas déclaratif (1).

b. *Un fait dommageable.* — C'est là une question de fait à prouver. Il resterait pourtant à se demander si celui qui, sans aucun droit, a porté atteinte au droit d'autrui, ne devrait pas par là même réparation, et cela en dehors de tout préjudice causé. Au reste, en fait, il est certain que celui qui prend à autrui un dessin pour l'exploiter veut en tirer profit, et porte ainsi préjudice à l'auteur qui a le monopole de reproduction. L'appréciation du dommage ainsi causé est laissée à nos tribunaux, qui devront faire entrer en ligne de compte même *le préjudice moral* subi ; c'est ce que les anciens appelaient *le furtum laudis*. L'auteur peut en effet subir, non seulement un préjudice matériel par les reproductions dont il a été privé, mais sa personnalité peut se trouver atteinte par la vulgarisation maladroite ou grossière d'un dessin, dont le caractère n'a pas été respecté. Ajoutons toutefois que ce préjudice moral se conçoit mieux au point

(1) V. Fauchille, p. 197.

de vue de la propriété littéraire et artistique, qu'en notre
matière, où la personnalité de l'auteur disparaît souvent
derrière l'objet industriel. Il ne serait pas vrai pourtant
d'ajouter que ce préjudice moral ne peut jamais exister,
lorsqu'il s'agit de dessins et de modèles de fabrique :
voilà pourquoi nous avons tenu à ne pas le passer sous
silence.

§ 2. — De l'action correctionnelle.

97. — Le léglislateur a accordé à l'inventeur du dessin
un droit plus efficace et lui a donné une action pénale
contre le contrefacteur, tendant à faire prononcer une
peine contre ce dernier.

L'art. 425 du Code Pénal prévoit le cas et érige en
délit toute contrefaçon de dessin ; la loi de 1806 sur ce
point était muette. Aussi avait-on pensé tout d'abord que
cet art. 425 du Code pénal ne devait pas, dans le silence de
la loi de 1806, s'appliquer à notre matière. L'objection
n'était pas sérieuse. Cet article en effet est général et
réprime toute atteinte portée à la propriété intellectuelle. La
loi de 1793 sur la propriété littéraire et artistique y trouve
sa sanction naturelle ; il doit en être de même pour la loi
de 1806, avec d'autant plus de raison que l'art. 425 ne
limite nullement les lois civiles auxquelles il sert de sanction, mais qu'il prononce simplement le principe de la peine
contre toute atteinte à la propriété des auteurs. Il suffit
alors que quelque part dans une loi spéciale, le législateur
ait consacré le droit de l'auteur sur une œuvre quelconque,
pour que la sanction toute naturelle de ce droit se trouve
réalisée dans les articles 425 et suivant du Code Pénal,

De plus les lois de 1844 sur les brevets et de 1857 sur
les marques n'ont fait que développer ce principe posé par
le Code Pénal et ont même ajouté une répression plus
sévère. Pourquoi y aurait-il une exception unique quand
il s'agit de dessins de fabrique?

§ 3. — De la prescription de ces deux actions.

1. Prescription de l'action civile.

98. — L'action civile basée sur l'art. 1382 dure trente ans
et n'est éteinte que suivant les règles du droit commun
(art. 2262 C. Civ.)

Mais il est juste d'ajouter que, dans notre matière, le
délit civil est presque toujours aussi un délit pénal. Or,
l'art. 638 du Code d'Inst. crim. limite à trois ans la prescription de l'action civile née d'un délit pénal, soit que cette
action soit portée accessoirement à l'action publique devant
les Tribunaux correctionnels ; soit que l'on ait agi par voie
principale devant les Tribunaux civils. Il est donc plus exact
en fait de poser comme règle générale, que l'action civile
est éteinte au bout de trois ans.

De plus, comme chaque fait de contrefaçon constitue un
délit distinct, la prescription recommence à courir pour
chacun des faits nouveaux, et la prescription de l'un de ces
faits est sans influence sur les autres. C'est ainsi que
l'action, née du fait de la fabrication, peut se trouver prescrite, alors que celle née de la mise en vente peut ne pas
l'être. Le propriétaire pourra donc rester pendant plusieurs années sans poursuivre, sans que sa tolérance ne
donne jamais au contrefacteur le droit de fabriquer le

dessin déposé. Son droit de poursuite n'est prescrit que
pour les faits de contrefaçon qui remontent à plus de
trois ans, mais il existe toujours pour ceux qui se sont produits depuis cette date (1).

Si la jurisprudence n'admettait pas que la divulgation
du dessin avant le dépôt entraîne la nullité du droit d'auteur, on pourrait se poser une question très intéressante.
Voici un industriel qui n'a jamais déposé son dessin; il
n'est pas protégé par la loi pénale, mais seulement par
l'art. 1382 ; autrement dit la contrefaçon commise à son
préjudice ne constituera jamais un délit pénal, mais simplement un délit civil; son droit de poursuite étant exclusivement né d'une faute civile, son action s'éteindra par
trente ans.

Une fois son action prescrite, il y lieu de se demander si sa tolérance, son inaction pendant un si long
délai, lui faisant perdre à tout jamais le droit de se plaindre
même pour l'avenir, le concurrent n'acquerra pas par là
le droit à la fabrication du dessin?

M. Sourdat, dans son ouvrage sur la responsabilité (2),
nous paraît donner à cette question une solution éminemment juste : « Si le dommage ne s'est réalisé que par l'ac-
« cumulation des effets successifs et insensibles de la
« même cause ou de causes différentes, le point de départ de
« la prescription doit se placer au moment où le préjudice
« est devenu appréciable, de manière que la partie lésée fût
« moralement mise en demeure d'en demander la répara-
« tion. En pareil cas il faut faire une large place à la tolé-

---

(1) Rouen, 1er mai 1862. Ann. 62. 337. — Cass. 11 août 1862. Ann.
63. 29.

(2) Sourdat. *De la Responsabilité*, n° 658.

« rance du propriétaire lésé, mais il est clair que s'il a
« laissé subsister, sans agir pendant trente ans, un état de
« choses constituant à son égard une cause permanente de
« dommage caractérisé, il ne pourrait pas au bout de ce
« temps en demander la suppression. »

« Il ne pourrait même plus alors demander réparation
« du dommage éprouvé depuis moins de trente ans et anté-
« rieurement à l'acquisition de la prescription. Car celle-ci,
« une fois accomplie, a un effet rétroactif au moment où
« elle a commencé, puisqu'elle est fondée sur une pré-
« somption de renonciation à l'action ou d'acquiescement
« au droit d'autrui, dont le laps de temps n'est que la
« preuve. Les actes faits dans l'intervalle ne peuvent donc
« plus être considérés comme accomplis sans droit de la
« part du défendeur. »

C'est l'application très naturelle de l'art. 2262 du Code
Civil, aux termes duquel tous les droits sont prescrits par
trente ans. L'effet de cette prescription étant d'être extinc-
tive pour le créancier et acquisitive pour le débiteur, à
l'avenir le dessin sera dans le domaine public et tout
le monde pourra le reproduire.

2. Prescription de l'action correctionnelle.

Nous n'avons qu'à répéter ici ce que nous venons de dire.
L'article 638 du Code d'Inst. crim. régit simultanément la
prescription de l'action publique et celle de l'action civile née
d'un délit ; l'action correctionnelle est, aux termes de cet
article, prescrite par trois ans, et comme il ne s'agit pas ici
d'un délit successif, le droit de poursuite naît pour chaque
fait de contrefaçon pris individuellement. La tolérance du
propriétaire ne couvre donc que les faits remontant à

plus de trois ans, lui laissant toujours le droit de poursuivre ceux qui se sont produits depuis cette date (1).

99. — De la nature de la prescription. — Devant les
tribunaux correctionnels, la prescription a un caractère
d'ordre public ; le prévenu peut l'invoquer en tout état de
cause, les juges doivent même la prononcer d'office, si
elle n'est pas invoquée par la partie poursuivie (2).

Devant les tribunaux civils il n'en est pas absolument
de même, et la jurisprudence paraît admettre que, quoique
régie quant à sa durée par l'article 638 du Code d'inst. crim.
la prescription n'est plus d'ordre public, et que les juges ne
peuvent la prononcer d'office, si elle n'est pas invoquée
par le prévenu de contrefaçon (3).

100. — De l'Interruption de la prescription. —
L'article 637, du Code d'ins. crim. pose en principe que la
prescription ne peut être interrompue que par un acte
d'instruction ou de *poursuite*.

L'application de cette règle devant les juridictions
civiles présente quelques difficultés.

On admet sans peine que la saisie et l'assignation soient
au premier chef des actes interruptifs (4).

Sont également *interruptifs de prescription* :

---

(1) Cass. 13 mai 1868. DP. 69. 1. 217. — Cass. mai 1876. DP. 76.
1. 400. — Cass. 1er fév. 1882. S. 83. 1. 155.

(2) Paris, 24 fév. 1855. Ann. 1855. 207. — 31 août 1855. Ann.
1855. 203.

(3) Cass. 9 déc. 1889. DP. 91. 5. 410. — 5 janv. 1892. DP. 92,
1. 415.

(4) Paris, 24 av. 1856. Ann. 1857. 163.

1° Des conclusions (1).

2° Un jugement ordonnant expertise. Notre jurisprudence refuse en revanche le même effet à l'expertise elle-même (2).

3° Le pourvoi en cassation, surtout lorsqu'il empêche l'exécution de la peine, c'est-à-dire que l'on se trouve en matière pénale. Mais, même en matière civile, où le pourvoi n'a cependant pas d'effet suspensif, la jurisprudence lui accorde cependant le caractère interruptif (3).

Qu'adviendra-t-il maintenant, une fois le procès engagé et l'assignation lancée devant le tribunal civil ?

La prescription a bien été interrompue, cela ne fait aucun doute, mais quelle prescription va recommencer à courir ? Une nouvelle et même prescription de trois ans ? ou la prescription trentenaire du droit commun ? Il s'agit, en effet, de savoir si la prescription édictée par l'art. 637 du C. d'Inst. Cr. qui régit l'action civile née d'un délit est non seulement *interrompue* par l'assignation en justice, mais encore *intervertie*.

L'intérêt de la question est important. Un débat civil peut souvent durer plus de trois ans, surtout dans ces matières qui donnent lieu, bien souvent, à des expertises fort longues. Le poursuivant peut-il, une fois qu'il a introduit sa demande, suivre purement et simplement la fortune de la procédure, ou bien, au contraire, est-il obligé, quand trois années vont être écoulées, sans qu'un acte d'*instruction* ou de *poursuite* ait eu lieu, de signifier une

---

(1) Cass. 26 oct. 1887. DP. 88. 1. 13.

(2) St-Etienne, 22 av. 1893. *La Loi*, 2 mai 1893. — Cass. 14 av. 1893. *La Loi*, 20 sept. 1893.

(3) Douai, 7 mai 1894. DP. 95. 2. 15.

nouvelle assignation ou des conclusions capables d'interrompre la prescription?

Pour dispenser le demandeur de ces formalités, qui compliquent bien inutilement une instance judiciaire, on invoque le vieux brocard latin : *omnes actiones quæ tempore pereunt, semel inclusæ judicio salvæ permanent.* On fait, en outre, observer que l'art. 2274 du Code Civil, a fait lui-même une première application de ce principe aux courtes prescriptions prévues par les art. 2271 à 2273 ; c'est là, dit-on, une règle qui doit être généralisée à toutes les prescriptions de courte durée ; une fois que ces prescriptions ont été interrompues par une assignation en justice, elles deviennent toujours des prescriptions trentenaires.

Quelque désirable que puisse nous paraître une telle solution, nous ne croyons pas que ce principe ait jamais été consacré par notre Code civil. L'adage cité plus haut n'est pas une preuve concluante ; il pouvait, en effet, fort bien cadrer avec la théorie très particulière des actions à Rome, sans qu'il y ait lieu pour cela de le reproduire dans notre droit.

Nous ne pensons pas non plus que l'art. 2274 puisse être généralisé. Les motifs de cette *interversion de prescription,* prévue explicitement par cet article, ont leur raison d'être dans le caractère des prescriptions particulières qui sont en cause. Les mêmes motifs ne se retrouvent nullement dans la prescription que nous étudions en ce moment. En effet, les prescriptions spéciales établies par les art. 2271 à 2273 sont fondées sur ce fait, que les dettes auxquelles elles s'appliquent étant en général payées dans un très bref délai, le débiteur n'a pas l'habitude d'en retirer quittance, précisément parce que le créancier n'a pas de

titre contre lui. Mais si, au contraire, une poursuite a été
introduite, le créancier devant par là même acquérir un
titre, il n'est plus nécessaire de protéger le débiteur par
une prescription spéciale ; s'il est soucieux de ses intérêts,
il aura soin de se faire donner une quittance pour se cou-
vrir à l'avenir des réclamations qui pourraient lui être
adressées et dont il sera désormais passible pendant trente
ans (1).

SECTION II. — DE L'EXERCICE DU DROIT DE POURSUITE

§ 1. — A qui appartient le droit de poursuite ?

101. — Quiconque justifie d'un droit de propriété sur
un dessin, peut poursuivre. C'est en général au déposant,
c'est-à-dire au propriétaire du dessin, qu'appartiendra ce
droit. Mais les ayants-cause du propriétaire originaire,
comme son cessionnaire, ses héritiers, ses créanciers,
peuvent aussi, dans les limites où ils ont acquis le bénéfice du droit d'auteur, faire respecter leur propriété et
intenter également des poursuites en contrefaçon.

102. — **De l'exercice de la poursuite en cas de cession.**
— *a*. Si la cession est totale, le cessionnaire est seul à
pouvoir agir. Le cédant est devenu un tiers et n'a plus
aucun droit à faire valoir. Nous n'admettrions donc pas
l'opinion de M. Vaunois (n° 259), consistant à laisser en

(1) V. dans le même sens Pouillet. *Prop. littér. et artist.*, n° 638.

tout état au cédant la faculté de poursuivre, en vertu
d'un prétendu droit moral et personnel, dont il n'a pu se
dépouiller. Nous ne voyons pas bien que ce droit moral
puisse subsister pour les dessins industriels, comme il
peut exister pour les dessins artistiques. De plus, ce que
l'auteur a cédé, c'est *son droit de reproduction*, or, c'est
à ce droit de reproduction seulement que porte atteinte la
contrefaçon prévue par la loi pénale. L'auteur originaire
a-t-il conservé la plus petite parcelle du monopole de
reproduction ? Nullement ; où puiserait-il alors son droit de
poursuivre ?

b. — Si la cession est partielle, le cédant peut poursuivre, dans la mesure des droits qu'il a conservés. Ce qui
se résume en une question d'interprétation du contrat de
cession lui-même.

Généralement la cession partielle est consentie pour une
région déterminée. Faite sous cette forme, elle donne au
cessionnaire seul, le droit de poursuivre les contrefaçons
commises sur le territoire concédé. M. Pouillet semble
vouloir assimiler à une copropriété, les droits respectifs du
cédant et du cessionnaire. La comparaison ne nous paraît
pas très exacte ; il n'y a pas indivision permettant à chaque
partie de faire respecter la propriété qui leur est commune ;
il y a bien plutôt division du droit dans les conditions
déterminées ; dans les limites de cette division, chaque
partie est seule à pouvoir agir (1).

103. — **De la poursuite exercée par un incapable.** —
Les incapables, comme la femme mariée, le mineur et
l'interdit, peuvent être les titulaires des droits d'auteur ;

_____

(1) V. Pouillet, n° 156.

mais pour exercer les actions qui sont la sauvegarde de leur droit et leur en assurent la jouissance, ils doivent être *habilités* suivant les règles du droit commun; la femme mariée a besoin de l'autorisation de son mari ou de justice; le mineur ou l'interdit ont besoin d'être assistés de la personne qui complète leur personnalité juridique.

Le *failli* est, en vertu de l'art. 443, dessaisi de l'administration de ses biens, mais il y a lieu de se demander si au cas où les syndics refusent de l'assister, il ne peut pas seul exercer la poursuite en contrefaçon. La chose a été jugée en matière de propriété littéraire et artistique, ainsi qu'en matière de marques; on reconnaît au droit d'auteur un caractère suffisamment personnel pour permettre au failli de l'exercer seul; la question nous paraît devoir mériter la même solution en matière de dessins, seulement les syndics auront toujours le droit de surveiller le recouvrement des dommages-intérêts obtenus par la poursuite, et d'en faire profiter la masse (1).

104. — La poursuite peut être exercée par tout intéressé quel qu'il soit. — Quiconque est intéressé à ce qu'une contrefaçon soit poursuivie, peut puiser dans son intérêt le droit de la poursuivre. C'est là une théorie qu'a inaugurée la Cour de Cassation en matière de tromperie sur la nature de la marchandise.

Aux termes des art. 1 et 65 du Code d'Inst. Crim., toute

(1) V. Pouillet, *Propr. litt. et art.*, n° 635 et *Traité sur les Brevets*, n° 756. — En matière de brevet, Cass. 2 fév. 1859. Ann. 1859. 103. — En matière de propriété artistique Paris, 25 janv. 1887. Ann. 1888. 186. — En matière de marques de fabrique. Paris, 18 mars 1897. *Le Droit*, 17-18 mai 1897.

personne, lésée par un délit, a le droit d'intervenir dans la
poursuite et de réclamer des dommages-intérêts ; ce droit
général ne saurait être limité que par une disposition
expresse de la loi ; or, aucune restriction ne se trouvant
dans l'art. 423 du Code Pénal, la Cour de Cassation reconnaît en conséquence le droit de poursuite à tout intéressé,
comme par exemple, aux concurrents du fraudeur (1).

On peut dire de même que l'art. 425 du Code pénal, ne
contenant, lui non plus, aucune restriction, toute personne
lésée dans ses intérêts par la contrefaçon d'un dessin, peut
poursuivre le contrefacteur en réparation de préjudice
causé. Il lui suffira, pour être recevable dans son action,
d'établir l'intérêt qu'elle a à la répression du délit. Seulement bien souvent cette preuve sera difficile à faire (2).

C'est ainsi que, par application de ces principes, l'acquéreur d'objets, revêtus du dessin déposé, aura le droit de
poursuivre les contrefacteurs, si le propriétaire du dessin
ne le fait pas (3).

M. Pouillet fait cependant quelques réserves qui nous
semblent fort justes.

« Le délit de contrefaçon consiste dans la reproduction
« d'une œuvre au mépris du droit de l'auteur, c'est-à-dire
« faite sans son autorisation. Or, si le débitant, évidem-
« ment lésé par la contrefaçon, le poursuit seul, sans l'as-
« sistance et en dehors de l'intervention de l'auteur, est-ce
« que le prévenu ne pourra pas lui répondre que le silence
« de l'auteur est une autorisation tacite, et que tant que

---

(1) Cass., 21 janv. 1892. Ann. 93. 286.
(2) Vaunois, nos 262 et 263.
(3) V. Philipon, no 174.

« l'auteur ne se plaint pas, les tiers n'ont eux-mêmes à
« formuler aucune plainte? (1) »

Ce qui caractérise, en effet, le délit de contrefaçon, c'est
que l'autorisation de l'auteur suffit pour effacer le délit;
il semble donc difficile qu'un simple intéressé puisse agir,
quand le propriétaire du dessin n'agit pas. Le délit alors
existe-t-il vraiment? On ne le sait jamais, car on ignore
si précisément l'auteur ne l'a pas fait disparaître par une
autorisation tacite. Il est vrai que le ministère public peut
toujours agir; quand bien même l'auteur n'agit pas; il est
vrai aussi d'ajouter, qu'en fait il n'agit jamais seul, précisément parce qu'on peut toujours supposer que si le propriétaire ne poursuit pas, c'est qu'il a renoncé à son droit,
et qu'alors il n'y a plus de délit.

**105. — Les associations ou syndicats peuvent-ils exercer
le droit de poursuite?** — C'est là une question nouvelle,
née du développement considérable qu'ont pris les syndicats ces dernières années. Les syndicats, en effet, ont
cherché à plusieurs reprises, notamment en ce qui concerne la poursuite en contrefaçon des marques de fabrique,
à intervenir en faveur d'un de leurs adhérents lésé par une
contrefaçon.

La jurisprudence a posé sur ce point une règle générale qui nous paraît en parfaite conformité avec la loi de
1884 : le syndicat ne peut poursuivre une contrefaçon en
son propre nom, de même qu'il ne peut intervenir en
faveur de l'un de ses adhérents, que s'il justifie d'un intérêt
certain pour lui-même. Le but de la loi de 1884 n'est
pas de permettre aux syndiqués de déléguer à la

(1) V. Pouillet, n° 159.

personnalité plus puissante du syndicat le soin de défendre
leurs propres intérêts. En France, nul ne plaide par procureur ; les syndicats ne peuvent faire échec à ce principe,
et l'accès des tribunaux ne leur est ouvert que s'ils y ont
des intérêts personnels à défendre (1).

106. — De la poursuite exercée par le Ministère public.
— Le ministère public peut poursuivre, c'est l'application
du droit commun, toutes les fois qu'il s'agit de la répression d'un délit.

La seule question qui se pose est celle de savoir, si le
ministère public doit, pour agir, attendre la plainte de la partie lésée. Certains auteurs voudraient étendre à notre matière l'exception apportée par la loi de 1844 sur les brevets,
considérant qu'il ne s'agit en définitive que d'un délit privé,
et que si la personne lésée ne prend pas elle-même le
souci de sa défense, il n'appartient pas au ministère public
de prendre les charges d'une poursuite, où les intérêts de
la société ne sont pas en jeu.

Le projet actuel de loi sur les dessins de fabrique assimile les deux situations, et, en matière de dessins comme
de brevets, le ministère public devra attendre la plainte de
la partie lésée pour agir. Cette solution est peut-être
bonne en théorie, mais dans l'état actuel de notre législation, ce serait créer la loi que de vouloir l'adopter ; nous
sommes en face d'un délit de droit commun, appliquons
donc le droit commun.

(1) V. Vaunois, n° 264. — Cass., 21 janv. 1892. Ann. 93. 286 et
rapport de M. Sallantin. — Amiens, 13 mars 1895. DP. 95. 2. 553 et
note de M. Planiol.

Hâtons-nous de dire toutefois que jamais, en fait, le ministère public n'agit s'il n'a reçu de plainte.

C'est par application des mêmes principes que tant que la loi n'aura pas apporté de dérogations expresses, nous devons décider qu'une fois déposée, la plainte est irrévocable ; l'action du ministère public ne peut pas plus être arrêtée par le désistement de la partie lésée, qu'elle n'a besoin de cette plainte pour être mise en mouvement ; la loi de 1844 elle-même sur ce point n'a pas modifié le droit commun (1).

§ 2. — Contre qui peut être exercée l'action en contrefaçon.

107. — La poursuite peut être exercée contre tout contrefacteur, c'est-à-dire contre quiconque s'est rendu coupable d'un fait de contrefaçon. Nous n'avons qu'à renvoyer pour plus amples détails à ce que nous avons dit dans notre chapitre premier sur les faits de contrefaçon proprement dits, sur ceux qui y sont assimilés, et sur les cas de complicité en cette matière.

Rappelons pour mémoire, que le contrefacteur peut être, soit le fabricant qui reproduit pour son propre compte le dessin sur lequel porte le droit d'auteur, soit le commissionnaire qui commande à un fabricant un dessin qu'il sait ne pas lui appartenir, soit le vendeur ou l'introducteur en France d'objets contrefaits.

En cas de cession partielle, si le cessionnaire exploite le dessin en dehors des limites d'exploitation à lui concédées,

---

(1) Pouillet, n° 156 et 157. — Fauchille, p. 219.

il est contrefacteur ; de même le cédant qui après avoir cédé son droit de reproduction, reproduirait son œuvre primitive, serait également un contrefacteur, par rapport à son propre cessionnaire, et serait passible des poursuites de ce dernier.

L'action en contrefaçon peut enfin être exercée contre le *complice* du contrefacteur, c'est-à-dire, soit contre celui qui sciemment exécute un dessin sur commande, alors qu'il sait pertinemment que celui qui lui a fait cette commande n'avait aucun droit sur le dessin, soit contre l'acquéreur de mauvaise foi qui achète, même pour son usage personnel, un objet qu'il sait être contrefait, soit, en un mot, contre tous ceux qui sciemment ont facilité, aidé ou provoqué le contrefacteur à la reproduction du dessin, par l'un des moyens prévus par l'article 60 du Code pénal.

Lorsque le contrefacteur est une société, l'assignation ne pouvant pas être, en cas de poursuite correctionnelle, donnée à une personne morale, il faudra assigner le directeur ou les administrateurs personnellement comme responsables (1).

108. — Du recours en garantie. — Le recours en garantie est-il permis au défendeur poursuivi en contrefaçon ? La question est intéressante, aussi bien pour le fabricant désirant mettre en cause le dessinateur dont il a reçu le dessin contrefait, que pour le débitant qui veut appeler en garantie le fabricant auquel il a acheté l'objet incriminé (2).

---

(1) Paris, 25 fév. 1880. Ann. 1880. 19.
(2) V. Philipon, n° 198. Pouillet, n° 147 et *Traité de Brevets*, n° 905 et suiv.

La réponse varie suivant la jurisprudence saisie de la poursuite.

Devant les tribunaux correctionnels, le recours en garantie n'est jamais admis. En effet, si le défendeur n'est pas coupable, la question de garantie ne se pose même pas. Si au contraire il est vraiment reconnu responsable du délit qu'on lui reproche, le recours qu'il pourrait exercer ne le déchargerait nullement de la faute personnelle qui lui incombe, mais aurait simplement pour effet de faire déclarer son garant coupable avec lui ; il y aurait alors deux coupables au lieu d'un (1).

Devant les tribunaux civils, la garantie est admise, mais seulement lorsque le défendeur est de bonne foi. On ne peut jamais, en effet, se décharger de la responsabilité d'un fait qu'on a commis sciemment. Donc s'il est de bonne foi, le défendeur pourra se retourner contre son gérant et lui faire supporter les conséquences de la condamnation en dommages-intérêts, prononcée comme réparation du préjudice qui a été causé par la contrefaçon inconsciemment commise (2).

109. — Des demandes reconventionnelles. — Toute personne assignée à *tort* en contrefaçon peut demander reconventionnellement des dommages-intérêts à raison du préjudice qui lui a été causé par cette demande abusive.

Ce principe, posé d'une façon générale par le Code d'Instr. crim. (art. 191 et 212) a été précisé très heureusement par la jurisprudence, qui n'admet la demande reconventionnelle que si l'action originaire a été introduite

(1) Tr. Seine, 4 mars 1862. Ann. 62. 319.
(2) Colmar, 7 août 1855. Le Hir, 56. 11. 155.

de mauvaise foi, dans un but vexatoire, ou même si elle est le résultat d'une erreur lourde ou grossière équivalant au dol.

C'est, en effet, un droit pour chacun de soutenir ses intérêts devant les tribunaux. Le dommage ainsi causé à autrui dans l'exercice légitime de ce droit ne peut pas, par lui seul, rendre le demandeur passible d'une condamnation à des dommages-intérêts, *à moins qu'une faute* n'ait été commise dans l'usage de ce droit. Ce correctif apporté par la jurisprudence nous paraît donc absolument juste (1).

110. — Des tribunaux compétents. — Le principe c'est que le tribunal compétent pour juger la demande principale, l'est aussi pour trancher la demande reconventionnelle ; c'est du moins ce que dit formellement l'art. 191 du Code d'Instr. crim. en ce qui concerne les tribunaux correctionnels.

La loi ne dit rien des tribunaux de commerce. Si la demande principale est introduite devant eux, ont-ils la même compétence pour juger la demande reconventionnelle ? On l'a admis, et avec raison, tant il y a analogie entre ces deux cas ; cependant la question a fait doute quelque temps (2).

---

(1) Cass., 11 juin 1890. DP. 91. 1. 193 et la note. — Cass., 15 mars 1892. DP. 93. 1. 276. — Vaunois, nos 319. 320.

(2) Tr. com. Seine, 23 juill. 1857. *Journ. trib. com.*, 57. 478 ; Tr. Com., Seine, 27 déc. 1860. *Journ. trib. com.*, 61. 101,

SECTION III. — DES JURIDICTIONS COMPÉTENTES ET DE LA PROCÉDURE.

§ Ier. — De la compétence en matière civile ou correctionnelle.

111. — Compétence en matière civile. — Lorsqu'il s'agit de faire juger une revendication de propriété, une action en nullité ou une demande de dommages-intérêts, on doit, dans ces différents cas, s'adresser à la juridiction civile. Quelle sera alors la juridiction compétente ?

La loi de 1806 attribue, d'une façon formelle, compétence aux Tribunaux de commerce. L'art. 15 est ainsi conçu : « Tout fabricant qui voudra pouvoir revendiquer par la suite *devant le tribunal de commerce*, la propriété d'un dessin sera tenu d'en déposer. . . . . . » On ne peut demander plus de précision ; et cependant, une question très délicate s'est posée, celle de savoir si la loi de 1806 entend donner par là aux tribunaux de commerce une compétence *exclusive*.

Généralement le débat s'agite entre fabricants ou industriels pour des faits de leur commerce, il n'y a donc rien d'étonnant à ce que la loi ait entendu, dans ce cas, laisser compétence au Tribunal de commerce, même pour trancher une question de propriété ? Mais que décider lorsque le débat s'engage entre gens qui ne sont pas commerçants ? Cette hypothèse sera rare en pratique, elle peut cependant se présenter ; c'est, par exemple, le cas de deux dessinateurs qui revendiquent chacun la propriété d'un dessin.

M. Pouillet (1) n'hésite pas à penser que la compétence appartient alors au Tribunal civil. MM. Philipon et Fauchille croient au contraire à la compétence absolue du Tribunal consulaire et à l'obligation pour les juges des Tribunaux civils de se déclarer incompétents (2). La jurisprudence sur ce point est mal fixée ; la raison en est peut-être tout simplement que la question n'a pas grand intérêt pratique et s'est rarement posée.

Nous sommes assez portés, pour notre part, à nous ranger à la théorie de MM. Fauchille et Philipon, tout en la restreignant quelque peu dans son application. Nous admettrions en effet fort bien que les tribunaux civils jugent valablement, quand les parties ne soulèvent pas l'incompétence. Le but de la loi de 1806 a été précisément de donner aux dessins une protection spéciale, en établissant une procédure particulière de dépôt, et en instituant une juridiction qui soit mieux à même de connaître ces questions. Mais il doit toujours être libre aux propriétaires de dessins de faire trancher leur différend par la juridiction de droit commun, c'est-à-dire la juridiction civile.

Certains auteurs regrettent ce manque d'uniformité dans notre législation industrielle ; les questions de propriété concernant les brevets et les marques sont de la compétence des tribunaux civils, tandis que celles concernant les dessins relèvent au contraire des tribunaux de commerce. Est-il à désirer de mettre la loi en harmonie sur tous ces points? Ce défaut d'uniformité ne nous paraît pas quant à nous un argument de grande valeur. Depuis 1806, les tribunaux de commerce ont assez montré qu'ils étaient

(1) Pouillet, n° 161.
(2) Philipon, n° 186. — Fauchille, p. 251 et suiv.

dignes de la mission que leur a confiée le législateur, pour qu'on leur laisse la compétence de ces questions.

De l'incompétence des conseils de prud'hommes. — Il est aujourd'hui unanimement reconnu que les conseils de prud'hommes sont incompétents en ces matières. On avait cru pouvoir tirer argument en leur faveur de l'art. 23 du décret du 11 juin 1809 et de l'art. 1 du décret du 3 août 1810. Aux termes de ces décrets, en effet, les Conseils de prud'hommes ont à juger toutes les contestations entre marchands, fabricants, chefs d'atelier, contremaîtres, ouvriers, compagnons et apprentis. Mais il est facile de répondre que cette juridiction n'a été instituée que, pour trancher les difficultés provenant de l'interprétation du contrat de travail et non pas les questions de propriété (1).

De la compétence « ratione personæ ». — Nous n'avons sur ce point qu'à renvoyer aux règles ordinaires de l'art. 69, C. pr. civ.

112. — Compétence en matière correctionnelle. — Nous avons vu que le demandeur peut, s'il le préfère, agir par la voie correctionnelle, soit en portant plainte au Procureur de la République, qui alors prendra l'initiative de la poursuite, le plaignant se portant simplement partie civile, soit en lançant lui-même une citation directe devant le Tribunal correctionnel; c'est cette voie, du reste, qui, en pratique, est ordinairement suivie.

Le Tribunal compétent sera, conformément à l'art. 23 du Code d'Inst. crim., le Tribunal du domicile du défendeur, ou

_____

(1) V. dans ce sens : Cass., 5 juill. 1865. Ann. 1866. 32. — Lyon. 4 mars 1869. Ann. 1874. 228. — Pouillet, n° 163. Vannois, n° 278.

celui du lieu où a été commis le délit, ou enfin celui où l'auteur du délit aura été arrêté, dans le cas où celui-ci se serait enfui, pour se soustraire à la poursuite correctionnelle.

S'il y a des complices, et qu'ils soient poursuivis en même temps que l'auteur principal du délit, ils peuvent, par suite de la connexité, être traduits devant le Tribunal où a été assigné l'auteur principal ; c'est là encore purement et simplement l'application du droit commun (1).

Si le délit est commis à l'étranger et par un étranger, les Tribunaux français sont incompétents, mais ils pourront être saisis valablement lorsque le délit se manifestera par l'introduction en France des objets contrefaits (2).

On pourrait croire que puisque le Tribunal du lieu où a été commis le délit est compétent, celui du lieu où la saisie a été opérée l'est toujours, ce serait une erreur. La saisie n'est pas toujours faite au lieu de fabrication ou de vente de l'objet contrefait, c'est-à-dire au lieu où le délit a été consommé ; on peut saisir ailleurs, par exemple, en cours de route des objets, ou en destination d'un individu, qui, de bonne foi, les a achetés ; ou bien enfin chez cet acquéreur

---

(1) M. Vannois, (n° 283) signale en cas de pluralité de défendeurs un petit artifice déloyal de procédure, dont les Tribunaux ne doivent pas être victimes. Certains plaignants font acheter par un compère les objets contrefaits à tel endroit, fixé d'avance ; ils y font saisir les objets et fixent ainsi la compétence à un tribunal de leur choix. Le Tribunal de la Seine a décidé très justement qu'un demandeur ne peut se donner arbitrairement plusieurs adversaires pour échapper à la compétence du domicile du vrai défendeur.

Tr. Seine, 23 juin 1894. *La Loi*, du 26 août 1894.-- Cass., 1er mai 1863. Ann. 63. 313.

(2) Tr. corr. Seine, 6 janv. 1877. Ann. 78. 207.

lui-même; dans tous ces cas, le Tribunal compétent ne serait pas celui du lieu de la saisie (1).

§ 2. — De la Procédure.

113. — Que l'on soit devant la juridiction *consulaire ou devant la juridiction correctionnelle,* peu importe, ce sont les règles ordinaires du droit commun qu'il faut appliquer, nous ne faisons qu'y renvoyer.

1° De l'assignation.

En matière de dessins, il n'y a pas de délai légal pour assigner. Les lois de 1844 et de 1857 concernant les brevets et les marques en ont fixé un, mais le silence de la loi de 1806 sur ce point est, au contraire, la consécration du droit commun.

Quand on assigne au correctionnel, il est bon de se rappeler que l'on poursuit en vertu d'un délit. Le nom du prévenu doit donc être mentionné personnellement, et en cas d'assignation donnée à une société, il n'est pas suffisant d'assigner l'être moral, c'est-à-dire la société, mais il faut que l'assignation soit donnée nominativement aux associés, ou du moins à ceux qui ont commis le délit; la société, en tant qu'être moral ne peut être prise que comme partie civile et ne peut-être tenue qu'à des dommages-intérêts.

2° — De l'ouverture de dépôt

Le dépôt a plus d'importance que ne semble le dire

(1) V. Paris. 28 mars 1855. Ann. 55. 26 et observations de M. Pataille.

l'art. 17. Cet article en effet décide qu'en cas de contestation entre deux ou plusieurs fabricants sur la propriété d'un dessin, le Conseil de Prud'hommes procèdera à l'ouverture du dépôt et indiquera celui des fabricants qui a la *priorité* de la date.

L'art. 17 ne prévoit pas le cas où il s'agit exclusivement d'une instance en contrefaçon : dans ce cas il est parfois nécessaire que le juge ait sous les yeux le dessin déposé, celui qui fait l'objet du droit de propriété, afin de pouvoir le comparer avec le dessin du prévenu. La jurisprudence a, sur ce point, remédié à la loi. Les Tribunaux rendent un jugement ordonnant que le dépôt leur soit remis; le greffe alors est chargé de transmettre cette demande au Conseil des Prud'hommes qui a reçu le dépôt, et qui se trouve ainsi couvert par le jugement lui permettant de se dessaisir.

M. Vaunois (n° 288) cite pourtant un jugement du Tribunal de Commerce de la Seine du 9 décembre 1896. (*Le Droit, 1er janvier 1897*) qui a refusé d'enjoindre au Conseil des Prud'hommes d'avoir à lui faire remise du dépôt, disant que c'est au Conseil des Prudhommes lui-même, qu'il appartient de procéder à cette ouverture. Comme le dit encore M. Vaunois, cette sentence est quelque peu formaliste; elle aboutirait bien vite à un déni de justice, si le Conseil des Prud'hommes estimait, à son tour, que la loi de 1806 ne l'autorise à ouvrir les dépôts que lorsqu'il s'agit de la priorité du droit.

3° — De la chose jugée.

Le tribunal de commerce a la plénitude de juridiction; il tranche souverainement les questions de propriété, de nouveauté de dessins, de nullités et de validité du dépôt, qui sont soulevées à l'occasion de la poursuite en contrefaçon. Le tribunal correctionnel, au contraire, n'a qu'à trancher le fait de la contrefaçon; le prévenu ne manquera généralement pas de contester la propriété du dessin ou la validité du dépôt; le tribunal correctionnel s'il ne surseoit pas jusqu'à ce que la juridiction civile ait statué, ne peut trancher qu'accessoirement ces questions préjudicielles au fait de la contrefaçon; sa décision n'a pas l'autorité de la chose jugée à l'égard du prévenu qui peut toujours, dans une autre poursuite intentée par le même propriétaire de dessin, soulever ces mêmes questions et les faire juger à nouveau.

On voit par là que si l'inventeur du dessin trouve dans la poursuite correctionnelle une juridiction plus protectrice et qui frappe plus sévèrement le contrefacteur, en revanche le jugement, obtenu au correctionnel, a des effets beaucoup plus relatifs et contingents (1).

4° De l'Expertise

Les tribunaux, lorsqu'ils ne se trouvent pas suffisamment éclairés, peuvent ordonner avant faire droit qu'une vérification soit faite par experts (2).

L'expertise se fait alors d'après les règles du Code civil ou du Code d'Instruction Criminelle, suivant la juridiction devant laquelle est engagée l'instance en contrefaçon. Nous rentrons dans le droit commun. C'est ainsi notamment que

(1) V. ce que nous avons déjà dit sur cette question au chap. des nullités et déchéances, n° 79.

(2) V. Vaunois, n° 289.

la Cour de Paris a décidé, que le jugement qui ordonne une expertise, comportant une vérification et une preuve dans lesquelles il puisera les éléments de la décision à intervenir, présente tous les caractères d'une décision interlocutoire dont l'appel est recevable avant tout jugement au fond (1).

L'expertise est un mode d'instruction laissé à la plus entière appréciation des tribunaux. Par conséquent, même lorsque le prévenu a conclu à une expertise, la Cour peut, sans avoir à se prononcer d'une façon spéciale sur ce chef des conclusions, déclarer purement et simplement qu'il y a contrefaçon, si elle juge que les éléments de ressemblances entre les deux objets sont suffisants. Un arrêt, ainsi motivé en fait, échapperait à l'examen de la Cour de Cassation (2).

(1) Paris, 25 nov. 1876. Ann. 1878. 119.
(2) Cass. 10 déc. 1863. Ann. 1864. 254.

CHAPITRE III

DE LA CONSTATATION DE LA CONTREFAÇON

114. — La preuve que doit fournir le poursuivant est double :

1° Il doit établir d'abord qu'*il a bien un droit exclusif sur le dessin en question*. Cette preuve sera faite généralement par le certificat de dépôt, constatant la date du dépôt et le nom du déposant. Si, de plus, il y a contestation sur l'identité du dessin, en vertu duquel on poursuit, avec celui qui a été déposé, on procédera alors à l'ouverture du dépôt (1).

2° Le poursuivant doit ensuite faire la preuve des faits incriminés, c'est-à-dire établir que le prévenu a bien réellement fabriqué ou vendu des objets contrefaits, qu'il s'est bien, en un mot, rendu coupable d'un fait de contrefaçon.

C'est cette preuve des faits incriminés que nous avons spécialement à étudier ici.

Tous les modes de preuve sont admis pour établir la contrefaçon. — La loi de 1806 n'ayant fixé aucun mode spécial de preuves, c'était les admettre tous ou, plus exac-

(1) Voir ce que nous avons dit à ce sujet, p. 218.

tement, c'était dire que la contrefaçon peut être établie par tous les modes de preuves admis devant la juridiction saisie de l'affaire. Nous n'aurons donc qu'à appliquer les principes généraux en matière de preuves, lorsque la chose à prouver sera simplement la constatation d'un fait.

Le propriétaire du dessin pourra établir la contrefaçon par les *factures,* les *notes* ou les *livres* provenant du contrefacteur.

La preuve *par témoins* sera admise, non seulement devant la juridiction correctionnelle, mais encore devant la juridiction commerciale, et cela aux termes de l'article 432 du Code de Pr. civ.

L'*aveu* sera une preuve parfaitement valable. Au civil, il suffira pour faire déclarer le prévenu contrefacteur; mais au correctionnel il n'en sera pas de même, et le tribunal pourra toujours, malgré l'aveu du prévenu, déclarer qu'il n'y a pas délit; c'est que l'aveu en matière criminelle n'est pas indivisible comme en matière civile, il n'est qu'un simple élément d'appréciation pour le tribunal (1).

Enfin le *serment décisoire* ou *supplétoire* pourra également servir de preuve à la contrefaçon.

Toutes ces preuves sont généralement d'un usage difficile; aussi, en pratique, a-t-on habituellement recours au procès-verbal de constat par huissier, ou encore à la saisie soit réelle soit descriptive.

115. — Des procès-verbaux de constat. — L'huissier, à la requête du demandeur, s'en va chez le prévenu, et là, sans mission du tribunal, dresse procès-verbal de ce qu'il constate : mise en vente de tels ou tels objets, reconnais-

(1) Cass., 30 juin 1865. Ann. 65. 335.

sance par le fabricant que tel dessin est bien fabriqué dans sa maison, etc...

L'huissier, dans ces circonstances, fait acte de simple particulier ; il n'agit pas en vertu d'une ordonnance du Président ; tout ce qu'il rapporte dans son procès-verbal n'a que la force probante d'une simple allégation, comme serait celle de tout particulier, si ce n'est pourtant que la personnalité de l'huissier peut, dans certains cas, présenter plus de garantie pour le Tribunal.

La jurisprudence a eu déjà souvent à juger la valeur juridique de ces procès-verbaux. Elle a judicieusement décidé qu'ils n'avaient pas même la valeur d'un témoignage, mais n'étaient que de simples allégations, tombant devant toute allégation contraire (1).

Nous n'irons pas cependant jusqu'à dire, avec la Cour de Bordeaux, que ces officiers n'ont aucune qualité pour recevoir les déclarations ou les aveux des parties sans un pouvoir spécial (2). Ils n'ont pas cette qualité comme huissiers, c'est entendu ; mais ils l'ont comme simples particuliers, et à ce titre peuvent prêter leur concours, qui vaudra ce que les tribunaux l'apprécieront (3).

116. — **De la saisie descriptive et de la saisie réelle.** — De ce que nous venons de dire il résulte qu'il est plus prudent pour l'auteur du dessin, qui veut apporter une preuve indiscutable du fait de la contrefaçon, de suivre

---

(1) V. Rouen, 23 nov. 1892. Ann. 96. 314. — Dijon, 12 juill. 1894. Ann. 96. 288.

(2) Bordeaux, 10 mai 1893. DP. 95. 2. 374.

(3) V. Vaunois, n° 276.

les voies normales, et d'opérer par le ministère d'huissier une saisie descriptive ou une saisie réelle. Rien ne l'oblige pourtant à cette formalité préliminaire. Lui seul est juge de l'opportunité qu'il peut y avoir à l'accomplir (1).

Disons toutefois qu'en pratique c'est le mode de preuve le plus usuellement employé, comme étant le plus probant.

La saisie descriptive est l'acte par lequel l'huissier désigne et décrit les objets prétendus contrefaits, mais sans les mettre sous scellés.

La saisie réelle, au contraire, est la mise sous la main de justice de l'objet prétendu contrefait. C'est une véritable confiscation provisoire, faite par l'intermédiaire de l'huissier autorisé à cet effet.

117. — De la Procédure à suivre en matière de saisie.

— La procédure à suivre, en matière de saisie, est une des questions qui ont été le plus discutées. Nous allons commencer par exposer la théorie suivie dans la pratique depuis plusieurs années déjà, et qui par conséquent est la plus utile à connaître ; nous résumerons ensuite les autres systèmes qui ont été soutenus autrefois et qui ne sont pas, il faut bien le reconnaître, dénués de fondement juridique.

1ᵉʳ Système. Saisie opérée sur ordonnance du Président du Tribunal civil.

La dernière jurisprudence décide que seul le Président du Tribunal civil a le droit de rendre une ordonnance permettant de pratiquer une saisie. Elle se fonde sur l'ar-

(1) Nîmes, 28 juin 1843. J. P. 46. 1. 369.

ticle 54 du décret du 30 mars 1808 qui est ainsi conçu :
« Toutes requêtes à fin d'arrêt ou de revendication de
« meubles ou marchandises, ou autres mesures d'urgence
« seront présentées au Président du tribunal qui les répon-
« dra sur son ordonnance. »

La contrefaçon, dit-on, est à la propriété intellectuelle
ce que la soustraction ou la détention est à la propriété
mobilière ; le contrefacteur est en quelque sorte soumis
à une véritable action en revendication, car il s'est servi
du bien d'autrui. De plus, ce même article 54 donne compétence pour toutes autres mesures urgentes ; or la saisie est
toujours une mesure urgente qui doit être faite au moment
opportun, au risque de n'avoir plus aucune utilité (1).

Nous reconnaissons que cette saisie par ministère
d'huissier sur ordonnance du président est commode en
pratique, présente toutes garanties, et généralise la procédure à suivre en matière de saisie, qu'il s'agisse de brevets, de marques ou de dessins de fabrique. Ce sont là
assurément d'excellentes raisons pour légitimer l'opinion
qui a prévalu dans la pratique. Il resterait à se demander
si, même en admettant que l'article 54 ait prévu notre
cas, ce qui est très contestable, la loi de 1806 n'avait pas
précisément fixé une autre procédure de saisie, spéciale
aux dessins.

2ᵉ Système. — Saisie opérée par les soins du Conseil des prud'hommes.

Les articles 10, 11, 12 de la loi de 1806, sur lesquels
repose tout ce système, sont ainsi conçus :

(1) V. Lyon, 4 mars 1869. Ann. 74. 228. — Paris, 27 juill. 1876.
Ann. 76. 206. — Tr. Seine, 27 août 1879. Ann. 80. 110. — Tr. Seine,
3 déc. 1891. Ann. 92. 223 et la note.

Art. 10. — « Le Conseil des prud'hommes sera spécialement chargé de constater, d'après les plaintes qui pourraient lui être adressées, les contraventions aux lois et
règlements nouveaux ou remis en vigueur. »

Art. 11. — « Les procès-verbaux dressés par les pru-
d'hommes pour constater ces contraventions seront renvoyés aux tribunaux compétents, ainsi que les objets
saisis. »

Art. 12. — « Les prud'hommes, dans les cas ci-dessus,
et sur la réquisition verbale ou écrite des parties, pourront, au nombre de deux au moins, assistés d'un officier
public, dont un fabricant et un chef d'atelier, faire des
visites chez les fabricants, chefs d'ateliers, ouvriers et
compagnons. »

Comme on le voit, d'après ces articles, celui qui désire
opérer une saisie doit adresser requête au président du
Conseil des prud'hommes, lequel désigne deux membres
du Conseil, qui, assistés d'un officier public, sont chargés
de constater les contraventions aux lois et aux règlements.
Ils dressent un procès-verbal, qu'ils renvoient avec les
objets saisis aux tribunaux compétents, pour qu'il y soit
statué (1).

Telle est la procédure qui, pendant près de 50 ans, a
été suivie tant à Lyon qu'à Saint-Etienne.

On a fait à ce système deux objections qui sont loin
d'être décisives :

1° Comment, dit-on d'abord, faire constater la contrefaçon dans les lieux où il n'y a pas de Conseils de pru-
d'hommes? Le législateur aurait donc commis de ce chef
une lacune grave ? — La réponse est facile. La loi de 1806

(1) Mollot, *Code ouvrier*, p. 288.

a entendu créer une nouvelle protection pour les dessins, protection plus efficace que celle que donnait la loi de 1793 et pour cela elle a institué les Conseils de prud'hommes, gardiens de cette propriété. Ces Conseils, il est vrai, ne sont créés dans les différents centres qu'au fur et à mesure que le besoin s'en fait sentir. Mais en attendant que le développement de l'industrie ait nécessité cette extension, la loi de 1793 continue à s'appliquer, et c'est d'après les règles posées par le législateur de 1793 que doit s'opérer la saisie dans les centres où il n'y a pas encore de Conseils de prud'hommes.

2° De plus, dit M. Philipon, ces *articles 10, 11, et 12* paraissent bien supposer qu'il s'agit de contraventions rentrant dans la compétence des Conseils de prud'hommes; or les contrefaçons ne sont pas de la compétence de ces Conseils (art. 15, l. 1806). — Nous reconnaissons avec M. Philipon que les Conseils des prud'hommes ne sont pas compétents pour juger ces questions de contrefaçons; mais il ne s'agit pas de les *juger*, il y a lieu seulement de les *constater*. Il s'agit si peu de les juger que l'art. 11 dit formellement qu'après avoir dressé ces procès-verbaux, les Conseils de prudhommes les renverront aux tribunaux compétents qui devront, eux, juger le fonds de l'affaire. L'art. 11 est même encore plus explicite; non seulement les Conseils de prud'hommes devront renvoyer à qui de droit ces procès-verbaux, mais ils devront renvoyer avec eux *les objets saisis*. C'est donc bien dire par là que, dans certains cas, les Conseils de prud'hommes auront à faire des saisies sur des faits qui ne rentrent pas dans leur compétence.

3ᵉ système. — **De la saisie par le commissaire de police.**

Dans cette opinion la procédure à suivre est celle qui a été fixée par l'art. 3 de la loi de 1793, modifié par l'art. 1ᵉʳ du décret du 25 prairial an III. C'est aux commissaires de police, ou à leur défaut aux juges de paix, à procéder à la saisie des dessins argués de contrefaçon; et cela sur la simple réquisition de la partie lésée, pourvu qu'elle justifie cependant que le dépôt a été opéré.

Comme on le voit, on généralise dans ce système la règle, qui, dans le système précédent, n'était appliquée qu'aux endroits, où il n'y a pas de Conseils de prud'-hommes. Il est certain, dit-on, que la loi de 1806 n'a fait que compléter celle de 1793, il est donc naturel, sur une procédure générale comme celle de la saisie, de se référer à la loi première qui a prévu le cas, et l'a réglé. Au surplus en 1845, lors de la discussion du projet de loi sur les dessins, quand il s'est agi de la réglementation de la saisie, c'est aux règles posées en cette matière par la loi de 1793 que l'on a entendu se référer, pour y apporter ensuite certaines modifications (1).

118. — **De la saisie provoquée par le ministère public.** — Le ministère public pouvant poursuivre d'office la répression, il s'ensuit qu'il doit pouvoir, lui aussi, se munir de preuves nécessaires à la constatation de la contrefaçon qu'il veut réprimer. Il pourra donc faire procéder à une

_____

(1) V. *Moniteur,* 1846, p. 446. — Pouillet, nᵒ 171.

saisie. Les formes de cette saisie seront celles mêmes qui sont prévues par le Code d'Instruction criminelle ; c'est l'officier de police judiciaire qui saisit, sur l'ordre préalable du Juge d'Instruction.

CHAPITRE IV

DE LA RÉPRESSION

119. — La répression de la contrefaçon est *pénale* ou *civile*. Elle est *pénale*, puisque les articles 425 et suivants du Code pénal ont apporté une sanction aux droits consacrés par la loi de 1806. Elle est en outre *civile*, en ce que l'article 1382 trouve son application en ces matières, comme toutes les fois qu'il s'agit d'indemniser par des dommages-intérêts celui qui a éprouvé un préjudice par la faute d'autrui.

§ I. — De la répression prévue par la loi pénale.

120. — Les peines prévues et réglées par la loi pénale sont au nombre de deux : *l'amende* et la *confiscation*.

1. — De l'Amende.

L'article 427 frappe le contrefacteur ou l'introducteur d'une peine de 100 francs au moins et de 2.000 francs au plus, et le débitant d'une amende de 25 à 500 francs.

Rappelons ici une règle générale de notre droit; c'est

que le cumul des peines y est interdit ; aussi l'individu,
convaincu à la fois de contrefaçon et de vente d'objets
contrefaits, ne pourra être frappé que de la plus forte
de ces deux peines.

2. — De la Confiscation.

121. — La confiscation est un mode de réparation très
simple et très normal : elle consiste dans la remise au
propriétaire du dessin, des objets contrefaits et des
instruments qui ont servi à fabriquer ces objets.

C'est une peine dont le Tribunal doit obligatoirement
frapper le prévenu, reconnu coupable de contrefaçon;
l'article 429, en effet, ne laisse aux juges aucun pouvoir
discrétionnaire sur ce point. De plus, c'est bien la remise
matérielle des objets contrefaits que doit prononcer le
Tribunal, et non la simple remise du produit de leur
vente (1). La pratique n'a pas admis sur ce point l'opinion
contraire de M. Waelbroek, qui du reste est demeurée
isolée, pour avoir pris trop à la lettre le texte de la loi.
(Voir cet auteur, n° 123.)

Il est évident que la confiscation du dessin entraîne celle
de *l'objet* dans lequel il est incorporé (2), mais encore
faut-il que le dessin y soit *incorporé* déjà, et on ne
pourrait pas, par exemple, confisquer des tissus simplement préparés, et auxquels n'aurait pas encore été adapté
le dessin faisant l'objet de la poursuite. En ce qui con-

(1) V. Loi 1844, sur les brevets, art. 42 et Loi de 1857, sur les marques, art. 14.

(2) V. Paris, 11 déc. 1857. Ann. 58. 287. — Pouillet, n° 188. —
Philipon, n° 216,

cerne la *confiscation des instruments*, il ne peut s'agir évidemment que de ceux qui ont été construits exclusivement en vue de fabriquer le dessin lui-même ; on ne pourrait pas saisir des métiers qui, pouvant tisser toute espèce d'étoffes, ont par là-même servi à tisser l'étoffe du dessin incriminé (1).

122. — De la nature de la confiscation. — La confiscation est-elle une *peine* ou une *simple réparation* ? La question est importante ; et de la solution qu'on y donne, dépend la réponse à faire à deux autres questions très controversées : celle de savoir, d'abord, si la confiscation peut être prononcée par les tribunaux correctionnels en cas d'acquittement, — et ensuite si les tribunaux de commerce peuvent l'ordonner.

Il nous semble difficile, quant à nous, de ne pas reconnaître que la confiscation est une simple réparation en nature, une restitution au propriétaire de l'objet qui est sa propriété. On oppose, il est vrai, le fait que cette réparation est prévue par la loi pénale, et on veut par là lui donner le caractère d'une peine. A nos yeux, cela ne saurait être un argument décisif. Qui dit peine, dit un châtiment infligé directement par la société et en quelque sorte à son profit ; la société seule a le droit de frapper l'individu. Si la peine est une amende, l'amende va au Trésor ; la confiscation, au contraire, est une simple mesure prise pour assurer au propriétaire une première réparation. La meilleure preuve, c'est que l'article 429 dit, lui-même, que cette confiscation sera faite au profit du propriétaire, pour l'indemniser d'autant du préjudice qu'il aura souffert, et

(1) V. Pouillet, n° 181. — Vaunois, n° 337.

que le surplus de l'indemnité sera réglé par les voies ordinaires.

Si nous admettons, en définitive, que la confiscation est une simple réparation, il nous est facile maintenant de résoudre les deux questions controversées que nous avons indiquées plus haut.

1° *La confiscation peut-elle être prononcée en cas d'acquittement ?* Nous n'hésitons pas à répondre affirmativement. Pour constituer le délit, il faut la réunion de certaines circonstances ; l'une d'entre elles peut faire défaut, par exemple l'absence de mauvaise foi chez le prévenu, et dans ce cas, le délit n'existant pas, la condamnation pénale ne peut s'appliquer ; pourtant il y a eu préjudice pour l'auteur dont on a pris le dessin, il est donc nécessaire que, même en acquittant le prévenu, le tribunal puisse prononcer la confiscation au profit du propriétaire du dessin, pour l'indemniser du dommage par lui éprouvé (1).

2° *La confiscation peut-elle être prononcée par les Tribunaux de commerce ?* — Pour nous encore la solution ne saurait être douteuse dans ce cas. Il est dans les attributions des tribunaux de commerce, d'avoir à statuer sur les réparations du préjudice causé. Si donc la confiscation est un mode prévu par la loi pour réparer ce préjudice, les tribunaux de commerce ont le droit de la

_____

(1) V. dans ce sens : Paris, 12 juill. 1867. Ann. 67. 407. — Paris, 25 juill. 1895. Ann. 96. 24 et la note. — Pouillet, n° 177 et suiv. — Philipon, n° 215. — Fauchille, p. 231.

V. en sens contraire : Vaunois n°s 327 et 328 et les décisions qu'il rapporte.

prononcer, comme ils ont le droit d'accorder des dommages-intérêts à toute partie qui a subi un dommage (1).

123. — Mentionnons, à titre complémentaire, trois opinions que nous ne pouvons admettre, car elles ont pour nous le défaut capital de ne pas conserver dans les phases diverses de cette question un seul et même criterium.

a). — Certains auteurs admettent que les tribunaux civils ou de commerce peuvent toujours sans prononcer la confiscation, qui n'est pas dans leur compétence, accorder au propriétaire du dessin, la remise des objets contrefaits et cela à titre de dommages-intérêts. C'est là comme le dit très bien M. Vaunois (n° 330), en rapportant l'opinion de ces auteurs, une pure querelle de mots; cette remise des objets contrefaits aboutit à une véritable confiscation (2).

b). — Pour M. Garraud (Traité de droit pénal, t. I, n° 365), la confiscation est une peine; l'art. 427 la prononce comme répression du délit prévu par l'art. 425, mais cette peine aurait un caractère *mixte :* frapper le prévenu en indemnisant le propriétaire au droit duquel on a porté atteinte. C'est pourquoi, suivant cet honorable auteur, il est permis aux tribunaux correctionnels, mais aux tribunaux correctionnels *seuls* de la prononcer, même en cas d'acquittement, car la confiscation n'en garde pas moins le caractère de peine.

(1) V. Paris, 15 av. 1857. Teulet, 57. 229. Ann. 1868. 305, article de M. Pataille. — Pouillet, n° 179. — V. pourtant en sens contraire : Douai, 29 juin 1867. Ann. 68. 77.

(2) V. Blanc, p. 466. — Calmels, n° 647. — Gastambide, n° 183. — Renouard, t. II, p. 424.

Nous avouons très humblement ne pas être convaincu par ce raisonnement. Si vraiment la confiscation est *une peine*, pour partie au moins, comment les tribunaux correctionnels peuvent-ils la prononcer en cas d'acquittement?

c). — M. Darras enfin soutient qu'en cas d'acquittement le tribunal correctionnel ne peut frapper le prévenu de confiscation, mais qu'en revanche les tribunaux de commerce peuvent la prononcer dans tous les cas (1).

124. — De l'utilité de la saisie au point de vue de la confiscation. — Il nous semble nécessaire, pour que les tribunaux puissent prononcer la confiscation de dessins contrefaits, que ces dessins aient fait l'objet d'une saisie. C'est le seul moyen de constater leur identité, et les tribunaux peuvent, seulement dans ce cas, être certains qu'ils ordonnent bien la confiscation d'objets vraiment contrefaits (2).

§ 2. — De la répression prévue par la loi civile.

La répression civile comprend tout d'abord les *dommages-intérêts* auxquels le demandeur a droit, en vertu de l'art. 1382, ensuite l'*affichage* du jugement et son *insertion* dans les journaux, qui sont des modes de réparation normale prévus par l'art. 1036 du Code de Proc. civ.

(1) Darras, *De la Contrefaçon*, n° 1568, 1572 et suiv.
(2) V. en mat. de brevets, Cass. 29 juin 1875. DP. 76. 1. 12. Vaunois, n° 326. — M. Mainié (*Br. d'Inv.*, n°s 3233 et suiv.), est pourtant d'un avis contraire.

I. — Des Dommages-intérêts.

125. — L'art. 1382 s'applique tout naturellement à notre matière et donne au propriétaire lésé une action, pour se faire indemniser du préjudice qu'il a subi. Le *préjudice subi,* tel est le critérium sur lequel doivent se baser les tribunaux pour évaluer le quantum des dommages-intérêts. Ce préjudice comprend deux éléments distincts : le *gain* dont le propriétaire a été privé et la *perte* qu'il a éprouvée par suite de la contrefaçon (le *lucrum cessans* et le *damnum emergens)*; ce sont les principes du Code civil.

Le *gain* dont l'auteur a été privé sera facilement évalué, non seulement par la diminution de son chiffre de vente, mais encore par le manque d'augmentation de celui-ci. Encore faut-il qu'il résulte bien clairement des faits de la cause que la non-augmentation ou même la diminution des ventes sont vraiment la conséquence directe de la contrefaçon et non pas simplement le résultat de ce que l'article a cessé de plaire au public. Dans l'analyse de cet élément du préjudice, on devra comprendre également la concurrence résultant des contrefaçons, commises même à l'étranger (1).

Quant à la *perte* subie par l'auteur du dessin, elle résultera de différents éléments : d'abord du préjudice moral éprouvé par la mise sur le marché de marchandises contrefaites, venant déprécier celles du propriétaire, lesquelles seront ainsi souvent vulgarisées ou auront subi une dépré-

(1) V. Vaunois, n° 342.

ciation provenant de la vente d'objets similaires de mauvaise fabrication. La perte comprend en outre toutes les dépenses de réclames, de voyages, d'impression de circulaires, etc., que le fabricant a dû faire pour prévenir le public et le mettre en garde contre la contrefaçon (1).

Faut-il maintenant admettre, comme le font certains auteurs et même certaines décisions, que le contrefacteur doit restituer au propriétaire du dessin tous les bénéfices qu'il a faits lui-même en vendant l'objet contrefait? (2). Une telle solution ne nous paraît pas juridique; l'article 1382 dit formellement qu'on ne doit, dans l'allocation des dommages-intérêts, avoir en vue que la réparation du *préjudice* causé à celui qui demande l'indemnité. Nous reconnaissons avec M. Taillefer (3) qu'il est immoral que le contrefacteur conserve des bénéfices acquis par un moyen frauduleux et s'enrichisse par le fait même de son délit : mais il nous paraît difficile, en l'absence de tout texte venant en notre matière déroger à la règle générale, de consacrer comme valable un semblable principe, si équitable soit-il. Faisons seulement remarquer qu'en pratique, les bénéfices faits par le contrefacteur seront généralement les mêmes que ceux qu'aurait faits le propriétaire du dessin ; le contrefacteur doit alors la restitution de tout son enrichissement, car il correspond au préjudice subi par autrui ; nous rentrons ainsi dans la règle générale, et nous arrivons au même résultat.

(1) V. Pouillet, *Br. d'Inv.*, n° 995. — Allard, *Br. d'Inv.*, t. 3, n° 704. — Rouen, 13 fév. 1882. Ann. 82. 20. — Paris, 4 août 1887. Ann. 88. 272. — Douai, 18 av. 1893. Ann. 96. 354.

(2) V. Pouillet, *Br. d'Inv* , n° 995. — Tr. corr. Seine, 21 av. 1888. Ann. 89. 213. — Douai, 11 av. 1893. Ann. 96. 354.

(3) V. article de M. André Taillefer. Ann. 1896. 350.

Des dommages-intérêts à fixer par états. — Généralement nos tribunaux sont, dans leurs évaluations, bien au-dessous du préjudice réellement subi par l'auteur. Aussi lorsqu'il y a lieu pour le propriétaire d'un dessin de fabrique, de se faire indemniser d'un dommage sérieux, celui-ci a-t-il toujours intérêt à demander la fixation de l'indemnité par états. L'auteur, dont on a contrefait l'œuvre, a ainsi plus de chances d'arriver à une évaluation correspondant d'une façon plus exacte à la réparation qui doit lui être accordée. Dans ce cas, le Tribunal juge l'affaire au fond sur le principe de l'indemnité, et nomme ensuite un expert chargé de vérifier la comptabilité des parties. Cet expert dresse l'état des dommages ; si cet état est contesté, on revient devant le tribunal, lequel par voie d'incident d'exécution est saisi de la contestation et tranche la difficulté.

Des faits de contrefaçon accomplis postérieurement au jugement frappé d'appel. — Le prévenu condamné en première instance, lorsqu'il interjette appel, continue souvent la fabrication des objets pour lesquels il a été condamné. La contrefaçon se poursuivant, le préjudice subi par l'auteur augmente chaque jour davantage. La Cour pourra-t-elle, sur la demande de l'intimé, faire état de ce supplément de préjudice pour augmenter le chiffre des dommages-intérêts prononcé par les premier juges ?

La jurisprudence l'a admis à plusieurs reprises (1),

M. Pouillet combat cette doctrine (2), prétendant que

---

(1) Colmar, 7 août 1855. — Le Hir, 1856. 2. 155. — Paris, 15 mars 1894. Ann. 94. 194.

(2) Pouillet, *Brevets d'Inv.*, n° 995.

c'est-là une demande nouvelle, que chaque fait de contrefaçon constitue un délit distinct et qu'en conséquence le
juge du second dégré ne peut-être directement saisi de la
connaissance d'un délit qui n'a pas été soumis au juge de
première instance.

Juridiquement le raisonnement nous paraît rigoureux;
c'est bien là une demande nouvelle, or les moyens nouveaux sont seuls admis devant la Cour. Cependant cette
distinction de la *demande nouvelle* et des *moyens nouveaux* étant toujours en fait d'une application très délicate, nous comprenons que les Cours d'appel, dans un
sentiment d'équité très louable, se soient laissées aller
à considérer plutôt ces faits de contrefaçon comme des
moyens nouveaux, capables de faire augmenter le chiffre
des dommages-intérêts, auquel tend la demande dont elles
sont saisies.

II. — De l'affichage du jugement et de son insertion dans les journaux.

126. — Les juges peuvent, conformément à l'art. 1036
du Code de Proc. civile, ordonner l'affichage de leur jugement ou son insertion dans les journaux, et cela au profit
de celle des deux parties, qui triomphe; que ce soit le demandeur poursuivant en contrefaçon, ou le défendeur qui
a été reconnu victime d'une poursuite téméraire, c'est là
un moyen efficace pour réparer dans le public les torts,
dont a pu être victime celle des deux parties qui a obtenu
gain de cause. Toute cette publicité est naturellement à
la charge de la partie qui succombe.

Rien n'empêche toutefois celui qui a triomphé dans
l'instance, de faire un supplément de publicité à ses frais;

mais si légitime que soit ce droit, son abus peut conduire à des conséquences illicites ; c'est là une question de tact et de mesure laissée à l'arbitraire des tribunaux.

127. — Les Tribunaux peuvent-ils procéder *par injonctions*, et prendre telles mesures qu'ils jugeraient opportunes pour empêcher la contrefaçon, et cela sous une sanction fixée d'avance ?

Il nous parait certain que les tribunaux ont, aux termes de l'art. 1036, du Code de Proc. civ., le droit de procéder par injonctions et d'ordonner au contrefacteur de prendre dans son exploitation, telles ou telles mesures qu'ils jugeront nécessaires pour qne la confusion ne se produise pas à l'avenir. Mais ce qui nous parait impossible, c'est qu'ils puissent déterminer d'avance le quantum de l'indemnité qui sera due pour chaque infraction à ces mesures ordonnées. Les tribunaux ne saurait apprécier que le dommage souffert ; ils ne doivent juger que les faits accomplis dont ils peuvent apprécier les conséquences. Combien de raisons d'ordre secondaire viennent souvent modifier la portée d'un acte et changer le préjudice qui en résulte ! Comment alors évaluer d'avance et d'une façon équitable le dommage causé à autrui ?

La question est pourtant controversée (1).

---

(1) V. dans notre sens : Waelbroeck, p. 123. — Cass. 7 nov. 1888. DP. 89. 1. 259 ; il est vrai que c'est dans une matière un peu différente de la nôtre. — Contra. Rouen, 10 déc. 1839. DP. 40. 2. 55. — Pouillet, n° 189 et *Brev. d'Inv.*, n° 100.

LIVRE II

DESSINS ET MODÈLES DE FABRIQUE
EN DROIT INTERNATIONAL

CHAPITRE PREMIER

128. — L'étranger peut-il réclamer la protection de la loi de 1806. — Précisons bien la portée de cette question. Il ne peut s'agir de l'étranger qui, conformément à l'article 13 du Code civil, a obtenu l'autorisation de fixer son domicile en France. Celui-ci jouit de tous les droits civils accordés aux Français. Il peut donc, tout comme un Français, invoquer le bénéfice de la loi de 1806.

Il ne peut s'agir non plus de l'étranger qui, sans être admis à fixer son domicile en France, c'est-à-dire à pouvoir bénéficier de l'article 13, réside néanmoins en fait sur notre territoire, et y fabrique. En effet, nous partageons très volontiers sur ce point, l'avis émis par M. Weiss (1) : « Le législateur français, dit-il, semble avoir pour les droits « industriels et commerciaux, fait bon marché de la per- « sonne de leur titulaire, pour considérer uniquement le « lieu où ils ont pris naissance et négligé la nationalité du « sujet du droit, pour s'attacher à la nationalité de son « objet ; il reconnait, pour ainsi dire, à cet objet, un « statut personnel » Le dessin de fabrique sortant d'usines

(1) Weiss. *Dr. Intern. privé*, p. 674.

françaises, est protégé quel que soit le fabricant. La loi
de 1806 ne dit pas, en effet, qu'elle protège le Français,
mais le fabricant, c'est-à-dire celui qui fabrique sur son
territoire (1).

La question du droit de l'étranger ne se pose vraiment
et ne devient intéressante qu'au cas où cet étranger est
domicilié et fabrique dans son pays ; pourra-t-il alors se
prévaloir de la loi de 1806. et poursuivre les contrefacteurs
en France?

Cette question se rattache à une autre plus générale :
celle de savoir si les lois qui protègent la propriété industrielle, sont des lois puremeut civiles, ou si elles rentrent
dans le droit des gens.

Pour ceux qui pensent que la propriété industrielle rentre
dans le droit des gens, il n'y a pas de difficultés : l'étranger
qui a accompli chez nous les formalités prescrites par la
loi de 1806, peut réclamer l'application de cette loi pour se
protéger contre les contrefacteurs, et cela, sans qu'il y
ait lieu de distinguer si cet étranger réside ou non sur
notre territoire.

De nombreux auteurs et non des moins compétents partagent cette opinion (2).

La jurisprudence, au contraire, décide que la propriété
industrielle rentre dans la catégorie des droits purement

___

(1) Dans l'article 19, de son projet de loi, M. Bozerian assimile au Français, sans condition de réciprocité, l'étranger qui possède en France
un établissement de commerce ou d'industrie, ou qui est attaché à
un établissement situé en France. Il lui suffira alors de remplir les
formalités prescrites par la loi.

V. Pandectes. *Propr. litt. et art.*, n° 7222. — Termonde, 3 déc. 1878.
Pas-Belge, 79. 3. 365.

(2) Pouillet, n° 123 et auteurs cités.

civils, et en conséquence elle applique à l'étranger les principes posés dans l'article 11 du Code civil.

Pour analyser avec plus de clarté la théorie émise par la jurisprudence, nous l'étudierons sous deux aspects différents : Quelles étaient ses solutions avant la loi du 26 novembre 1873 ? Quelles sont ses décisions depuis cette loi ?

129. — 1° **Période antérieure à la loi du 26 novembre 1873.** — La jurisprudence, durant cette période, appliquait purement et simplement à l'étranger, résidant et fabricant dans son pays, l'article 11 du Code civil, c'est-à-dire ne le protégeait que si cet étranger appartenait à un pays qui ait un traité avec la France, aux termes duquel le Français fût protégé réciproquement chez cet étranger. Autrement dit, l'étranger n'était protégé en France que sous condition de réciprocité diplomatique (Paris 6 février 1853, D. P. 54. 2. 35).

On a cherché à critiquer cette jurisprudence, en lui opposant un décret du *28 mars 1852.* Ce décret déclarait que la contrefaçon, sur le territoire français, d'ouvrages publiés à l'étranger et mentionnés en l'article 425 du Code pénal, constituait un délit et était par lui-même punissable. Ce décret semblait donc admettre l'étranger à la protection de nos lois, puisque le droit de l'auteur sur un dessin industriel trouve sa sanction dans l'article 425 du Code pénal (1).

Ce raisonnement eût été sans réplique, si le texte même du décret et les circonstances dans lesquelles il a été

_____

(1) Pouillet, n° 123,

rendu ne semblaient bien indiquer qu'il ne pouvait être
question de l'appliquer aux dessins et modèles industriels.

Ce décret est ainsi conçu : « La contrefaçon sur
« le territoire français d'ouvrages publiés à l'étranger et
« mentionnés à l'article 425 du Code pénal, constitue un
« délit, le délit ne pouvant être poursuivi que sous l'accom-
« plissement des conditions exigées, relativement aux ou-
« vrages publiés en France, *notamment par l'article 6*
« *de la loi du 19 juillet 1793.* »

Du texte même de cet article, il ressort clairement qu'il
ne peut s'agir de la contrefaçon de tous les faits prévus par
l'article 425, mais seulement de ceux qui font échec aux
droits consacrés par la loi de 1793. Et que l'on ne vienne
pas dire que la loi de 1806 n'a nullement abrogé pour les
dessins de fabrique la loi de 1793 ; cela est sans intérêt.
Car ce que vise le décret de 1852, ce sont les infractions
commises envers la loi de 1793, en tant que protégeant
les ouvrages scientifiques, artistiques et littéraires ; les
termes mêmes du rapport présenté au Président de la
République, à l'occasion de ce décret, précisent encore sa
portée et lui donnent bien le sens que nous lui attri-
buons (1).

Si donc l'auteur d'un dessin de fabrique peut faire protéger son œuvre en tant que dessin par la loi de 1793, et
nous avons vu au chapitre II du livre I dans quel cas il
pourra le faire, il aura, dans la mesure où il s'abrite sous
la loi de 1793, le droit de réclamer à son profit le bénéfice
du décret de 1852. Mais il ne le pourra plus, s'il veut

---

(1) Calmels, *Prop. ind.* p. 805. — Fauchille, *Dess. et Mod. de fab.*
p. 295.

bénéficier de la loi de 1806, et c'est le point qu'il nous importe de préciser pour l'instant.

130. — 2° Période postérieure à la loi du 26 novembre 1873. — Ce qui semblerait bien indiquer que la jurisprudence, dont nous venons de rapporter la théorie, était bien conforme aux vues du législateur, c'est qu'une loi du 26 novembre 1873 est venue la consacrer législativement, en lui donnant toutefois une extension plus grande.

Cette loi, quoique relative à l'établissement d'un timbre ou signe spécial destiné à être apposé sur les marques commerciales et de fabrique, déborde le sujet de son titre et incidemment tranche la question qui nous occupe, dans son article 9 dont le texte est ainsi conçu : « *Les* « *dispositions des autres lois en vigueur* touchant le nom « commercial, les marques, *dessins* ou *marques de fabri-* « *que,* seront appliquées au profit des étrangers, si dans « leur pays la législation ou des traités internationaux « assurent aux Français les mêmes garanties. »

On voit par là en quoi la loi innovait sur la jurisprudence antérieure. Cette dernière avait exigé la réciprocité diplomatique pour que l'étranger fût protégé. La loi de 1873 ajoute la *réciprocité légale* à la *réciprocité diplomatique.*

Telle est aujourd'hui la situation légale faite aux étrangers. Toute discussion tendant à faire rentrer la propriété industrielle dans le droit des gens et à assurer par là la protection à l'étranger sans condition de réciprocité, devient donc absolument inutile ; la loi de 1873 a consacré l'opinion contraire.

On peut, il est vrai, discuter l'efficacité de cette loi. Pour notre part, nous ne la critiquerons pas. Nous admettons volontiers que la part la plus large soit donnée aux droits de l'étranger. Mais soumettre l'exercice de ces droits à cette simple condition que nos nationaux soient payés de retour, nous semble une théorie sage et prudente qui nous satisfait pleinement. Pourquoi faire aux étrangers des générosités qui ne riment à rien? Protégeons-les chez nous, à merveille, mais à condition que leurs lois nous protègent chez eux.

131. — Des conditions que doit remplir l'étranger admis à se faire protéger en France. — Du dépôt à effectuer. — L'étranger qui appartient à une nation avec laquelle il existe une réciprocité légale ou diplomatique, est admis à se faire protéger en France, nous venons de le voir. Mais pour être ensuite efficacement protégé, il devra remplir les conditions et formalités prescrites par la loi française, c'est-à-dire la loi de 1806, dont il réclame le bénéfice.

Il arrive cependant que, dans une loi, certaines prescriptions régissent tout particulièrement les nationaux, et la difficulté consiste précisément à dégager les règles dont sont dispensés les étrangers.

Dans la matière qui nous occupe, il est certain que les étrangers devront accomplir les formalités fondamentales de l'exercice du droit d'auteur : ils auront à faire un dépôt. Ce dépôt devra porter sur un dessin ou modèle de fabrique, présentant tous les caractères constitutifs du dessin ou modèle, tels que la jurisprudence interprétative de la loi de 1806 les a fixés. De plus ce dépôt ne sera valable, que si le dessin est *nouveau*, et il faut entendre par là une *nouveauté absolue*. Aussi tout dessin qui, dans le pays d'origine du déposant, aura reçu une publicité

quelconque, sera sans valeur au regard de la loi française.
Cette obligation de la nouveauté du dessin présente
en pratique de grandes difficultés, quand il s'agit de faire
protéger en France un dessin déjà déposé à l'étranger et
que, dans ce pays par exemple, le dépôt est public.

C'est à cette situation qu'est venue remédier la Convention d'Union de 1883, en créant ce qu'elle appelle le *délai
de priorité*. Nous verrons plus loin, en étudiant cette
Convention, ce que l'on doit entendre par là.

Il faudra enfin que l'étranger se conforme aux prescriptions de la loi de 1806 pour les formalités du dépôt lui-
même ; c'est-à-dire que ce dépôt soit fait sous forme
d'échantillon ou d'esquisse, sous enveloppe, et avec le
cachet et la signature du déposant sur l'enveloppe.

132. — Du lieu où l'étranger doit effectuer son dépôt.
— Cette question a donné lieu à de sérieuses difficultés. Où faire le dépôt ? Quel est le Conseil des prud-
d'hommes compétent? Il s'agit en effet dans l'espèce
d'un étranger domicilié et fabricant dans son pays ;
ce n'est donc pas le lieu de sa fabrique en France
qui peut fixer la compétence du Conseil des prud'hommes,
puisqu'en France cet étranger n'a ni domicile ni fabrique.

Un décret impérial du 5 juin 1861 est venu régler
cette difficulté. Il décide que — « le dépôt des dessins et
« modèles de fabrique provenant des pays où des conven-
« tions diplomatiques ont établi une garantie réciproque
« pour la propriété des dessins et modèles de cette nature,
« doit se faire au secrétariat des Conseils des pru-
« d'hommes de Paris, suivant la nature des industries. »
Plusieurs conventions diplomatiques ont sur ce point
reproduit le décret de 1861 : La convention avec la Suisse

du 30 juin 1864, renouvelée le 23 février 1882, décide que
le dépôt se fera à Paris, au Conseil des prud'hommes des
tissus, qui se chargera de transmettre le dépôt à celui des
quatre Conseils de prud'hommes qui sera compétent.

Par une anomalie bizarre, la convention franco-italienne
du 29 juin 1862 — et le traité avec l'Autriche du 11 décembre 1866, renouvelée le 7 novembre 1881, — décident
tous deux que le dépôt, que voudraient faire en France
les Italiens ou les Autrichiens, devra se faire en deux
exemplaires au greffe du Tribunal de commerce de la
Seine (1).

133. — De l'étendue du droit de l'étranger. — Le droit
de l'étranger, qui a accompli en France les formalités de
la loi de 1806 est-il un droit indépendant, ou intimement
lié à celui qu'il a dans son pays ?

Il nous semble évident d'abord, que si l'étranger n'a pas
déposé son dessin dans son pays d'origine, mais qu'il en
ait effectué le dépôt seulement en France, il a bien alors
un droit indépendant et propre, régi exclusivement d'après
la loi française ; il est assimilé de tous points à un Français et subit les mêmes règles que lui.

Mais lorsque l'étranger a d'abord effectué le dépôt dans
son pays, et qu'il est ensuite venu faire son dépôt en
France, il a dans ce cas deux droits distincts. Le droit
qu'il a ainsi acquis en France est-il indépendant ou soli-
daire de celui qu'il a acquis primitivement dans son propre pays et si le dessin vient à tomber dans le domaine
public à l'étranger, quel sera le sort du dépôt fait en
France ?

(1) Ann. 62. 321 ; 67. 14 ; 82. 14.

Pour répondre à cette double question, il faut en examiner chaque terme séparément :

1° Le dessin est-il tombé à l'étranger dans le domaine public par suite du délai normal accordé par la loi étrangère au droit privatif du déposant? Nous sommes assez portés dans ce cas à décider, que le sort du droit acquis en France, doit suivre le sort du droit acquis par l'étranger dans son pays d'origine. Comme le dit fort bien M. Vaunois (p. 328), la loi de 1873 a posé en principe que l'étranger est protégé en France, dans la mesure où le Français est protégé à l'étranger. Or, le Français à l'étranger serait protégé simplement pendant la durée fixée par la loi de ce pays; c'est donc dans cette mesure que l'étranger doit être protégé en France.

2° S'agit-il au contraire d'un dessin ou modèle de fabrique, affecté, d'après la loi d'origine du déposant, d'un vice qui soit pour ce dessin un cas de nullité ou de déchéance, quel sera alors, sur le dépôt fait en France, l'effet des nullités et des déchéances encourues par ce dessin à l'étranger?

Pour nous, il est hors de doute que, tant qu'un tribunal étranger n'a pas statué sur cette nullité ou cette déchéance, on ne peut l'invoquer devant un tribunal français, en vue de faire tomber le dépôt fait en France. Comment admettre que nos tribunaux soient chargés d'appliquer et d'interpréter les lois étrangères. Ce serait leur donner une mission, à laquelle ils ne sont pas préparés.

Mais si un tribunal du pays, où le dessin a été déposé originairement, a déjà prononcé la nullité ou la déchéance, c'est-à-dire si légalement le dessin ou le modèle a été déclaré nul ou déchu dans le pays d'origine du déposant, pourra-t-on se prévaloir de cette décision pour faire pro-

noncer par nos tribunaux la nullité du dépôt fait en
France? C'est à notre avis très douteux ; car ce qui a pu
être une cause de nullité à l'étranger peut être sans
influence sur le droit acquis en France. De plus la
nullité, d'après la loi étrangère, peut n'avoir qu'un effet
relatif aux parties en cause, c'est-à-dire que quiconque
voudrait s'en prévaloir à l'étranger, serait peut-être obligé
de faire juger à nouveau la question de nullité par rapport
à lui. Or, si cette décision, même à l'étranger, n'a pas
d'effet vis-à-vis des tiers, comment admettre qu'elle puisse
avoir en France une portée générale et en quelque sorte
d'ordre public, s'imposant aux tribunaux français ?

Dira-t-on qu'il est inadmissible de voir un dessin protégé
en France, alors que sa fabrication est libre à l'étranger?
Cet argument ne nous paraît pas probant. Il arrive, tous
les jours, que la fabrication d'un dessin n'est pas libre dans
tous les pays ; par exemple *s'il s'agit d'un Français* qui
ne s'est fait protéger que dans son propre pays ; de même
si un étranger n'a pas opéré de dépôt chez lui, et ne s'est
fait protéger qu'en France, la fabrication du dessin est
libre dans tous les pays sauf chez nous.

La conclusion à tirer, c'est que tant que ces questions
ne seront pas résolues par des ententes internationales
elles seront insolubles.

Le congrès de 1878 avait, sur la proposition de M. Bar-
rault, voté la résolution suivante : « Les droits résultant
« de brevets et de dépôts effectués dans les différents pays
« pour un même objet sont indépendants les uns des au-
« tres et non pas solidaires, en quelque mesure que ce soit,
« comme cela a lieu aujourd'hui pour beaucoup de pays.
« (*Compte rendu officiel du Congrès*, p. 418) » (1).

(1) Fauchille, p. 307.

C'est peut-être là une bonne solution au point de vue économique ; mais elle nous semble contraire au principe même de la protection internationale, qui vise à étendre le territoire de protection d'un droit né dans un pays, en le rendant protégeable dans d'autres pays. Si le droit primitif vient à disparaître, comment admettre que les droits qui n'en sont que la conséquence continuent à subsister. C'est, si j'ose prendre cette comparaison, comme si après avoir coupé le tronc d'un arbre, on avait la prétention de vouloir conserver la vie à chacune de ses branches. L'assimilation pourtant n'est pas absolument exacte, car le droit de l'auteur se divise, en quelque sorte, en plusieurs droits distincts trouvant leur raison d'être dans les différentes législations dont il réclame le bénéfice : et c'est précisément sur cet argument qu'on se base, pour demander l'indépendance des dépôts.

134. — Le dépôt fait par un étranger en France subit les causes de nullités que prononce la loi de 1806. — Nous avons vu qu'il n'y a pas de *déchéances* dans la loi de 1806. Quant aux nullités virtuelles que nous avons reconnues par application de l'esprit et du but de cette loi elles frapperont également le dépôt fait par un étranger en France, si cet étranger les a encourues (1).

Une de ces nullités, sur lesquelles on n'est pas d'accord, demande quelques explications :

L'étranger qui n'exploite pas en France est-il exposé à voir son droit frappé de nullité?

Nous avons étudié longuement cette question à propos de la non-exploitation du Français, et nous avons décidé

---

(1) V. Ch. VI, Liv. I, T, 1. *Des nullités et des déchéances.*

avec la jurisprudence, que le Français qui, allant exploiter
à l'étranger, n'exploite pas en France, voit son dessin
frappé de nullité ; et cela en vertu même de la loi de 1806,
qui a voulu protéger l'industrie nationale.

En ce qui concerne l'étranger, les raisons de décider
sont différentes ; et l'étranger appartenant à un pays qui
se trouve vis-à-vis de nous sur le pied de la réciprocité
légale ou diplomatique, doit pouvoir faire en France un
dépôt parfaitement valable quand bien même il n'exploite
pas sur notre territoire. Il serait en effet contraire aux
principes internationaux de contraindre à l'exploitation en
France un étranger qui, exploitant et résidant dans son pays,
demande à être protégé chez nous. On a précisément voulu,
par les traités qui ont été conclus, accorder une extension
au territoire où cet étranger est protégé ; on ne lui accorde-
rait plus rien s'il était obligé d'aller fonder un établissement industriel dans chacun des pays où il veut être
protégé.

Cette question du reste peut-elle faire doute en présence
du *décret impérial du 5 juin 1861*, qui prend soin de
fixer le lieu où les étrangers devront faire leur dépôt.
N'est-ce pas là une preuve que l'étranger n'est pas tenu à
avoir une fabrique ou un domicile en France, sans quoi cette
fabrique ou ce domicile eussent fixé la compétence du
Conseil des Prud'hommes (1).

---

(1) Voici le texte de ce décret :

Décret Impérial du 5 juin 1861, relatif au dépôt des dessins et
des modèles de fabrique provenant *du pays où des conventions diplomatiques* ont établi une garantie réciproque pour la propriété des
dessins et modèles de cette nature.

ART. 1er. — Le dépôt des dessins et des modèles de fabriques, pro-

135. — **Des Sociétés étrangères.** — Tout ce que nous venons de dire des droits de l'étranger en France, s'applique également au cas où cet étranger n'est pas une personne physique, mais une personne morale, comme une société. Et même quand il y a un procès à soutenir hors des frontières, c'est généralement en fait *une société* qui agit ; on ne fait pas de procès à l'étranger pour des intérêts minimes, et il est bien rare que ces intérêts n'appartiennent pas à des sociétés puissantes (1).

venant du pays où des conventions diplomatiques ont établi une garantie réciproque pour la propriété des dessins et modèles de cette nature, doit se faire au secrétariat des Conseils de *prud'hommes de Paris*, suivant la nature des industries

(1) V. sur la capacité des sociétés étrangères, la doctrine et la jurisprudence rapportée dans Labori. V° *Sociétés*, nos 1025 et suiv.

CHAPITRE II

DE LA CONVENTION D'UNION INTERNATIONALE
DU 20 MARS 1883

136. — Un certain nombre de pays (la Belgique, le Brésil, l'Espagne, la France, le Guatémala, l'Italie, les Pays-Bas, le Portugal, le Salvador, la Serbie, la Suisse) (1), se sont, le 20 mars 1883, constitués en état d'union pour la protection de la propriété industrielle.

Par *propriété industrielle* il faut entendre celle qui a pour objet les brevets d'invention, les marques de fabrique et le nom commercial, les dessins et modèles industriels.

Nous n'avons nullement l'intention d'étudier ici les questions multiples que soulève cette Convention de 1883. Nous examinerons simplement les résultats qu'elle a eus, relati-

---

(1) D'autres pays ont depuis adhéré à cette convention. Ce sont: la Tunisie, la République de l'Equateur, celle de St-Domingue, la Grande-Bretagne, la Suède et la Norwège, les Etats-Unis d'Amérique et le Danemark.

On espérait qu'en décembre 1897, lors du Congrès qui s'est tenu à Bruxelles pour la révision de la Convention, l'Autriche adhérerait à l'Union, cet espoir ne s'est pas réalisé.

vement à notre matière des dessins et modèles de fabrique. Pour être cependant plus complet, nous rappellerons en commençant quelques règles générales, s'appliquant dans la Convention de 1883 à toute la propriété industrielle, et, par cela même, aux dessins et modèles de fabrique en particulier.

§ 1er. — Des personnes qui peuvent invoquer la Convention.

137. — La Convention de 1883 accorde sa protection à deux groupes de personnes :

1° Aux sujets ou citoyens des Etats contractants, cela ne fait aucun doute ;

2° Aux personnes qui ne faisant pas partie de l'Union sont domiciliées ou ont des établissements industriels ou commerciaux sur le territoire des Etats de l'Union. Ces personnes sont *assimilées* aux nationaux des Etats signataires.

Il faut, dit la Convention, être domicilié ou avoir un établissement industriel ou commercial dans un Etat de l'Union. Ce sera, en cas de difficultés, une question de fait à résoudre ; il est certain qu'il faut avoir un établissement *réel*, mais peu importe que ce soit une usine, une fabrique ou une simple maison de vente. De plus il est nécessaire que cet établissement soit bien la *propriété de l'étranger*, qui réclame le bénéfice de cette assimilation accordée par la Convention.

Ce mot sujet doit être entendu dans son sens large et comprend non seulement les personnes physiques, mais encore les personnes morales. Les *Sociétés commerciales*

peuvent donc réclamer, tout comme les simples particuliers, la protection de la Convention de 1883 et dans les
mêmes cas.

§ 2. — But et effets de la Convention de 1883.

138. — Le but lointain de cette Convention a été de
tendre à l'unification des législations. Disons tout de suite
que, pour nous, l'unification absolue des législations est
un idéal vers lequel on peut tendre, mais qui, comme tout
ce qui est idéal, ne peut être réalisé que de très loin. Cette
unification supposerait, pour se réaliser, la fusion de
toutes les nationalités en une seule, ce qui, heureusement,
nous paraît impossible. Il faut à l'humanité, pour vivre,
des nations différentes, comme il faut à la société des
individus différents ; or, les lois d'un peuple ne sont précisément que le reflet de son caractère, de son tempérament, des éléments en un mot qui l'ont séparé et individualisé.

Mais si l'unification absolue des législations est une chimère, ce qui ne l'est pas, c'est de chercher à étendre la
protection des individus en dehors de leur pays ; c'est
d'établir entre les peuples cette solidarité qui fait qu'ils se
protègent les uns les autres en se prêtant réciproquement
leurs lois respectives. Voilà bien le terrain sur lequel
la Convention de 1883 peut être utile et féconde, et au
fond, c'est là son but.

Toute la portée de cette Convention se trouve résumée
dans son article 2, ainsi conçu : « Les sujets ou
citoyens de chacun des Etats contractants jouiront, dans

tous les autres Etats de l'Union... *des avantages que les lois respectives accordent actuellement ou accorderont par la suite aux nationaux.* En conséquence, ils auront la même protection que ceux-ci, et le même recours légal contre toute atteinte portée à leurs droits, sous réserve de l'accomplissement des formalités et des conditions imposées aux nationaux par la législation intérieure de chaque Etat. »

Il ne faudrait pas en conclure, comme on le dit quelquefois, que la Convention de 1883 assimile de tous points *l'étranger* au *national.* Ce serait aller un peu loin. La Convention de 1883 est basée *sur le respect des législations intérieures* (1), c'est-à-dire que chaque Etat offre le bénéfice de sa propre législation intérieure aux étrangers, telle que cette législation existe. Or, il arrive souvent qu'une législation, la nôtre notamment, règle d'une façon différente la situation du national, et celle de l'étranger habitant un pays sur le pied de la réciprocité légale ou diplomatique, et qu'elle prescrit des formalités différentes pour cet étranger qui, ne résidant pas sur notre territoire, demande à s'y faire protéger. Dans ce cas, c'est à la loi, en tant que fixant la situation de l'étranger, que l'on devra se reporter, pour fixer les droits du ressortissant de l'Union. Il ne faudrait pas, sous prétexte de favoriser le ressortissant, l'assimiler si bien au national, qu'il soit obligé de remplir des formalités, qui ne peuvent être remplies que par le national lui-même, c'est-à-dire par celui qui habite sur le territoire.

_____

(1) V. circulaire du 26 août 1884, adressée par le Ministre du Commerce, rapportée dans Pouillet et Plé : *La Convention Internationale de 1883*, p. 128,

§ 3. — Conditions de la protection accordée aux sujets
(ou assimilés) des Etats signataires.

139. — L'article 2 de la Convention accorde aux
ressortissants des Etats de l'Union, les avantages que les
lois respectives accordent aux nationaux, mais sous
réserve de l'accomplissement des formalités et des conditions imposées par la législation intérieure de chaque
Etat.

Quelles sont ces formalités et ces conditions ? En ce qui
nous concerne, elles se réduisent au dépôt, et aux conditions exigées par notre loi pour la validité de ce dépôt.

Il faudra donc pour qu'un étranger, appartenant à un
Etat signataire de l'Union, puisse être protégé en France,
qu'il y fasse un dépôt, que ce dépôt porte sur un dessin
de fabrique, présentant les caractères constitutifs des
dessins et modèles, tels que la jurisprudence interprétative
de la loi de 1806 les a fixés ; — que ce dessin soit nouveau ;
— et enfin qu'il soit fait à un Conseil de Prud'hommes
compétent et sous une enveloppe revêtue du cachet et de
la signature du déposant.

Plusieurs de ces points demandent quelques explications :

140. — **De la nouveauté du dessin. Délai de priorité.**
— Par dessin nouveau, il faut entendre une nouveauté
absolue, d'où cette conséquence, qu'en fait, le dessin déjà
déposé à l'étranger ne sera presque jamais *nouveau* ;
quand viendra le moment de le déposer en France, son
dépôt à l'étranger l'aura presque toujours rendu public,

une publicité, si minime soit-elle, suffisant pour lui faire perdre ce caractère de nouveauté que veut la loi française.

C'est à ce danger qu'est venu remédier le *délai de priorité* : aux termes de l'article 4 de la Convention de 1883, il est dit que celui qui aura régulièrement fait le dépôt d'un dessin ou modèle de fabrique dans l'un des Etats contractants, jouira *d'un droit de priorité de trois mois*, pour effectuer le dépôt dans les autres Etats.

Ce droit de priorité a une double conséquence également importante : 1° Le dépôt, opéré dans l'un des autres Etats de l'Union avant l'expiration de ce délai, ne pourra être invalidé par des faits de publicité accomplis dans l'intervalle, soit notamment par un autre dépôt antérieur non secret, soit par la mise en vente d'exemplaires du dessin ou modèle ; 2° Le dépôt, opéré dans ce délai de trois mois, primera tout dépôt, portant sur le même objet, et effectué par des tiers dans d'autres Etats de l'Union, depuis le moment où l'inventeur a fait son dépôt originaire. Ceci revient à dire que pendant les trois mois qui suivront le dépôt originaire, aucun autre dépôt fait par des tiers, dans les différents pays de l'Union, ne pourra empêcher l'inventeur de venir faire un dépôt valable dans chacun de ces pays et d'y conserver son droit exclusif d'exploitation.

141. — Du lieu où doit être fait le dépôt. — La Convention de 1883 ne dit rien ; mais le décret impérial du *5 juin 1861*, que nous avons cité plus haut et qui règle le cas d'un étranger appartenant à un pays uni avec la France par des conventions diplomatiques, s'applique tout naturellement lorsque le dépôt est fait par un étranger ressortissant à un des États de l'Union. Cette Convention n'a-t-elle

pas, en effet, tous les avantages d'un traité? Le dépôt fait
par un étranger ressortissant de l'Union et ne fabriquant
pas en France, sera donc valablement fait à Paris, à celui
des quatre Conseils de Prud'hommes compétent suivant
la nature des industries.

Mais si cet étranger a une fabrique en France, le
dépôt devra être effectué au Conseil des Prud'hommes
du lieu de la fabrique, c'est de toute évidence. Nous revenons alors à la règle générale.

**142. — Durée du dépôt fait en France. — Son indépen-
dance vis-à-vis du dépôt originaire.** — Nous renvoyons
sur ce point à ce que nous avons dit au chapitre précédent,
il nous paraît toutefois nécessaire que, lors des prochaines
révisions périodiques de la Convention de 1883, ce point
soit réglé par un article spécial.

**143. — L'étranger ressortissant de l'Union est-il obligé
de fabriquer en France pour être protégé ?** — Nous renvoyons également pour cette question à ce que nous avons
dit au chapitre précédent. Somme toute, l'étranger appartenant à un pays de l'Union est dans la même situation
qu'un étranger appartenant à un pays qui est, vis-à-vis de
la France, sur le pied de la réciprocité légale ou diplomatique (1).

**§ 4. — Des modifications à apporter à la Convention
d'Union de 1883, en ce qui touche les dessins.**

144. — L'association qui vient de se fonder pour la pro-

_____

(1) Tr. Comm. Seine, 18 av. 1896. *Gaz. Tr.* 10 mai 1896.

tection internationale de la propriété industrielle, a précisément pour but principal l'étude des modifications à apporter à la Convention de 1883, et que la pratique a démontrées nécessaires. Le premier congrès de cette association s'est tenu à Vienne, en octobre 1897, et le rapporteur général, M. G. Maillard a présenté à l'une des réunions du congrès toute une série de modifications touchant les dessins; ces modifications proposées ont toutes été adoptées, à une très grande majorité, par les membres du congrès. C'est là une indication dont devraient peut-être tenir compte les plénipotentiaires des différents États, lors des révisions périodiques auxquelles est soumise la convention de Paris. Hâtons-nous cependant de dire, qu'en décembre 1897, il s'est tenu à Bruxelles, une de ces réunions dipomatiques, prévues pour les révisions de la Convention, et qu'aucune modification n'a été votée en ce qui touche notre matière.

Nous croyons intéressant pourtant de rappeler ici les modifications sur lesquelles on a voté à Vienne. Vote sans valeur légale, il est vrai, mais qui est bien l'indice des *desiderata* reconnus justement fondés par des praticiens, au courant de ces questions, ou intéressés par leurs industries respectives à ces matières spéciales.

Nous n'aurons qu'à suivre dans cet exposé, l'ordre même qu'avait adopté M. le Rapporteur général.

145. — 1° *Délai de priorité*. — Le texte de la proposition votée par le congrès est le suivant :

« Le délai de priorité pour les dessins et modèles indus-
« triels aura comme point de départ la date de la première
« demande, et s'achèvera trois mois après l'acceptation de
« cette demande. »

On se rappelle l'importance de ce délai de priorité, il s'agit d'en étendre la durée, et cela pour remédier aux dangers que court l'inventeur entre le jour où il a fait dans son propre pays un dépôt originaire, et celui où il exécute dans les différents pays de l'Union des dépôts successifs pour s'y protéger. (Voir N° 140).

146. — 2° *Introductions de dessins fabriqués à l'étranger*. — Aucune des législations faisant partie de l'Union n'interdit expressément l'introduction de dessins fabriqués à l'étranger; il n'en est pas moins vrai que dans certains pays la jurisprudence, la nôtre notamment, guidée par une idée protectionniste, a cru bon dans certaines circonstances de suppléer au silence de la loi, et de faire dire à son « esprit » ce que son « texte » ne disait pas. De plus, la législation de l'Autriche (loi du 7 décembre 1858, remaniée le 23 mai 1865) prohibe l'introduction. Or, lors du dernier Congrès de Vienne, l'adhésion de l'Autriche à la Convention étant imminente, on a pensé avec raison, qu'il était désirable de voir régler cette difficulté une fois pour toutes, en ajoutant à la Convention un alinéa très explicite, venant supprimer toute hésitation.

Voici ce que l'on a admis :

Ajouter à l'art. 5, alinéa 1 de la Convention :

« La même disposition s'applique aux dessins et modèles industriels. »

147. — 3° *Obligation d'exploiter*. — Aucune des objections qu'on peut faire contre la suppression de l'obligation d'exploiter, en matière de brevets, ne se représente ici. On comprend en effet qu'il y ait intérêt à ce que chacun

puisse reproduire une invention utile ; tandis que dans notre
matière, plus il y a de dessins protégés, plus l'industrie
nationale est obligée de progresser, par la création constante de nouveaux dessins. En fait d'objets de goût, le
domaine de la nouveauté et de la fantaisie est *infini ;* il
dépend simplement du travail et de l'activité inventive de
chacun. La société n'a aucun intérêt à ce que tous les
industriels d'un pays puissent faire usage du même
dessin, inventé par un tiers ; mais au contraire, si ces
industriels sont forcés de créer des dessins pour leur
propre compte, l'industrie de leur pays en sera d'autant plus
enrichie.

Certaines législations pourtant prescrivent encore cette
obligation d'exploiter : En Autriche et en Italie, le dessin
ou le modèle doit être utilisé dans le délai d'un an après
le dépôt.

D'autres législations n'édictent l'obligation d'exploiter
que si l'on va exploiter dans d'autres pays, et veillent par là
au développement de l'industrie nationale ; ainsi en Suisse
le déposant est tenu d'exploiter dans une mesure convenable, alors que des produits faits d'après le dessin ou
modèle déposé, sont fabriqués à l'étranger et introduits en
Suisse. En Angleterre le dessin ou modèle doit être exploité
dans un délai de six mois, s'il est utilisé industriellement
à l'étranger.

Nous croyons qu'il y a lieu de distinguer ces deux cas
très différents, et de ne pas les résoudre par une seule et
même règle.

Sur le premier point, nous sommes tout à fait d'avis que
l'*obligation d'exploiter* doit disparaître ; un industriel est
maître de savoir si oui ou non il exploitera son dessin, et
quel que soit le parti qu'il adopte, il doit être protégé.

Un mouvement d'opinion semble du reste se manifester en ce sens : Le principe de la non obligation d'exploiter a été admis sans contradiction au Congrès de Paris de 1878. (*Procès-Verbaux*, p. 304.) — De même à la Conférence Austro-allemande de 1896, sur l'observation du docteur Benies (de Vienne) on a reconnu qu'il n'y avait aucun intérêt à ce qu'un industriel fût déchu du droit privatif qu'il a sur son dessin, simplement parce qu'il ne l'exploite pas.

Nous admettons parfaitement sur ce premier point la proposition votée au Congrès de Vienne, et qui est la suivante :

« Intercaler dans l'art. 5 un alinéa 2, ainsi conçu :

« Aucun dessin ou modèle industriel appartenant à un
« ressortissant de l'Union ne pourra être déclaré déchu,
« dans les autres Etats de l'Union, pour défaut d'exploi-
« tation. »

Quant à la question de savoir si l'industriel exploitant doit être tenu d'exploiter dans tel ou tel pays, nous ne voyons pas que la Convention internationale de 1883 ait à intervenir sur ce point. C'est une question qui regarde exclusivement la loi de chaque pays ; et si cette loi exige que ses nationaux, lorsqu'ils exploiteront, exploitent d'abord sur le territoire national, la Convention de 1883 n'y peut rien. Cette Convention en effet n'a qu'à se préoccuper du moyen de protéger, sur tout le territoire de l'Union, le droit né valablement dans un des pays ressortissant de l'Union. Au point de vue international, il nous paraît tout à fait impossible d'obliger l'auteur d'un dessin à l'exploiter dans chacun des pays où il veut être protégé, car alors l'extension de protection qu'on lui accorde deviendrait une véritable chimère ; il doit suffire de savoir que le droit est né valablement dans le pays d'origine, aux conditions requises par cette loi, pour qu'il soit ensuite protégé sur tout le territoire de l'Union sans autres conditions.

148. — 4º *De l'Indépendance des droits résultant des dépôts dans les divers États de l'Union.* — Nous avons dit en effet (Nº 142), qu'il serait désirable de voir cette question réglée d'une façon *formelle* et *explicite.* Nous serions assez portés à proposer la règle suivante : Les droits acquis par l'auteur d'un dessin ou modèle, dans les différents pays de l'Union, par un dépôt fait dans chacun de ces pays, ne seront pas *solidaires du droit originaire,* mais à condition que le déposant, une fois son droit tombé dans le domaine public, dans son propre pays, exploitera son dessin dans les États où il entend conserver un droit privatif.

Nous ne discuterons pas cette proposition, elle ne peut se poser qu'en cas de dépôts successifs dans chacun des pays de l'Union. Or, nous admettons plus loin, dans le nº 5, le *Dépôt unique,* qui est un moyen plus radical encore et qui consacre d'une façon absolue la dépendance des droits acquis, dans chacun des pays de l'Union, au droit acquis primitivement dans le pays d'origine.

149. — 5º *Du dépôt unique.* — Les dessins et modèles de fabrique ont peu profité jusqu'ici des avantages qui sont accordés par la Convention de 1883. Il y a à cela plusieurs raisons que nous trouvons très clairement résumées dans le rapport général fait au congrès de Vienne :

« Les industriels ne déposent guère leurs dessins et « modèles de fabrique *à l'étranger,* d'abord parce que ces « multiples dépôts sont relativement coûteux, puisqu'il faut

« déposer au moins un exemplaire de l'objet lui-même ou
« sa reproduction exacte par un dessin, que le dépôt se
« trouve en outre grevé de frais de transport et d'inter-
« médiaire proportionnellement considérables et que, dans
« certaines industries le nombre des dessins et modèles à
« déposer annuellement est très considérable : puis, pour
« les industries qui sont soumises aux fluctuations de la
« mode et dans lesquelles la nécessité de conserver, jus-
« qu'au lancement définitif, le secret des nouveautés qu'on
« prépare pour la saison, est une des préoccupations domi-
« nantes du fabricant ; on redoute d'expédier à l'étranger,
« avant toute exploitation ou même dans la période pré-
« paratoire du lancement, des échantillons qu'un hasard ou
« une indiscrétion peuvent faire prématurément connaître
« aux concurrents étrangers.

« Pour que la protection internationale des dessins et
« modèles industriels pénètre dans la pratique et devienne
« efficace, il faut qu'elle soit assurée par une formalité
« facile à remplir et peu coûteuse. Tant que le dépôt de-
« vra être effectué dans chaque pays isolément, le texte
« de la convention au point de vue des dessins et modèles
« de fabrique restera lettre morte ; l'industriel se dispen-
« sera des multiples dépôts qu'il serait obligé de faire,
« dans la période de lancement de chaque dessin ou mo-
« dèle nouveau, puisque le dépôt, dans presque tous les
« pays, doit être fait avant l'exploitation et que le premier
« dépôt, même sous l'empire de la Convention, devra
« être suivi de tous les autres dans un certain délai. »

M. le Rapporteur général propose, dans son travail, deux
moyens différents de remédier à cette situation ; malheureusement ces deux moyens ne sont pas d'une application
également facile.

1º On pourrait organiser, pour les dessins, ce qui existe
déjà pour les marques : un *enregistrement international*
par une reproduction de dessin dans le journal spécial du
Bureau de Berne ; tous les industriels des pays ressortissant à l'Union seraient alors censés prévenus des dessins
et modèles sur lesquels porte un droit privatif.

Le but ainsi obtenu serait parfait,mais le moyen proposé
pour l'obtenir nous paraît en pratique irréalisable. Et d'abord
le dépôt n'a d'effet que s'il donne une preuve indiscutable
de l'*identité* de l'objet ; une simple gravure représentant
le dessin et reproduite dans un journal nous paraîtrait,
dans certains cas, bien insuffisante ; d'autre part, cette
reproduction par la gravure pourra, pour quelques dessins, entraîner des frais considérables, qu'il eût été
intéressant d'éviter. De plus, et c'est là l'objection principale, comment obliger les déposants à publier leurs
dessins déposés, quand une des premières conditions d'efficacité du dépôt dépend précisément du *secret* au moins
temporaire de ce dépôt, pendant toute la période préparatoire.

2º Le second moyen proposé nous paraît au contraire
éminemment pratique et facilement réalisable. Il consiste
à n'imposer à l'auteur du dessin ou modèle que l'*accomplissement des formalités du dépôt dans son pays d'origine :* ce dépôt unique couvrira le droit de l'auteur sur
tout le territoire de l'Union. C'est ce que fait déjà la
Convention de Berne pour les œuvres littéraires et artistiques.

Notons qu'il ne s'agit nullement ici de l'assimilation des
dessins et modèles industriels avec les œuvres d'art, nous
n'en serions du reste pas partisans. Mais ici nous ne touchons qu'à une pure question de formalités. La législa-

tion intérieure du pays d'origine ayant pris soin de fixer les formalités qui sanctionnent le droit privatif de l'auteur, pourquoi ne pas déclarer que ces seules formalités seront désormais suffisantes pour assurer une protection sur tout le territoire de l'Union? La protection internationale consiste précisément à étendre le territoire de protection accordée à un dessin, déjà valablement protégé dans un pays donné. C'est être logique que d'en conclure que ce dessin, pour être successivement protégé dans les pays de l'Union, n'a pas besoin d'être soumis aux formalités à remplir dans chacun de ces pays.

Peut-on faire à cette proposition du dépôt unique de sérieuses objections ?

a) On a dit notamment, lors des discussions du Congrès de Vienne, que ce dépôt unique au pays d'origine ne préviendrait pas d'une façon suffisante les différents industriels qui seraient portés à copier le dessin. Cet argument nous touche très peu. Est-ce bien là vraiment le but du dépôt? Mais alors pourquoi prescrire un dépôt secret, même temporairement? Or, nous savons assez si ce secret du dépôt, au moins temporaire, est vivement réclamé par les industriels et les fabricants eux-mêmes? De plus, si ces dépôts, répétés dans les différents pays de l'Union, ont pour but de faire connaître aux intéressés que le dessin est l'objet d'un droit privatif, il faut avouer que ce but est bien mal atteint puisque partout le dépôt peut être fait sous pli cacheté et que même dans les pays où le dépôt est fait à découvert, il n'y a aucun bureau spécial chargé de centraliser ces dépôts et de renseigner les intéressés.

Un dessin ou modèle industriel témoigne toujours plus ou moins de la personnalité de celui qui l'a produit.

Posons donc en thèse une fois pour toutes que chaque fabricant doit le respect à tout dessin qu'il n'a pas composé, à moins qu'il n'ait la certitude que ce dessin ne soit tombé dans le domaine public.

b) On a fait en outre à ce dépôt unique, l'objection suivante :

Lorsqu'une poursuite venant à être exercée contre un prévenu de contrefaçon, celui-ci voudra contester l'identité du dessin, pour lequel on le poursuit, avec le dessin déposé, comment le plaignant pourra-t-il faire la preuve de cette identité? Nous répondrons qu'il serait très facile de fixer, par un règlement spécial, la façon dont les déposants pourraient obtenir de l'autorité qui a reçu valablement le dépôt, des certificats d'identité sur l'objet qu'ils ont déposé et en vertu duquel ils entendent poursuivre.

Mais, dit-on encore, le dépôt originaire peut n'être pas valable. Voici par exemple un Français poursuivi en France par un Suisse, et qui peut avoir intérêt à contester la validité du dépôt qu'a opéré ce dernier dans son propre pays. Comment pourra-t-il faire annuler ce dépôt? — Nos tribunaux français ne sont pas, c'est certain, compétents pour juger d'après la loi Suisse la question de la validité d'un dépôt fait dans ce pays; mais ne pourrait-on pas admettre que tant qu'un dépôt n'a pas été déclaré nul par une des juridictions du pays où il a été effectué, il est présumé valable. Il y a en effet bien des chances, si ce dépôt n'a pas été attaqué par les prévenus de contrefaçon du pays où il a été effectué, pour que sa validité ne puisse être mise en doute. C'est en vertu du dépôt originaire, accompli suivant les formalités prescrites dans ce pays, que l'on poursuit; tant qu'il est considéré comme valable dans ce pays, admettons-le donc comme tel dans les autres pays de l'Union ; sans compter que si un industriel d'un des pays unionistes a intérêt à faire tomber ce dépôt originaire, et qu'il le croit vraiment nul, il pourra toujours par voie principale l'attaquer devant une des juridictions du pays où il a été effectué.

Pour conclure, nous ne. saurions mieux faire que d'adhérer complètement à la proposition qu'a faite, sur cette question du dépôt unique, M. le Rapporteur général au Congrès de Vienne, et qu'il a libellée en ces termes :

« Il est à désirer que les dessins ou modèles industriels « admis au bénéfice de la Convention, conformément aux « articles 2 et 3, soient protégés dans tous les Etats de « l'Union, sans autres formalités, que celles prévues et « accomplies au pays d'origine.

« Le pays d'origine sera déterminé par les alinéas « 2 et 3 de l'article 6.

« Un règlement arrêté d'accord entre les gouverne- « ments, déterminera la procédure suivant laquelle le pro- « priétaire d'un dessin ou modèle fera la preuve, dans les « autres pays, en cas de contestation judiciaire, des forma- « lités accomplies au pays d'origine et de l'identité du « dessin ou modèle protégé. »

§ 5. — Etude de nos rapports avec certains États qui n'ont pas encore adhéré à la Convention de 1883.

150. — Parmi les nations qui n'ont pas encore adhéré à l'Union de 1883, deux nous intéressent particulièrement, c'est l'*Allemagne* et l'*Autriche*.

La Convention passée entre la *France* et l'*Autriche-Hongrie*, le 18 février 1884, dit simplement, dans son article 2, que les Français en Autriche-Hongrie, et les Autrichiens et les Hongrois en France jouiront réciproquement des mêmes droits que les nationaux pour la protection des dessins et modèles industriels.

Le traité de paix de 1871, entre la *France* et l'*Allemagne,* a remis en vigueur les différents traités passés entre la France et les États allemands antérieurement à la guerre.

Ces traités sont d'abord : le traité de *Berlin* du *2 août 1862* entre la France et le Zollverein, dont l'article 28 décide « qu'en ce qui concerne les dessins et « marques de fabrique, les sujets de chacun des Etats con- « tractants jouiront respectivement de la même protection « que les nationaux » ; puis le traité du *4 mars 1865,* passé avec les villes libres hanséatiques, dont l'article 24 pose le même principe général : « les citoyens et sujets de l'une « ou de l'autre des H. P. C., jouiront respectivement de la « protection que les lois intérieures accordent actuellement « ou accorderont par la suite aux dessins et modèles « industriels des nationaux. »

On le voit, ces traités posent simplement le principe de la protection internationale, basée sur la réciprocité diplomatique : mais ils ne disent rien ni de la façon dont la protection sera en fait assurée, ni des formalités qu'il faut suivre, ni enfin des conditions où la protection peut se réaliser. Voilà des points sur lesquels la Convention de 1883 a eu le mérite de préciser la manière dont les droits des divers intéressés sont sauvegardés.

Ces traités ont en outre le grand inconvénient de ne pas avoir été conclus, spécialement pour notre matière ; en effet, la protection des dessins et modèles de fabrique est assurée en général par des conventions relatives en

même temps à d'autres branches de la propriété industrielle, et par conséquent prennent fin avec elles.

Aussi M. Vaunois (1) fait-il à ce sujet une observation
des plus importantes, montrant bien la nécessité pour
les différents Etats d'entrer dans la Convention de 1883,
tant leur protection est illusoire en dehors de cette union.
En 1891 le gouvernement français, dans le but de re-
prendre sa liberté d'action au point de vue commercial,
a dénoncé presque tous les traités de commerce qui le
liaient avec les autres nations. De cette façon la protection internationale des dessins et modèles de fabrique
s'est trouvée purement et simplement supprimée. Un
rapport de M. Ribot (*J. offic.* du 31 janv. 1892) indiquant les traités qui ont subsisté au point de vue de la
protection industrielle, ne mentionne que l'article addi-
tionnel au traité de commerce du 30 décembre 1881 conclu avec la Suède et la Norwège, et la convention franco-
grecque du 20 février 1891. Cette dénonciation des traités
de commerce n'a pourtant en rien modifié nos relations
avec l'Allemagne, puisqu'elles ont été réglées par le traité
de paix de 1871.

---

(1) V. Vaunois, n° 377.

CHAPITRE III

151. — Lois spéciales et temporaires du 2 mai 1855 (1)
et du 3 avril 1867 (2). — La protection donnée aux au-

(1) Loi du 2 mai 1855. Loi qui garantit jusqu'au 1er mai 1856, les inventions industrielles et les *dessins de fabrique,* admis à l'exposition universelle de 1855.

Art. 1er. — Tout français ou étranger, auteur soit..... soit d'un dessin de fabrique qui doive être déposé, conformément à la loi du 18 mars 1806, ou ses ayants droit, peuvent s'ils sont admis à l'exposition universelle, obtenir de la Commission impériale d'exposition, un certificat descriptif de l'objet déposé. La demande de ce certificat doit être faite dans le premier mois au plus tard de l'ouverture de l'exposition.

Art. 2. — Ce certificat assure à celui qui l'obtient les mêmes droits que lui conférerait un dépôt, à dater du jour de l'admission par le Comité local de l'exposition jusqu'au 1er mai 1856, lors même que cette admission serait antérieure à la promulgation de la présente loi et sans préjudice du dépôt que l'exposant peut opérer avant l'expiration de ce terme.

Art. 3. — Les demandes de certificat doivent être accompagnées d'une description exacte de l'objet à garantir, et, s'il y a lieu, d'un plan ou d'un dessin dudit objet. La délivrance de ce certificat est gratuite.

(2) Loi du 3 avril 1867. Loi relative à la garantie des inventions

teurs de dessins qui exposent dans les expositions publiques a été d'abord purement temporaire. Des lois spéciales faites en vue des expositions de 1855 et 1867, sont venues réglementer les droits des exposants et ont relevé de la nullité tout dépôt, fait postérieurement à ces expositions, et qui n'eut pas été valable par suite de la publicité donnée aux dessins : Les exposants devaient demander à l'administration un *certificat* constatant l'admission de leurs dessins ; le certificat protégeait leurs droits pendant toute la durée de l'exposition et même pendant quelque temps après sa fermeture. A l'expiration de ce délai, les auteurs des dessins de fabrique devaient se protéger par les voies ordinaires, en effectuant un dépôt au Conseil des Prud'hommes compétent.

152. — Loi générale et permanente du 23 mai 1868. — Une loi du 23 mai 1868, rendue à l'occasion d'une exposition qui allait s'ouvrir au Havre, a consacré d'une façon générale et permanente ce que les lois de 1855 et de 1867 n'avaient fait que régler en vue d'une exposition déterminée (1).

susceptibles d'être brévetées et des *dessins de fabriques* qui seront admis à l'Exposition universelle.

Cette loi reproduit les termes de celle du 2 mai 1855, (en voir le texte, *Bulletin* annoté des lois, 1867, p. 128.)

(1) Voici le texte de cette loi :

Loi du 28 mai 1868, relative à la garantie des inventions susceptibles d'être brevetées et des *dessins de fabriques,,* qui seront admis aux expositions publiques autorisées par l'administration, dans toute l'étendue de l'Empire.

ART. 1er. — Tout Français ou étranger, auteur soit d'une découverte..... soit d'un dessin de fabrique, qui doive être déposé confor-

Il est facile de dégager de cette loi les règles principales suivantes :

1° Ce certificat est donné pour *toute* exposition publique, *autorisée par l'administration.*

2° Ce certificat est donné à *tout* exposant qui en fait la demande dans le mois de l'ouverture de l'exposition. Dans le projet de loi on lisait : tout inventeur peut « obtenir » ; le texte définitif a substitué la rédaction suivante : tout inventeur peut se faire « délivrer ». Ce qui indique bien que ce certificat est un droit pour chaque exposant qui le demande et qu'il ne peut lui être refusé.

3° Pris dans les délais légaux, ce certificat est valable depuis l'ouverture de l'exposition et pendant les trois mois qui en suivent la clôture.

mément à la loi du 18 mars 1806 ou des ayants droits, peuvent, s'ils sont admis dans une exposition publique, autorisée par l'administration, se faire délivrer, par le préfet ou sous-préfet dans l'arrondissement duquel cette exposition est ouverte, un certificat descriptif de l'objet déposé.

ART. 2. — Ce certificat assure à celui qui l'obtient les mêmes droits que lui conférerait un dépôt légal de dessins de fabrique, à dater du jour de l'admission jusqu'à la fin du troisième mois qui suivra la clôture de l'exposition, sans préjudice du dépôt que l'exposant peut opérer avant l'expiration de ce terme.

ART. 3. — La demande de ce certificat doit être prise dans le premier mois, au plus tard, de l'ouverture de l'exposition. Elle est adressée à la préfecture ou à la sous-préfecture et accompagnée d'une description exacte de l'objet à garantir, et s'il y a lieu d'un plan ou d'un dessin dudit objet. Les demandes ainsi que les décisions prises par le préfet ou le sous-préfet, sont inscrites sur un registre spécial, qui est ultérieurement transmis au ministère de l'agriculture, du commerce et des travaux publics et communiqué sans frais à toute réquisition. La délivrance de ce certificat est gratuite,

4° Ce certificat est *valable* en lui-même ; il donne dans tous les cas le droit de poursuivre les contrefacteurs, sans qu'il y ait lieu de rechercher si à l'expiration des délais de validité, l'auteur du dessin s'est assuré par un dépôt une protection définitive.

La question ne paraît pas faire de doute, si l'on s'en tient strictement aux termes de la loi. M. Pouillet prétend qu'il résulte de la discussion de la loi et des explications données par le rapporteur, que ce certificat est essentiellement *provisoire*, et que sa validité dépend en quelque sorte de l'accomplissement ultérieur des formalités ordinaires. Il est vrai, ajoute-t-il, que les termes employés par le rapporteur visent d'une façon plus exclusive le brevet et ne touchent pas à la question du dessin de fabrique (1). Nous pouvons donc conclure que, pour notre matière, ce certificat est valable en lui-même, sans qu'il y ait à se préoccuper si, à l'expiration de la durée de validité de ce certificat, l'auteur du dessin s'est assuré une protection définitive par un dépôt au Conseil des prud'hommes (2).

153. — Loi du 5 juillet 1881 (3). — Cette loi votée en vue de l'exposition internationale d'électricité a cru nécessaire de faire application aux exposants du bénéfice de la loi du 23 mai 1868 ; étant donnée la généralité de cette

---

(1) V. Pouillet, n° 101. 102.

(2) L'*Exposition de 1878 et les Inventeurs*, par Ambroise Rendu, 1 vol. Paris, André Lagnier, édit.

(3) Loi du 5 juillet 1881. Loi portant dérogation aux dispositions de l'art. 32, § 3, de la loi du 5 juillet 1844 sur les brevets d'invention à l'occasion de l'exposition internationale d'électricité, tenue à Paris, en 1881. — V. le texte : *Bulletin* annoté des lois 1881, p. 207.

loi, c'était tout à fait inutile ; à moins pourtant que le législateur n'ait voulu, à titre d'exemple, montrer les applications qui doivent en être faites aux expositions, même spéciales à une industrie déterminée. Cette loi de 1881 relève de la déchéance pour introduction, les exposants brevetés, elle ne nous intéresse donc qu'indirectement.

154. — Lois du 8 avril 1878 (1) et du 30 octobre 1888 (2). — Ces deux lois faites pour les expositions universelles de 1878 et de 1889 n'ont rien changé aux règles que nous venons de rapporter. Elles ont pourtant ajouté sur un point : En cas de contrefaçon, la saisie descriptive des objets exposés, argués de contrefaçon est seule permise ; la saisie réelle ne l'est pas. La raison de cette règle est facile à comprendre ; on ne doit pas pouvoir, sous prétexte de contrefaçon, arrêter l'exposition d'un concurrent, et nuire à l'ensemble de l'exposition.

(1) Loi du 28 avril 1878. Loi portant dérogation pendant la durée de l'exposition universelle de 1878 à l'art. 32, § 2 et 3 de la loi du 5 juillet 1844, sur les brevets d'invention. — V. le texte : *Bulletin* annoté des lois 1878, p. 159.

(2) Loi du 30 octobre 1888. Loi portant dérogation à la loi du 5 juillet 1844 sur les brevets d'invention et à la loi du 23 juin 1857, sur les marques de fabrique, pour les produits admis à l'exposition universelle de 1889. — V. le texte : *Bulletin* annoté des lois, 1888, p. 171 et 172.

LIVRE III

DROIT COMPARÉ

CHAPITRE PREMIER

155. — Nous avons l'intention, dans cette partie, de passer rapidement en revue les principales législations étrangères concernant la matière qui nous occupe.

Au point de notre travail où nous sommes arrivés, il suffira d'énoncer les règles caractéristiques de ces lois, pour voir en quoi elles diffèrent de la nôtre, et sur quels points elles peuvent lui être supérieures ou inférieures.

Le meilleur plan à adopter est de passer simplement en revue chaque pays, par ordre alphabétique, et de définir successivement les caractères principaux de sa législation.

Bien entendu, nous passerons sous silence tous les pays qui n'ont pas de lois sur la matière ; et même nous ne noterons que les lois qui nous paraissent présenter des caractères intéressants, ou qui relèvent d'un pays dont les relations commerciales présentent quelque importance.

Nous n'avons pas cru pouvoir grouper sous une seule et même idée plusieurs législations ensemble. Ces lois sur les dessins et modèles industriels sont partout, en effet, des lois relativement récentes, nées au fur et à

mesure des développements commerciaux. Il ne saurait
donc être question de rechercher, dans des similitudes de
races ou de situation géographique, des raisons de grouper ensemble les lois industrielles qui régissent ces différents pays. Toute classification de ce genre nous semblerait bien artificielle.

I. — Allemagne.

156. — La loi fondamentale est la loi du **11 janvier 1876**
concernant le droit d'auteur sur les dessins et modèles.
— Cette loi est complétée par deux instructions du
29 décembre 1876 et du 23 décembre 1886 relatives à la
tenue du registre des dessins (1).

Cette loi ne définit nullement ce qu'il faut entendre par
dessins et modèles (2). La jurisprudence allemande
l'applique à tout ce qui touche à la forme extérieure des
objets, soit en relief, soit en plan, et qui leur donne un
caractère nouveau et original. Mais il faut, d'après elle,
que ces objets, soient reproduits en nombre, par des procédés industriels, et que leur auteur ait eu en vue de
satisfaire le goût du public. Sinon la jurisprudence applique

---

(1) V. les textes dans le *Recueil* général de la législation concernant la propriété industrielle, publié par le Bureau international de
Berne, en 3 vol. (Berne, Bureau international de la propriété industrielle, 1896.)

(2) Pour le commentaire de cette loi du 11 janvier 1876. V. l'ouvrage de A. Morillot, sur la Protection accordée aux œuvres d'art, aux
photographies, aux dessins et modèles industriels et aux brevets
d'invention dans l'Empire d'Allemagne. Paris, 1872, 1 vol. Cotillon,
éditeur.

soit la loi du 9 janvier 1871 concernant les œuvres d'art figuratif, soit celle du 1ᵉʳ juin 1891 sur les modèles d'utilité.

L'auteur a sur son œuvre un droit absolu, et son droit passe à ses héritiers. Mais après avoir posé en principe que toute reproduction est interdite comme étant une contrefaçon, la loi apporte cependant des exceptions, et décide que ne sont pas des contrefaçons : la confection d'une copie isolée du dessin, si elle n'est pas faite en vue de la vente industrielle, — la reproduction en relief de dessins destinés à être appliqués sur des surfaces planes et réciproquement, — enfin l'insertion de reproductions isolées de dessins dans un ouvrage imprimé.

L'auteur doit faire un dépôt au tribunal dans le ressort duquel se trouve son principal établissement. Ce dépôt doit être enregistré sur un registre spécial et effectué avant toute divulgation d'articles, fabriqués d'après le dessin ou le modèle. Les dessins peuvent être déposés à découvert ou cachetés, isolés ou en paquets ; les paquets ne doivent pourtant pas contenir plus de 50 dessins ni peser plus de 10 kilogs.

La durée normale du dépôt est de un à trois ans, au choix de l'auteur, mais le déposant peut obtenir une prolongation de ce délai de protection jusqu'au terme maximum de *quinze ans*.

Trois ans après la demande d'enregistrement, ou à l'expiration du droit d'auteur, quand la durée est inférieure à ce délai, le dépôt, s'il était cacheté, est ouvert ; le public est alors admis à prendre connaissance des dessins et modèles ; il peut également consulter le registre et s'en faire délivrer des extraits authentiques.

La taxe à payer est d'un mark pour les trois premières

années, de deux marks pour les sept années suivantes
et de trois marks pour les cinq dernières.

La déchéance est encourue pour le national si le dessin
n'est pas fabriqué en Allemagne ; mais en revanche, la loi
s'applique à tout inventeur quelle que soit sa nationalité,
pourvu que celui-ci ait un établissement industriel dans
l'empire d'Allemagne ; hors de ce cas, l'auteur étranger
est protégé par application des traités en vigueur.

La contrefaçon est punie d'une amende maximum de
mille thalers, et si le condamné est insolvable, l'amende
est convertie en un emprisonnement qui peut aller jusqu'à
six mois. De plus, au lieu de l'indemnité civile, le plaignant
peut demander contre le prévenu une peine *d'amende-
réparation*, qui pourra atteindre deux mille thalers (§ 14).
La confiscation est également prévue par la loi, et elle
peut être prononcée, même en cas de bonne foi, par la
juridiction civile (1).

LOI DU 1er JUIN 1891 SUR LES MODÈLES D'UTILITÉ

Cette loi protège les objets qui tiennent le milieu entre
les inventions brevetables et *les dessins et modèles de
fabrique.* Ce sont toutes les nouveautés qui, lors de l'examen préalable, ont semblé trop peu importantes pour mériter la protection de la loi sur les brevets. Dans cette catégorie rentreraient tous les objets d'un usage pratique
(tels des jouets nouveaux ou des instruments de travail
d'une forme plus commode, etc.), qui soit par *leur forme,*

(1) V. au point de vue des réformes à introduire, la discussion qui
eut lieu à Berlin en octobre 1896, lors d'une conférence germano-
autrichienne. La *Propr. Ind.* de Berne, 1897, 4 et suiv.

soit par *leur mécanisme* présentent une utilité nouvelle. La forme dans ces cas est envisagée, non au point de vue de la décoration de l'objet, mais de son *utilisation*. Cette loi du 1er juin 1891 est donc bien plutôt une annexe de la loi du 7 avril 1891 sur les brevets, que de celle de 1871 sur les modèles et dessins.

II. — Angleterre.

157. — Les documents législatifs sur notre matière, sont en Angleterre : la loi du *25 août 1863 sur les brevets* dont les sections 47-62 (titre III) réglementent la question des dessins et modèles de fabrique; et la loi modificative du *24 décembre 1888* dans les sections 6-7 (1).

La loi anglaise a eu le courage de chercher une définition du dessin. D'après elle ce mot signifie « tout dessin
« applicable à un article de manufacture ou à toute subs-
« tance artificielle ou naturelle ou en partie naturelle, que
« ce dessin soit applicable au modèle ou à la forme, ou à
« la configuration de l'objet, ou encore à l'ornementation
« de ce dernier, ou qu'il soit destiné à deux ou plusieurs
« de ces fins, et quel que soit d'ailleurs le moyen par le-
« quel il est appliqué, que ce soit par l'impression, la pein-
« ture, la broderie, le tissage, la couture, le modelage, le
« coulage, le repoussé, la teinture en diverses couleurs,
« ou par tous autres moyens manuels, mécaniques ou
« chimiques, pourvu qu'il ne s'agisse pas d'un dessin,
« pour une sculpture ou pour un autre objet, tombant sous

(1) Les lois publiées en Grande-Bretagne sont applicables en Angleterre, en Ecosse, en Irlande et dans l'île de Man.

« l'application de la loi de 1814 sur le droit d'auteur en
« matière d'œuvres de sculpture (1) ».

Quiconque veut se réserver la propriété d'un dessin de
son invention doit adresser une demande au Patent-
Office. Cette demande indiquera la nature du dessin et
la classe ou les classes de marchandises dans lesquelles
le demandeur désire qu'il soit enregistré. En réclamant l'enregistrement, le demandeur doit fournir au
contrôleur le nombre prescrit d'exemplaires de dessins,
photographies ou calques représentant ledit dessin d'une
manière suffisante; le demandeur peut également fournir
des représentations exactes, ou des spécimens des dessins.

Il sera tenu au Patent-Office un livre dit *registre des
dessins* et sur lequel seront inscrits les noms et les adresses
des propriétaires des dessins enregistrés. Il sera payé pour
les demandes d'enregistrement des taxes qui pourront être
fixées en tout temps par le *Board of Trade*, avec la sanction de la Trésorerie.

Le contrôleur délivrera au propriétaire un certificat
d'enregistrement, mais il pourra également refuser d'enregistrer le dessin qui lui est présenté, sauf appel au Board
of Trade par la partie qui se prétend lésée.

La durée du droit d'auteur, dont le dessin est enregistré
est de *cinq ans*.

Avant la mise en vente de tout article auquel un dessin
enregistré a été appliqué, le propriétaire devra, s'il n'a pas
fourni des représentations exactes ou des spécimens lors
de la demande d'enregistrement, donner au contrôleur le
nombre prescrit de représentations exactes ou de spéci-

(1) *Droit d'auteur* signifie le droit exclusif d'appliquer un dessin à
tout article de manufacture ou à toute substance appartenant à la
classe dans laquelle le dessin est enregistré.

mens, sinon le contrôleur pourra rayer le nom du dépo⁻
sant inscrit sur son registre.

Pendant tout le temps que dure le droit de l'auteur le
dépôt est *secret*, mais chaque article devra porter les mots
ou les figures prescrits et destinés à indiquer que le dessin
est enregistré. Une fois le droit d'auteur arrivé à son
terme, le dessin est communiqué au public.

Si le dessin est utilisé industriellement en pays étranger
et qu'il ne le soit pas en Grande-Bretagne dans les six
mois de l'enregistrement, le droit d'auteur sur ce dessin
cesse d'exister.

Quiconque s'est rendu coupable de contrefaçon est passible pour *chaque infraction* d'une amende de 50 livres
sterling au profit du propriétaire, mais le total de ces
amendes ne pourra, pour la contrefaçon d'un seul et même
dessin, excéder la somme de 100 livres.

III. — Autriche-Hongrie.

158. — L'Autriche-Hongrie prépare en ce moment une
législation complète sur la propriété industrielle. Mais, en
attendant, c'est la législation ancienne qui est applicable.
Notre matière se trouve actuellement régie par la loi du
7 décembre 1858 (1) et celle du 23 mai 1865 (2).

Le dessin industriel, est tout type qui se rapporte à la
forme d'un produit et peut être identifié avec lui.

Le dépôt doit être fait avant toute mise en vente à la
Chambre de commerce du district où l'inventeur a son
domicile; il peut avoir lieu sous pli cacheté, mais le secret

(1) Ann. 1859, 197.
(2) Ann. législ. comparée, 1881. 257.

cesse au bout d'un an. Ce dépôt peut contenir plusieurs dessins, dans ce cas l'enveloppe doit l'indiquer.

La taxe à payer est de 1 fr. 25 par an.

La durée du droit est de 3 ans au maximum.

La loi prévoit un cas de déchéance, si le dessin n'est pas exploité dans l'année qui suit le dépôt, ou si le déposant introduit en Autriche des produits fabriqués à l'étranger d'après ce même dessin.

Toute contrefaçon est passible d'une amende qui peut aller jusqu'à *1,250 fr.* et être portée au double en cas de récidive. Une seconde récidive peut même faire encourir par le contrefacteur un emprisonnement de 8 jours à 3 mois.

Toutes ces dispositions ont été étendues à la Bosnie, et à l'Herzégovine par une loi du 20 décembre 1879 (1).

La loi Autrichienne du *26 décembre 1895,* en réglementant le droit d'auteur sur les œuvres de littérature, d'art et de photographie, a touché incidemment à notre matière.

Elle exclut de la propriété artistique, pour la faire rentrer dans le domaine des dessins et modèles industriels, les différents cas suivants :

1º Les annonces, réclames commerciales et tout ce qui sort de la presse en vue de servir aux besoins de la vie domestique.

2º Les reproductions d'œuvres des arts figuratifs apposées licitement sur les produits de l'industrie.

Quant à la reproduction non autorisée d'une œuvre d'art originale pour l'apposer sur une œuvre industielle, elle est toujours illicite.

---

(1) Ann. légis. comp. 1881. 257.

IV. — Belgique.

159. — C'est notre loi de 1806 qui est encore, à l'heure actuelle en Belgique, la loi fondamentale pour la protection des dessins et modèles de fabrique.

Un arrêté royal du 10 juillet 1884, concernant le dépôt des dessins industriels par les étrangers, reproduit notre décret impérial de 1861. Cet arrêté décide que les étrangers qui veulent revendiquer en Belgique la propriété d'un dessin industriel, en vertu d'une convention internationale, doivent *s'ils n'ont pas d'établissement dans le pays*, en effectuer le dépôt aux archives du Conseil des prud'hommes de Bruxelles, dans les conditions déterminées par la loi du 18 mars 1806.

V. — Espagne.

160. — M. Fauchille prétend que la loi Espagnole du 30 juillet 1878 sur les brevets, protège aussi les droits des auteurs de dessins et modèles de fabrique, mais que, d'après cette loi. il faut, pour obtenir la protection des dessins, prendre un brevet (1).

M. Pouillet combat cette opinion (2) ; nous sommes de son avis. On ne trouve nulle trace dans la loi espagnole, de règles relatives à notre matière (3).

(1) Fauchille, p. 282.
(2) Pouillet, p. 192.
(3) Voyez également le Recueil général de la législation de la Propr. Industr., publié par le Bureau de Berne, p. 199.

Mais si l'Espagne n'a pas actuellement de loi concernant les dessins et modèles de fabrique, elle possède des règlements récents où il en est question. C'est le décret royal du *16 août 1888* relatif à la protection *temporaire* des dessins et modèles industriels figurant aux expositions internationales — et l'ordonnance royale du *29 août 1882* rendue pour l'exécution de ce décret.

Comme on le voit par l'intitulé du décret, il ne s'agit que d'une protection temporaire, *de 6 mois,* pour les dessins figurant aux expositions internationales qui auront lieu en Espagne. Pour obtenir cette protection, l'intéressé devra remettre au commissariat royal de l'exposition, une requête indiquant l'objet de sa demande et une description en double exemplaire du dessin ou du modèle. La délivrance du certificat constatant cette protection temporaire, aura lieu gratuitement.

Il faut encore citer deux décrets coloniaux, l'un du 18 août 1884, relatif aux îles de Cuba et de Puerto-Rico et l'autre du 26 octobre 1888, s'appliquant à toutes les îles Philippines. Leur but principal est la réglementation des marques de fabrique, mais on y trouve certaines règles concernant les dessins et modèles. Au point de vue de la protection et des formalités à remplir, ces décrets assimilent purement et simplement pour les colonies, les dessins aux marques de fabrique.

Il est assez singulier que l'Espagne protège, pendant les expositions, des dessins qu'elle laisse sans protection en temps ordinaire, et que, d'autre part, elle se préoccupe de protéger les dessins dans les colonies, alors que rien ne les réglemente sur le territoire de la métropole. Il serait à souhaiter que par une prompte refonte de sa législation, l'Espagne fît cesser de pareilles anomalies,

VI. — Grèce.

161. — Il n'existe aucun texte spécial ; cependant les dessins et modèles de fabrique peuvent trouver une certaine protection dans les dispositions générales de la *législation*.

C'est ainsi que le *vol* de ces objets tomberait sous le coup de l'art. 371 du Code pénal. Quant à leur *contrefaçon* ou à leur emploi *abusif*, les art. 396 et suiv. du Code pénal, relatifs aux manœuvres frauduleuses, permettraient de poursuivre l'usurpateur. Cet article est ainsi conçu : « Est coupable de fraude, quiconque voulant nuire « à autrui ou se procurer un gain illicite, représente « sciemment comme vraies des choses fausses, ou bien « cache ou tait indûment la vérité, et nuit ainsi à autrui « ou se procure un bénéfice. Est également considéré comme « fraudeur, celui qui sciemment, dans son intérêt ou au « préjudice d'autrui, se sert de la fraude commise par un « tiers.

Quant aux *pénalités,* l'art. 398 punit de l'emprisonnement toute fraude qui a causé un préjudice ou un gain illicite dépassant *20 drachmes*.

Dans tous ces cas, le droit commun donnera en outre au fabricant, négociant ou consommateur la possibilité de réclamer des dommages-intérêts.

VII. — Italie.

LOI DU 30 AOUT 1868 (1). — Décret du 7 février 1869.

162. — Le dessin industriel n'est pas défini, et la jurisprudence semble décider qu'un dessin artistique, appliqué
à l'industrie, relève exclusivement des lois sur les dessins
industriels et non pas de celles sur la propriété artistique (2).

L'auteur du dessin doit en effectuer le dépôt à la préfecture de son domicile, laquelle transmet les dessins et modèles au ministère du Commerce et de l'Industrie. Il y a
sur ce point assimilation entre les dessins et les inventions
brevetables, qui toutes deux donnent lieu à la délivrance
d'un brevet.

Le dépôt doit être fait sous pli cacheté, et la taxe à
payer au moment de la demande est de 10 francs.

La durée du droit est de deux ans, qui commencent à
courir non du jour de la demande, mais du jour de la publication du dessin au journal officiel.

La déchéance est encourue, soit par l'italien ou l'étranger, qui après avoir déposé, ne s'est pas livré *dans l'année* à une exploitation de son dessin sur le territoire national.

L'action en contrefaçon est soumise à une plainte préa-

---

(1) V. Rec. gén. *Prop. Ind.* publié par le Bureau Berne, T. II p. 87.
(2) C. Turin, 20 juill. 1893. *La Pr. Ind.* 1894. 135.

lable de la partie lésée. Quant aux pénalités, elles sont
les mêmes que celles des brevets ; l'amende peut s'élever
jusqu'à 5.000 lires (1).

VIII. — Portugal.

163. — Toute la propriété industrielle a fait en Portugal
l'objet d'une réglementation récente et générale. C'est
aujourd'hui le décret royal *du 15 décembre 1894*, com-
plété par le règlement *du 28 mars 1895* (2) qui fixent les
conditions de la protection industrielle. Les dispositions
comprennent les *titres de brevets* qui s'appliquent aux
inventions ; *les titres d'enregistrement*, concernant les
marques, les noms commerciaux et les récompenses industrielles, et enfin *les titres de dépôt* qui réglementent les
dessins et modèles industriels.

Notre confrère, M. André Taillefer, a fait une étude
générale de cette loi dans les Annales de la propriété industrielle. (Ann. 1896, p. 217 et suiv.) Nous ne saurions mieux
faire que de reproduire ici ce travail, en ce qui concerne
notre matière :

Titre VII. – Dessins et modèles industriels.

Tout fabricant portugais ou étranger ayant son domicile ou son établissement en Portugal ou dans un des pays
signataires de l'Union en 1883, peut faire en Portugal le

---

(1) V. art. 296 Code pénal.
(2) V. les textes de ces *décret* et *réglement*, dans la *Propr. Indust.*
de Berne, 1895, p. 82 et suiv., 97 et suiv., 113 et suiv.

dépôt de ses dessins et modèles de fabrique, de manière à
s'en assurer la propriété (art. 157).

Sont considérés comme *dessins de fabrique* les dessins, gravures, et tout dispositif susceptible de concourir
par tissage, impression, peinture, broderie, gravure, à la
décoration des surfaces des objets fabriqués (art. 158).
Sont au contraire considérés comme *modèles de fabrique*
les moules, objets en relief et formes susceptibles d'être
appliquées à des produits industriels.

Qu'il s'agisse de dessins ou de modèles, l'ornementation
(art. 159) ne doit pas avoir un caractère purement artistique.

Les modèles déposés constituent la propriété exclusive
des dépositaires. L'exploitation n'en est permise qu'au
propriétaire ou à celui qui en a obtenu l'autorisation
expresse (art. 165).

La concession du titre de dépôt n'implique pas, d'ailleurs,
la reconnaissance de la nouveauté du dessin ou modèle
déposé (art. 166).

Conformément à l'article 11 de la Convention internationale la protection est accordée, sans dépôt préalable,
aux objets et dessins figurant dans les expositions organi-
sées en Portugal (art. 168). La loi ne contient aucune disposition analogue pour les brevets et les marques, sans
que l'on puisse d'ailleurs donner la raison de son silence.

La protection des dessins et modèles déposés *dure
cinq ans;* le dépôt est indéfiniment renouvelable. La taxe
d'enregistrement est de 1000 reis, celle de renouvellement
de 500.

Le décret indique les formes dans lesquelles doivent
être présentées les demandes et les pièces qui doivent y
être jointes (art. 169). La même demande peut servir

pour le dépôt de plusieurs modèles présentés simultanément
(art. 170), mais la taxe doit être acquittée autant de fois
qu'il y a de dessins ou modèles s'appliquant à des objets
de classes différentes.

Le dépôt de la demande fait l'objet d'une publication à
partir de laquelle court un délai de trois mois pour les réclamations des intéressés. Si l'enregistrement est accordé,
les demandes en annulation doivent être portées devant le
Tribunal de commerce de Lisbonne (art. 177), c'est la
procédure déjà indiquée pour les brevets et les marques.

Le chef de la division de l'industrie peut écarter la
demande s'il juge que le dessin ou modèle a un caractère
purement artistique ; on ne peut recourir contre sa décision qu'auprès du Ministre des travaux publics (art. 184).

Les titres de dépôt sont susceptibles d'annulation par
décision du Tribunal de commerce, à la demande de la
partie lésée : 1° quand les dessins ou modèles ne sont
pas nouveaux ; 2° quand, avant le dépôt, ils ont reçu une
publicité industrielle ; 3° quand le dépôt n'a pas été fait
par l'auteur, à moins que celui-ci n'ait cédé ses droits
d'une façon régulière (art. 187).

Quant aux peines, elles comportent la prison ou l'amende.
Sont passibles d'une amende de 20.000 à 200.000 reis et
d'un emprisonnement de huit jours à trois mois : 1° ceux
qui ont copié ou imité un dessin du modèle déposé ;
2° ceux qui ont exploité de mauvaise foi un modèle déposé
ou facilité l'exploitation de ce modèle ou dessin par un
tiers ; 3° ceux qui, de mauvaise foi, ont vendu ou exposé
en vente ou introduit des objets dont les dessins ou modèles seront la copie ou l'imitation des dessins ou modèles
déposés (art. 190).

Si le coupable est un ancien ouvrier ou employé de

l'industriel qui a fait enregistrer le dessin ou le modèle, il sera passible d'un emprisonnement de deux à six mois (art. 194).

IX. — Russie.

164. — Les lois sur notre matière sont comprises dans les documents suivants :

Règlement sur l'industrie. Lois codifiées, vol. XI, part. 2ᵉ, art. 199-209. — Code pénal, art. 1356 et 1357.

Règlement sur les impôts indirets. Lois codifiées, vol. V, édit 1893, art. 320-321. — Ukase du Sénat du 24 sept. - 6 oct. 1864.

RÈGLEMENT SUR L'INDUSTRIE

Liv. I. Sect. III. Ch. III.

Du droit de propriété sur les dessins et modèles de fabrique.

199. L'inventeur d'un dessin ou d'un modèle destiné à être reproduit sur un objet fabriqué dans les manufactures, usines et ateliers d'artisans peut obtenir pour un espace de temps déterminé, le droit à l'usage exclusif de ladite invention. Le même droit appartient aux personnes auxquelles les inventeurs ont cédé d'une manière régulière, leurs dessins et modèles de fabrique.

Observation 1. — Les étrangers doivent se conformer aux règles contenues dans ce chapitre pour obtenir le droit de propriété sur les dessins et modèles de fabrique.

Observation 2. — Les dessins et modèles préparés

dans les ateliers attachés aux fabriques et usines par les
dessinateurs et ornemanistes employés dans lesdits ateliers, sont considérés dans tous les cas, comme la propriété de celui à qui appartient la fabrique ou l'usine.

200. Pour obtenir le droit exclusif d'employer un
dessin ou un modèle pendant un certain espace de temps,
l'inventeur ou l'acquéreur est tenu, avant de le porter à
la connaissance du public par la mise en vente des objets
reproduisant lesdits dessins ou modèles ou par tout autre
mode, de le déposer conformément aux règles contenues
dans les art. 201 à 203.

201. Le dépôt d'un dessin ou d'un modèle se fait
par la présentation d'une demande au département du
Commerce et des Manufactures ou à la section du Conseil
des Communes et des Manufactures, siégeant à Moscou
(le choix est laissé au demandeur) ; la demande doit être
accompagnée du dessin ou du modèle original, ou bien,
si cela est plus commode, d'un croquis ou d'un échantillon en double exemplaire. En outre le requérant doit indiquer s'il est l'inventeur lui-même, ou bien s'il est acquéreur d'une invention d'autrui.

Observation. — Le Ministre des Finances peut autoriser, en cas de nécessité et si les circonstances le permettent, que le dépôt des dessins et modèles se fasse dans
d'autres établissements relevant de son ministère.

202. Les demandes d'enregistrement de dessins et
de modèles sont inscrites sur un registre spécial et dans
l'ordre chronologique. On inscrira sur chaque exemplaire
déposé :

1° Le numéro d'ordre,

2° les noms, prénoms et domicile du propriétaire, ou bien l'adresse de sa fabrique ou de son usine,

3° la date (année, mois et jour) du dépôt des échantillons,

4° le terme pour lequel le propriétaire a reçu le droit à l'usage exclusif du dessin ou du modèle déposé.

Un de ces exemplaires est joint au dossier et l'autre, dûment signé et scellé du sceau du gouvernement, est délivré au requérant avec un certificat spécial, comme preuve de ce que le droit de propriété au dessin ou au modèle a été déclaré.

203. Le dépôt d'un dessin ou modèle qui n'est pas nouveau, mais qui a déjà été employé, est réputé nul et non avenu.

Observation 1. — Toutes les copies et imitations de fabrications étrangères déjà mises en vente, ne peuvent être considérées comme nouvelles.

Observation 2. — Toute reproduction dans son ensemble ou l'une de ses parties nouvelles, d'un dessin ou d'un modèle nouveau et déposé, quelle que soit la grandeur relative de cette reproduction, et quels que soient les matériaux et procédés employés, est réputée contrefaçon.

Obs. 3. N'est pas considérée comme contrefaçon la reproduction industrielle des œuvres de sculptures faites par les fabriques au moyen du tissage, de l'impression ou de la peinture et de ses dérivés, et vice versa.

204. Les dessins et modèles ainsi que les croquis et échantillons sont tous conservés dans la section du Conseil du commerce et des manufactures siégeant à Moscou.

Les dessins, modèles et croquis sont mis, un an après l'enregistrement à la disposition de ceux qui voudraient les examiner.

Observation. — Le terme pendant lequel les dessins et modèles sont tenus secrets peut être prolongé, conformément au désir du requérant; mais dans aucun cas il ne peut excéder trois ans.

205. Tous les produits, reproduisant un dessin ou un modèle déposés, doivent porter, sur la partie la plus commode en forme de cachet ou d'estampille, ou sur un plomb spécial attaché au produit, un signe ayant la forme déterminée par le Ministre des Finances, et indiquant le terme pour lequel le propriétaire a reçu le droit exclusif d'exploiter le dessin ou le modèle.

206. Toute cession du droit exclusif d'exploiter un dessin ou modèle de fabrique, déposé conformément aux règles contenues dans les paragraphes précédents, doit être notifiée au département du commerce et des manufactures, siégeant à Moscou (à celui de ces deux établissements où l'enregistrement a été effectué). La cession fera l'objet d'une annotation correspondante, inscrite sur le registre et sur les deux exemplaires du dessin ou du modèle déposés,

207. Le terme, pour lequel le droit exclusif d'exploiter un dessin ou modèle de fabrique est concédé, commence à courir le jour où le dépôt en a été effectué, et peut être, conformément au désir du requérant, fixé dans les limites *d'une année à dix années.*

208. Les taxes de dépôt des dessins et modèles de fabrique sont proportionnelles au terme pour lequel la protection est demandée.

209. L'examen préparatoire du procès en contrefaçon et pour usage illicite des modèles et dessins déposés, ou bien des signes qui les accompagnent, doit être fait par le département du commerce et des manufactures siégeant à Moscou, c'est-à-dire par celui de ces deux établissements auprès duquel le dépôt a été effectué ; mais les tribunaux ordinaires sont seuls compétents pour juger ces procès, pour prononcer des peines et pour fixer le montant des dommages-intérêts.

LE CODE PÉNAL fixe les peines.

Lois codifiées, vol. XV, éd. 1885 Sect. VIII, ch.. XIV.

1356. Quiconque appose sur les marchandises le signe établi pour protéger le droit d'exploiter un dessin ou un modèle, sans avoir préalablement dûment déposé ce dessin ou modèle est puni : *d'une amende de 50 roubles* au plus.

1357. Quiconque reproduit de son propre chef, sans autorisation du propriétaire, un dessin ou modèle dûment déposé, est puni, sans préjudice des dommages-intérêts entraînés par ledit emploi non autorisé, d'une *amende de 50 à 200 roubles.*

X. — Serbie.

165. — La Serbie possède sur les dessins et modèles de fabrique, une loi intéressante à citer, celle du *30 mai 1884* (1).

Il est curieux de voir cet État relativement peu important, avoir sur cette matière une loi récente, très complète, et résolvant d'une façon précise presque toutes les difficultés qui nous ont arrêtés dans l'étude de notre loi française. La solution qui est donnée n'est pas toujours celle que nous aurions choisie, mais peu importe.

— La loi définit *le dessin :* Toute forme pouvant servir de type et être donnée à un produit industriel quelconque; et, *le modèle :* tout objet représentant un produit industriel ou pouvant s'appliquer à un produit industriel.

Tous les dessins et modèles qui ont un caractère artistique sont protégés par la loi sur la propriété littéraire et artististique, et les produits industriels, protégés spécialement en raison de leurs applications techniques, sont soumis aux dispositions de la loi sur les brevets d'invention.

Toute personne qui voudra se réserver le droit exclusif d'exploitation de son dessin, devra en déposer ou faire enregistrer au Tribunal *trois exemplaires*, et cela avant de mettre dans le commerce les produits auxquels il est appliqué.

Ces formalités se feront au Tribunal du chef-lieu du dé-

---

(1) V. le texte dans la *Propriété Industrielle*, année 1889, p. 27.

partement où l'intéressé est domicilié ou de celui où son
établissement est situé. Le dépôt peut être fait sous paquet
cacheté ; dans ce cas, le poids du paquet ne peut dépasser
10 kilogs. Un procès-verbal est dressé qui constate le dépôt
et l'enregistrement des dessin et modèle. Le dépôt et
l'enregistrement sont publiés dans le *Journal officiel* par
les soins du tribunal.

Des trois exemplaires déposés, le premier est conservé
aux archives du tribunal; le deuxième est remis au déposant, et le troisième est envoyé au Ministère de l'agriculture et du commerce.

La taxe à payer pour *chaque* dessin ou modèle est pro-
portionnelle à la durée du droit; la durée maximum de ce
droit est de *dix années,* et prend cours du jour où le dessin et le modèle ont été enregistrés. Si plusieurs dessins sont
déposés dans le même paquet, la couverture de ce paquet
devra indiquer exactement le nombre des dessins ou modèles qui y sont renfermés, et cela en vue de la taxe à
payer.

Le déposant sera tenu d'exploiter son privilège dans le
délai *d'un an,* à dater du jour du dépôt. Pendant ce délai,
les paquets scellés ne sont pas ouverts, mais à l'expiration
de l'année, les paquets seront décachetés, et procès-verbal
en sera dressé.

Le déposant sera également tenu d'apposer sur les produits une marque indiquant autant que possible, la date
et la durée du privilège, ainsi que le nom de l'intéressé.
En cas d'impossibilité, il suffira que cette marque figure
sur l'enveloppe contenant les produits.

Le déposant est déchu de son droit: si le dessin a été,
avant le dépôt, ou exploité commercialement ou publié
par la voie de la presse, ou enregistré au nom d'un tiers;

si le propriétaire a acquis son droit d'une façon illicite ; si l'intéressé n'a pas exploité dans le délai d'un an, ou s'il a importé de l'étranger des dessins et modèles conformes à ceux déposés.

En cas de contrefaçon ou de vente de produits contrefaits, la partie lésée a le droit de demander des dommages-intérêts. S'il y a intention frauduleuse chez le contrevenant, il est passible d'une amende de 50 à 1000 dinars, et en cas de récidive, il sera passible d'un emprisonnement de 15 à 90 jours.

Les tribunaux compétents pour connaître des infractions et des questions touchant à l'expiration du privilège, à la perte du droit exclusif et à l'enregistrement des dessins, sont les tribunaux de première instance et le tribunal de commerce de Belgrade.

Nota. — Une circulaire ministérielle du *25 mai 1885* a été rendue en vue d'assurer l'exécution de cette loi (1).

XI. — Suisse.

166. — La loi suisse ne pouvant trouver de définition aux dessins et modèles, s'est contentée de dire que n'étaient pas considérés comme dessins et modèles, ni les œuvres artistiques protégées par la loi du 23 avril 1883 sur la propriété artistique, ni les inventions industrielles susceptibles d'être protégées par la loi du 29 juin 1888 sur les brevets d'invention. Cette définition n'est pas compromettante.

(1) V. *Propr. Indust.*, 1889, p. 29.

Le dépôt se fait par une demande au bureau fédéral de la propriété industrielle. Il peut être effectué à couvert ou à découvert, isolément ou par paquets, mais les paquets ne pourraient pas contenir plus de 50 dessins ou modèles, ni peser plus de 10 kilogs. La durée du droit sera, au choix du déposant, de deux, cinq, dix ou quinze années, à partir de la date du dépôt. Le déposant devra payer une taxe fixe pour les deux premières années ; pour les périodes suivantes la taxe subira une augmentation progressive et sera calculée d'après le nombre des dessins et modèles déposés.

La *déchéance* du droit de l'auteur pourra être prononcée sur la demande de tout intéressé : en cas de non paiement des taxes fixées; en cas de non exploitation *convenable*, et alors que des produits munis desdits dessins seront fabriqués à l'étranger et introduits en Suisse.

La *nullité* pourra également être prononcée à la demande de tout intéressé : Si le dessin n'est pas nouveau, ou si antérieurement au dépôt il a reçu une publicité industrielle; si le déposant n'est pas l'auteur des dessins ou son ayant-cause; si, en cas de dépôt sous enveloppe cachetée, le déposant est convaincu de fausse déclaration.

Sont aux termes de l'article 18 déclarés contrefacteurs, ceux qui auront sciemment contrefait ou imité un dessin ou modèle déposé ; ceux qui auront vendu ou mis en vente des objets qu'ils savaient ou étaient censés savoir contrefaits ou imités ; tous ceux qui auront coopéré à ces actes ou qui en auront facilité l'exécution, et enfin ceux qui refusent de déclarer la provenance des objets contrefaits se trouvant en leur possession. Ceux qui auront commis dolosivement les actes prévus par l'article 18 seront condam-

nés aux indemnités civiles et punis d'une amende de *30* à
2.000 francs, ou d'un emprisonnement de trois jours à
une année, ou de ces deux peines réunies.

La peine pourra être élevée jusqu'au double en cas de
récidive.

Le tribunal pourra ordonner la confiscation des objets
saisis à compte ou à concurrence des dommages-intérêts
ou des amendes ; il pourra ordonner la publication du jugement dans un ou plusieurs journaux, aux frais du condamné.

Les dispositions de la présente loi ne seront pas, jusqu'à
nouvel ordre, appliquées à l'industrie de l'impression sur
cotonnades.

Les ressortissants du pays qui auront conclu avec la
Suisse une convention à cet égard, pourront, dans un délai
de *quatre mois* à partir de la date de leur dépôt, dans l'un
desdits pays, et sous réserve des droits des tiers, déposer
leurs dessins ou modèles industriels en Suisse, sans que
des faits survenus dans l'intervalle, tels qu'un autre dépôt
ou un fait de publicité, puissent être opposés à la validité
du dépôt opéré par eux.

Le même avantage sera accordé aux citoyens suisses
qui auront opéré ce premier dépôt de leurs dessins ou
modèles dans un des pays désignés au paragraphe précédent.

Voilà qui rappelle le délai *de priorité* établi par la convention de *1883*.

XII. – Etats-Unis.

167. — La législation est constituée par les lois du *8 juillet 1870, 24 mars 1871 et 18 juin 1874* (1).

Le dessin et le modèle de fabrique n'y sont pas définis. Quiconque veut être protégé doit opérer le dépôt de son dessin au Patent-Office à Washington, moyennant une taxe de 10, 15 ou·30 dollars, suivant la durée du droit; la durée du droit privatif peut être en effet de trois ans et demi, sept ans ou quatorze ans.

Le dépôt a lieu à découvert, et tout objet déposé doit porter la mention *Patented* ; le dépôt doit, de plus, être accompagné d'une description faisant ressortir les côtés caractéristiques de la nouveauté du dessin.

La contrefaçon est punie d'une amende d'au moins 100 dollars, et l'inscription frauduleuse du mot *patented* sur des objets qui n'ont pas été déposés est frappée de la même peine.

V. *Annales*, 82. 148.

LIVRE IV

———

DES DESSINS ET MODÈLES DE FABRIQUE EN LÉGISLATION

CHAPITRE PREMIER

168. — La loi de 1806 est si laconique, qu'elle laisse
nombre de questions sans les résoudre. La jurisprudence
a bien essayé de remédier à ces lacunes, elle a cherché à
s'inspirer de l'esprit même de cette loi pour régler les
hypothèses laissées sans solution ; il n'en est pas moins
vrai que la pratique a démontré la nécessité d'une réglementation précise et définitive sur plusieurs points, où la
jurisprudence elle-même est divisée, et où la doctrine
manque d'harmonie.

Voyons rapidement quels sont les cas où une intervention du législateur serait salutaire pour fixer les idées.

1° La loi de 1806 nous laisse tout d'abord sans définition sur le dessin et modèle de fabrique. C'est une lacune
grave. Nous ne nous dissimulons pas les difficultés d'arriver à cette définition, mais nous voudrions au moins
voir fixer les limites respectives de la loi de 1793 et de
celle de 1806.

Il est certain que la loi de 1806 a eu pour but, dans l'esprit
de ceux qui l'ont faite, de compléter la loi de 1793. Prenant
ce point de départ, il serait facile de décider que désormais tout dessin qui a sa signification en lui-même, qui

se suffit è lui seul, reste, en tant que dessin, protégé par
la loi de 1793; au contraire lorsque le dessin se trouve
incorporé à un objet industriel, cet objet ainsi décoré,
revêtu d'une forme ou d'une physionomie nouvelle, sera
protégé par la loi de 1806, sans que le dessin perde pour
cela le bénéfice de la loi de 1793. — Si donc l'auteur entend
poursuivre la reproduction de son dessin, seulement comme
dessin, il devra poursuivre en vertu de la loi de 1793. Si,
au contraire, il veut obtenir réparation d'un concurrent,
qui s'est servi de ce même dessin pour en orner un objet
industriel, il devra s'adresser à la loi de 1806, et en respecter les formalités.

Peut-être y aurait-il lieu aussi de décider, si le droit du
propriétaire d'un *simple dessin industriel*, est protégé dans
toutes les industries ou seulement dans celle à laquelle appartient l'objet auquel est incorporé ce dessin? Faut-il
comme l'ont fait certaines législations étrangères, diviser
les industries en *classes*, et n'accorder au propriétaire
d'un dessin industriel, le droit de poursuivre que les
reproductions faites par des concurrents qui appartiennent
à la même classe d'industrie ?

Nous avouons, pour notre part que ce système nous
plairait assez. Il reste bien entendu que le dessin, en tant
que protégé par la loi de 1793, aura un domaine de protection générale et que son auteur, à l'abri de cette loi,
pourra empêcher toutes autres reproductions. La question
n'a donc vraiment d'intérêt que quand nous nous trouvons en
face d'un vrai *dessin* ou *modèle* industriel, c'est-à-dire d'un
objet utile, qui a une forme ou physionomie propre, mais
dont il n'est pas impossible de détacher la forme ou le
dessin qui le décore, pour les considérer en eux-mêmes.
C'est par exemple un effet de moirage, obtenu sur des

étoffes de soies, et que l'on voudrait reproduire sur des papiers de tapisserie. Il serait désormais entendu que le propriétaire de cet effet de moirage n'aurait de protection que vis à vis des contrefacteurs appartenant comme lui à l'industrie des étoffes.

2° Le dépôt, sous la loi de 1806, est secret pendant toute la durée de sa validité. Ce secret du dépôt est, selon nous, une source de difficultés bien grandes, et se retourne contre le propriétaire lui-même. Le prévenu a toujours la ressource, lorsqu'il est poursuivi, d'invoquer sa bonne foi et de dire qu'il ignorait le droit privatif de l'auteur. Ne serait-il pas préférable de trouver un moyen de publicité avertissant les tiers que l'objet a été déposé et qu'il constitue un droit privatif? La mention, *Déposé*, à appliquer sur chaque objet revêtu du dessin, nous paraît irréalisable en pratique.

3° Il semblerait que le dépôt dût porter sur un exemplaire du dessin lui-même. La jurisprudence a heureusement écarté cette interprétation par trop restrictive de la loi de 1806, mais il serait désirable de voir prononcer d'une façon formelle et explicite, que le dépôt doit être fait sous forme d'une simple esquisse ou d'une épreuve photographique. Il doit suffire que le dépôt présente un caractère précis et détaillé, pour que le dessin ou modèle, dont on s'est réservé le droit privatif, soit bien spécialisé.

4° Par application de la loi de 1806 et de l'ordonnance de 1825, le dépôt a lieu, suivant les cas, ou au Conseil des prud'hommes, ou aux greffes des tribunaux de commerce, ou enfin aux greffes des tribunaux civils.

Un peu d'homogénéité dans tous ces dépôts serait une

chose désirable. Combien il serait facile d'attribuer compétence générale à une juridiction qui fût toujours la
même (1)!

(1) V. *Rev. Crit.*, 1875, p. 295. Des réformes à apporter à la législation sur les dessins et modèles de fabrique, par Rod. Rousseau.

CHAPITRE II

169. — C'est a trois reprises différentes que la loi sur les dessins et modèles de fabrique a été mise à l'ordre du jour dans nos Assemblées législatives.

En 1845-1847, on s'en occupa pour la première fois. La révolution de 1848 survint et tout travail fut arrêté.

En 1856 et 1869, l'idée fut encore reprise à nouveau. Malheureusement encore une autre révolution, celle de 1870, empêcha la loi d'être définitivement élaborée et votée.

Enfin récemment, en 1877-1879, grâce à l'initiative de M. Bozérian, une nouvelle proposition fut déposée et discutée au Sénat, qui vota en fin de compte un projet de loi complet sur la matière. En 1894, M. Philipon présenta à la Chambre des Députés le rapport fait au nom de la Commission chargée d'examiner cette proposition de loi. Ce rapport conclut au rejet de la loi telle qu'elle a été conçue. Nous n'aurons donc pas besoin d'une troisième révolution pour empêcher la loi sur les dessins et modèles industriels d'aboutir. Et pourtant ce projet nous semble excellent, sauf dans la définition qui y est donnée

des dessins et modèles industriels. Le critérium en
repose à la fois sur le *mode de reproduction* et sur
le *caractère artistique* de l'œuvre ; ce sont des idées
que nous ne pouvons admettre. Le domaine d'une loi
sur les dessins industriels est tout autre ; nous n'avons
qu'à renvoyer à ce que nous avons dit au chapitre II,
livre I, titre 1.

§ 1. — Projet de 1845-1847.

170. — Un projet de loi fut présenté à la Chambre des
Pairs par M. Cunin Gridaine, Ministre du commerce et de
l'industrie, le 31 janvier 1845. Les dispositions principales
de ce projet étaient les suivantes : faire cesser toute hésitation sur la portée de la loi, qui doit protéger aussi bien
les modèles d'ébénisterie, de bronze et d'horlogerie, que
les fabriques de soieries, de châles et de tissus façonnés ;
régler les éléments de la contrefaçon et surtout les formes
de la saisie ; enfin et surtout faire cesser l'anomalie qui
existe entre le principe de la propriété perpétuelle consacrée par la loi de 1806, et celui de la propriété restreinte
que venait d'adopter la loi de 1844 (1).

§ 2. — Projet de 1856-1869.

171. — Ce projet avait eu pour but de séparer nettement les domaines respectifs de la loi de 1793 et de celle

_____

(1) V. Dall. Rep. Vᵉ *Industrie,* n° 253, *in fine.*

de 1806. Il dut être retiré par le gouvernement devant
l'opposition des Chambres, des Tribunaux de commerce
et des Conseils de prud'hommes et devant la difficulté de
trouver une définition exacte et complète du dessin artistique et du dessin industriel (1).

§ 3. — Projet de 1877-1879.

172. — Cette proposition de loi, déposée le 26 novembre 1876 par M. Bozérian, et votée par le Sénat, les
11 et 29 mars 1879, a eu pour but de répondre avant tout à
cette idée générale, qu'il y avait lieu de créer l'homogénéité
dans notre législation industrielle. Ce projet, comme on
peut le voir par le texte même, que nous allons en donner
intégralement, reproduit, dans ses grandes lignes, les
dispositions déjà adoptées par la loi de 1844 sur les brevets, et de 1857 sur les marques.

Voici le texte de ce projet tel que le Sénat l'a voté :

Titre 1. — Dispositions générales.

Art. 1er — L'auteur d'un dessin ou d'un modèle industriel a
le droit exclusif par lui-même, par ses héritiers ou ayants cause,
de l'exploiter pour le temps et sous les conditions ci-après déterminées.

Art. 2. — Sont réputés dessins industriels tous arrangements, toutes dispositions ou combinaisons de traits ou de couleurs *destinés à une reproduction* industrielle.

_____

(1) V. Dall. Supp. Rep. V° *Industrie*, n° 160.

Sont réputés modèles industriels toutes œuvres en relief, destinées par une semblable reproduction, à constituer un objet ou à faire partie d'un objet industriel.

Art. 3. — Ne sont pas comprises dans ces catégories les œuvres dans lesquelles le caractère artistique sera prédominant.

Ces œuvres continueront à être protégées par la loi du 19 juillet 1793 et par les autres lois relatives à la propriété artistique.

Art. 4. — La durée du droit exclusif d'exploitation garanti par l'article 1er sera de quinze années au maximum.

Si ce droit a été réclamé pour une durée moindre, il pourra être prorogé jusqu'à l'expiration de ce délai, moyennant l'acquittement des droits spécifiés dans l'article 16 et à la condition qu'une déclaration aura été faite au lieu du dépôt, au moins trois mois à l'avance.

Titre II. — Du dépôt. — Des taxes. — De la communication et de la publication des dessins et modèles

Art. 5. — Quiconque voudra s'assurer le droit exclusif d'exploiter un dessin ou un modèle industriel devra en déposer des spécimens au greffe du tribunal de commerce de son domicile.

La date du dépôt constitue le point de départ des droits du déposant.

Un règlement d'administration publique déterminera les dimensions et le poids maximum des spécimens.

Art. 6. — Chaque dépôt sera constaté par un procès-verbal dressé sur un registre spécial.

Ce procès-verbal devra énoncer, outre les nom, prénoms et domicile du déposant, le numéro d'ordre du registre, l'indication sommaire de l'objet déposé, le jour et l'heure du dépôt, la durée du droit privatif réclamé et la mention que le déposant a représenté la quittance des droits fixés par l'article 16.

Il sera signé par le greffier, ainsi que par le déposant ou par son fondé de pouvoirs.

Art. 7. — Les spécimens devront être déposés en triple exemplaire. Chacun de ces exemplaires, sauf le cas où le dépôt est secret, sera revêtu des signatures exigées par le procès-verbal.

Il pourra n'être dressé qu'un seul procès-verbal pour les dessins et modèles de même nature, appartenant à la même personne et déposés en même temps.

Art. 8. — Une copie du procès-verbal et un exemplaire des spécimens seront remis au déposant.

Un second exemplaire sera déposé au greffe du tribunal.

Le troisième sera envoyé par les soins du greffier à un dépôt central, désigné à cet effet par le ministre de l'agriculture et du commerce.

Art. 9. – Ces spécimens seront communiqués sans frais à toute réquisition. Toute personne pourra en obtenir une copie à ses frais, suivant les formes qui seront déterminées par un règlement d'administration publique..

Art. 10. — Les spécimens des dessins pourront être déposés à couvert.

Dans ces cas, ces exemplaires seront présentés au greffier, placés dans trois enveloppes séparées, qui seront datées et revêtues d'une déclaration du déposant, indiquant le nombre des spécimens déposés et portant que ces spécimens sont identiques.

Ces enveloppes seront signées par ledit déposant et scellées de son cachet.

Il pourra n'être employé qu'une seule enveloppe pour tous les dessins de même nature appartenant à la même personne et déposés en même temps.

Le greffier mettra son visa sur les enveloppes et y apposera le sceau de sa juridiction.

Un règlement d'administration publique déterminera les dimensions et le poids maximum des enveloppes.

Art. 11. — L'une des deux enveloppes sera remise au dépo-

sant; les deux autres resteront déposées au greffe jusqu'au jour
où ces spécimens pourront être rendus publics.

Art. 12. — Ce jour arrivé, un exemplaire desdits spécimens
sera envoyé au dépôt central mentionné dans l'article 8.

Art. 13. — Les spécimens indiqués dans l'article 10 ne pourront être tenus secrets pendant plus d'une année à partir du
dépôt.

Art. 14. — Si, pendant cette période, une contestation s'élève
sur la propriété d'un dessin ou d'un modèle déposé en conformité
de l'art. 10, le président du tribunal, saisi de la contestation,
procédera à l'ouverture des enveloppes remises aux parties con-
testantes en exécution de l'art. 11.

Ce magistrat pourra, en outre, adresser une commission roga-
toire au président du tribunal où les enveloppes ont été déposées, à l'effet de procéder à l'ouverture desdites enveloppes.

Le greffier dressera procès-verbal de cette opération.

Art. 15. — Il sera perçu au profit du greffier un droit fixe de
trois francs pour la rédaction de chaque procès-verbal et pour le
coût de chaque expédition, non compris les frais de timbre et
d'enregistrement.

Art. 16. — Il sera perçu un droit d'un franc par chaque spé-
cimen et par chaque année de protection demandée.

Art. 17. — Toute fausse déclaration faite, en cas de dépôt
sous enveloppe, pour éviter le paiement des droits énoncés en
l'article 16, sera punie d'une amende de 100 à 500 francs et
donnera lieu à la perception d'une somme décuple des droits
frustrés, sans préjudice de la nullité prononcée par l'article 21.

Art. 18. — Une feuille officielle publiera périodiquement le
nom des déposants, accompagné des mentions exigées par l'article 6 pour le procès-verbal, autre que celle relative à la représentation de la quittance des droits.

Titre III. — Du droit des étrangers

Art. 19. — Les étrangers résidant en France, jouiront du bénéfice de la présente loi en remplissant les formalités qu'elle prescrit.

Art. 20. — Les étrangers et les Français, résidant hors de France, jouiront du même bénéfice en remplissant les même formalités, si, dans les pays où ils résident, des conventions diplomatiques ou les lois de ces pays ont établi la réciprocité pour les dessins et modèles français.

Dans ce cas, le dépôt des dessins et modèles étrangers sera effectué au greffe du tribunal de commerce de la Seine.

Titre IV. — Des nullités et déchéances

Art. 21. — Seront nuls et de nul effet les dépôts effectués : 1º si les dessins ou modèles, dont les spécimens ont été déposés, ne sont pas nouveaux; 2º si, antérieurement au dépôt, ils ont reçu une publicité industrielle; 3º si, en cas de dépôt sous enveloppe, le déposant est convaincu de fausses déclarations; 4º si le dépôt a été fait par un autre que le véritable ayant droit.

Dans le cas où le dépôt aura été déclaré nul, une mention sommaire de la décision sera faite par le greffier, sur la réquisition de toute partie intéressée, en marge du procès-verbal dressé en exécution de l'article 6.

Avis de cette mention sera transmis par le greffier à l'autorité compétente, pour qu'elle soit insérée dans la feuille officielle publiée par l'administration.

Art. 22. — Sera déchu des droits résultant du dépôt : 1º le déposant qui n'aura pas exploité en France les modèles ou dessins dans le courant de l'année qui aura suivi le dépôt, s'il est fait à découvert, ou qui aura suivi sa publication, si le dépôt a lieu à convert, ou qui aura cessé de l'exploiter pendant une année, à moins d'impossibilité déclarée en marge du procès-verbal, et que les tribunaux apprécieront en cas de contestation.

Titre V. — De la contrefaçon. — De la poursuite et des peines·

Art. 23. — Toute atteinte portée aux droits garantis par la présente loi, soit par la reproduction, soit par l'imitation frauduleuse sur un produit de même nature ou de nature différente d'un dessin ou d'un modèle industriel dont les spécimens ont été valablement déposés, constitue un délit de contrefaçon puni d'une amende de 100 à 2,000 francs.

Si le contrefacteur ou l'imitateur est un ouvrier, ou un employé ayant travaillé pour la partie lésée, ou s'il a eu connaissance des dessins ou modèles par un ouvrier, ou un employé de cette catégorie, il sera passible, en outre, d'un emprisonnement d'un à six mois.

Seront punis des mêmes peines que les auteurs principaux : 1° ceux qui se seront rendus coupables de l'un des actes de complicité prévus par l'article 60 du C. pén.; 2° ceux qui auront sciemment recélé, vendu, exposé en vente, ou introduit sur le territoire français un ou plusieurs objets contrefaits ou frauduleusement imités.

Les coupables pourront, en outre, être privés, pendant un temps, qui ne pourra excéder cinq années, du droit d'élection et d'éligibilité par les tribunaux et Chambres de commerce, ainsi que pour les Conseils de prud'hommes.

Les tribunaux saisis pourront, sur la demande du plaignant, appliquer les dispositions de l'article 1036 C. pr. civ., relatives à l'insertion et à l'affichage des jugements, sans préjudice des dommages-intérêts.

Art. 24. — En cas de récidive, l'amende pourra être portée au double, et il sera prononcé contre les coupables un emprisonnement d'un à six mois.

Il y a récidive, lorsqu'il a été rendu contre le prévenu, dans les cinq années antérieures, une condamnation pour les délits prévus, soit par la présente loi, soit par celles qui réglementent la propriété artistique et industrielle.

Dans le cas prévu par le deuxième paragraphe de l'article précédent, la peine de l'emprisonnement pourra être élevée à un an.

Art. 25. — L'article 463 du C. pén. est applicable aux délits prévus par les dispositions qui précèdent.

Art. 26. - Les peines établies par la présente loi ne peuvent être annulées. La peine la plus forte sera seule prononcée pour tous les faits antérieurs au premier acte de poursuite.

Art. 27. — L'action correctionnelle pour l'application de ces peines ne pourra être exercée par le ministère public que sur la plainte de la partie lésée.

Cette partie pourra arrêter l'action en se désistant de la plainte, sauf le recours du Trésor contre elle pour le recouvrement des frais qui auront été faits.

Art. 28. En cas de condamnation, la confiscation des objets reconnus contrefaits ou frauduleusement imités, et celle des instruments ou ustensiles ayant servi spécialement à la contrefaçon et ne pouvant servir à un autre usage, seront prononcées contre les prévenus.

Les objets confisqués seront remis aux propriétaires des dessins ou des modèles.

En cas d'acquittement la confiscation des objets reconnus contrefaits pourra seule être prononcée.

Titre VI. — Des juridictions.

Art. 29. — Les actions civiles relatives aux dessins ou modèles industriels seront portées devant les tribunaux civils et jugées comme affaires sommaires, à moins que les contestations n'existent entre commerçants.

Dans ce cas, les tribunaux consulaires seront compétents, conformément à l'article 631 du Code de commerce.

Art. 30. — En cas d'action intentée par la voie correctionnelle, le tribunal saisi statuera sur les exceptions qui seraient tirées par le prévenu, soit de la nullité ou de la déchéance du dépôt, soit des questions relatives au droit d'exploitation des dessins ou modèles.

Art. 31. — La partie lésée pourra faire procéder par tous huissiers à la désignation et description détaillées avec ou sans saisie, des objets argués de contrefaçon ou d'imitation frauduleuse, en vertu d'une autorisation du président du tribunal civil dans le ressort duquel ces opérations devront être effectuées.

Les désignation, description et saisie pourront porter sur les instruments et ustensiles ayant servi spécialement à la perpétration du délit, ainsi que sur les objets pouvant servir à sa constatation, et être considérés comme pièces de conviction.

L'autorisation sera accordée sur une simple demande signée par la partie ou par son fondé de pouvoirs, et sur la production du procès-verbal du dépôt exigé par la présente loi; elle contiendra, s'il y a lieu, la nomination d'un expert pour aider l'huissier dans ses opérations.

Le président pourra, en outre, autoriser le saisissant à se faire assister d'un officier de police ou du juge de paix du canton.

La dite autorisation pourra imposer au requérant un cautionnement que celui-ci sera tenu de renseigner avant de faire procéder à l'exécution de la mesure autorisée.

Un cautionnement sera toujours imposé à l'étranger requérant qui n'a pas de domicile en France.

Il sera laissé copie au détenteur des objets désignés, décrits ou saisis, tant de l'autorisation que de l'acte constatant le dépôt du cautionnement le cas échéant, le tout à peine de nullité et de dommages-intérêts contre l'huissier.

Art. 32. — En cas d'opposition ou de résistance aux mesures autorisées, il sera statué en référé par le président du tribunal; à cet effet, il sera sursis et il pourra être établi, par l'officier de police accompagnant l'huissier, garnison extérieure, et même intérieure, si le cas y échet.

Art. 33. – A défaut par le requérant de s'être pourvu, soit

par la voie civile, soit par la voie correctionnelle, dans le délai de quinzaine, à partir du jour des opérations spécifiées en l'article 36, outre un jour par cinq myriamètres de distance entre le lieu où se trouvent les objets désignés, décrits ou saisis, et le domicile du prévenu, ces opérations seront nulles de plein droit, sans préjudice des dommages-intérêts qui pourront être réclamés.

Ces délais seront suspendus pendant l'instance de référé engagée en conformité de l'article 32 ; ils recommenceront à courir à partir du jour où l'ordonnance du président sera devenue définitive.

Titre VII. — Dispositions transitoires et particulières.

Art. 34. — La présente loi n'aura d'effet que six mois après la promulgation. Néanmoins, dans les dépôts effectués postérieurement à cette promulgation, le déposant ne pourra se réserver un droit privatif pour plus de quinze années.

Art. 35. — Les dessins ou modèles, antérieurement déposés aux archives des Prudhommes ou aux greffes des Tribunaux civils, seront transportés au greffe du Tribunal de commerce du ressort.

Les spécimens des modèles seront immédiatement rendus publics ; ceux des dessins le seront un an après l'expiration des délais fixés par l'article 34.

Art. 36. — Dans le cas où le déposant aurait, au moment du dépôt de son dessin ou de son modèle, déclaré s'en réserver la propriété exclusive à perpétuité, la durée de la protection sera réduite à quinze années, à partir du jour où la présente loi sera devenue exécutoire.

Toutefois, ce déposant aura la faculté de prolonger sa propriété pendant de nouvelles périodes de quinze ans au maximum, en remplissant la formalité de déclaration prescrite par l'article 4, et en acquittant les droits déterminés par les articles 15 et 16.

A partir du jour spécifié dans le premier paragraphe du présent article, ce déposant sera soumis aux nullités et déchéances édictées par les articles 21 et 22.

Art. 37. — Des décrets rendus en la forme d'administration publique arrêteront les dispositions nécessaires pour l'exécution de la présente loi.

Art. 38. — Des décrets rendus dans la même forme pourront régler l'application de cette loi en Algérie et dans les colonies.

Art. 39. — Le gouvernement pourra, sous les conditions qu'il déterminera et, s'il y a lieu, sous condition de réciprocité, autoriser l'accomplissement dans les consulats français, établis à l'étranger, des formalités du dépôt prescrit par les articles 5 et suivants de la présente loi.

Les taxes fixées par l'article 16, seront perçues par le consul, qui transmettra les spécimens soit au greffier du tribunal de commerce du domicile du déposant, soit, s'il n'y a pas de domicile connu, au greffe du Tribunal de commerce de la Seine.

Art. 40. — Sont abrogées toutes dispositions antérieures et contraires à la présente loi, relatives aux dessins ou modèles industriels ou de fabrique.

173. — A la Chambre des députés, M. Philipon a fait, au nom de la Commission chargée d'examiner cette proposition de loi, un rapport dans lequel il conclut à son rejet pur et simple, prétendant qu'il est inutile qu'il y ait deux lois différentes pour les dessins industriels et pour les dessins artistiques, et que la loi de 1793 est assez compréhensive pour les protéger tous. (V. ce rapport rapporté *in extenso* avec les renvois, dans *Vaunois*, p. 317).

Durant ce travail, nous avons à maintes reprises, montré la nécessité de cette loi de 1806 ; elle avait été réclamée précisément par les principaux intéressés qui se trouvaient insuffisamment protégés par la loi de 1793. Il suffit, en outre, de rappeler qu'il est impossible de faire rentrer certains dessins ou modèles dans les cas prévus par la loi de 1793, pour justifier la nécessité d'une loi spéciale, destinée à protéger aussi bien la physionomie propre et originale que la décoration de tout objet industriel.

Nous ne saurions donc, sur ce point, admettre l'opinion de **M.** Philipon.

Vu à Grenoble, le 17 février 1898.

Le Doyen, président de la thèse,

C. TARTARI.

Vu et permis d'imprimer :

Le Recteur, président du Conseil de l'Université,

Grenoble, le 17 février 1898.

ZELLER.

TABLE DES MATIÈRES

Livre III. — Droit comparé.

Livre IV. — Des dessins et modèles de fabrique en législation.

TABLE ANALYTIQUE

Les chiffres renvoient aux numéros des paragraphes sauf quand ils sont précédés de l'indication p., ils indiquent alors les numéros des pages.

A

B

D

F

G

H

I

J

T

U

V

Le Mans. — *Association ouvrière* (HETROT, GUÉNET et Cⁱᵉ), 5, *rue du Porc-Epic.*